U0605923

本书编委会

主　编：高明勇　　程云斌
编　委：(按姓氏拼音排名)
　　　　崔向升　　柯锦雄　　李小鸣
　　　　任冠青　　张振明

🌀 凤凰评论　🌀 凤凰政务

政能亮 Ⅵ

《政能亮》编委会

人民出版社

组　　稿：张振明
责任编辑：池　溢
封面设计：马淑玲
责任校对：陈艳华

图书在版编目（CIP）数据

政能亮 . Ⅵ /《政能亮》编委会 著 . — 北京：人民出版社，2020.3
ISBN 978 - 7 - 01 - 021901 - 1

I.①政… II.①政… III.①政策 - 研究 - 中国 IV.① D601

中国版本图书馆 CIP 数据核字（2020）第 030892 号

政能亮 Ⅵ
ZHENGNENGLIANG Ⅵ

《政能亮》编委会

人民出版社 出版发行
（100706　北京市东城区隆福寺街 99 号）

北京尚唐印刷包装有限公司印刷　新华书店经销

2020 年 3 月第 1 版　2020 年 3 月北京第 1 次印刷
开本：710 毫米 ×1000 毫米 1/16　印张：21
字数：244 千字

ISBN 978 - 7 - 01 - 021901 - 1　定价：55.00 元

邮购地址 100706　北京市东城区隆福寺街 99 号
人民东方图书销售中心　电话（010）65250042　65289539

版权所有·侵权必究
凡购买本社图书，如有印制质量问题，我社负责调换。
服务电话：（010）65250042

目　录

一、改革风向标

1

二、信息公开论

三、经世济国策

四、促进民生计

序一
大力推进政务公开　努力建设服务型政府

向　东

新年伊始，凤凰网在这里举办"政策与机遇：2016 凤凰政能亮高峰论坛"，大家汇聚一堂，共同探讨公共政策的传播，非常有意义。在这里，我谨代表国务院办公厅政府信息与政务公开办公室，向论坛的举办表示热烈祝贺！

一年前，2016 年 1 月 11 日，习近平总书记主持召开中央全面深化改革领导小组第二十次会议，审议通过《关于全面推进政务公开工作的意见》。在去年的全国两会上，李克强总理在政府工作报告中首次明确提出"深入推进政务公开""让权力在阳光下运行"，时至今日，这句话已经深入人心，很多人都耳熟能详。

本届政府高度重视政务公开工作，把这项工作作为提升政府治理能力和公信力，建设法治政府、服务型政府，保障人民群众知情权、参与权、表达权、监督权的重要内容。

政务公开知易行难。理念的转变要渗透到每个部门、每个公务人员的具体工作，需要逐步摸索完善，需要更周密的实施细则，也需要内外部共同推动。

为了更好地推进政务公开，我们和有关方面的同志共同努力，不断完善顶层设计。2016 年先后出台了《关于全面推进政务公开

工作的意见》《关于在政务公开工作中进一步做好政务舆情回应的通知》等文件，明确提出"遇有重大突发事件、重要社会关切等，主要负责人要当好'第一新闻发言人'""对涉及特别重大、重大突发事件的政务舆情，最迟应在 24 小时内举行新闻发布会"等。

我们推进政务公开，着力抓好制度落地。2016 年，我们在推动政策发布解读等方面亮点较多，对公众重大关切的回应更加及时。比如，去年 12 月以来，一个多月时间，已经有多位部长和地方负责人主动回应公众重大关切。其中包括发改委负责同志解读"中国经济怎么走"，环保部、北京市负责同志回应"雾霾如何治"，财政部、税务总局负责同志谈"营改增怎么算"，工商总局负责同志表态"创业怎样更方便"，卫计委负责人解读"医改怎样深入"等，这些都受到境内外舆论的高度肯定，也有利于稳定社会各界预期，提振发展信心。

公众对信息公开有巨大需求。政府决策和施政行为往往是重大的环境变量，政府制定的政策、出台的措施，必须及时、准确、全面地公开，否则，就会影响政府的公信力。好政策要深入人心。政府推出的许多重大政策涉及较多专业领域。要让公众不仅能看得到政策，还要看得懂政策，能够按照政策去办，就必须加大分析解读和预期引导的力度，创新探索更多符合传播规律的合作模式。

尤其在全媒体时代，要实现政务公开效果的最优化，政府部门不仅要制定好政策，还要善于传播好政策；不仅要用好传统媒体，更要学会用好新型媒体。当下面临的普遍问题是信息浩如烟海，但权威观点不足，在海量信息面前不知道该听谁的、该信谁的，要吸引受众的注意、获取受众的信任，就必须擅长议题设置和观点传播。这就需要政府部门、中央主流媒体、权威专家机构、新媒体平台等多方面的通力合作。这种合作，不能局限于"我说你播"的传统模式，而是要做好媒体融合，让媒体根据自身平台特色、受众特点，探索各种创新性的传播。

凤凰网作为知名新闻门户网站，推出的"政能亮"就是一个高水准的栏目。创办近一年来，凤凰网"政能亮"与有关政府部门官员、权威专家学者、典型企业代表等，围绕中央政府重大政策和社会舆论热点进行深入探讨和积极评论，形成了良好互动协作，发出正面解读声音，给公众提供了一个理顺政策脉络、解读政策内涵、助推政策落地的政论平台，为政府相关政策通达民众提供了有力支持。自2016年1月成立以来，截至12月31日，共刊发157期政论。这些政论视角独特，可读性强，卓有成效，已经逐步塑造成一个独立的媒体IP品牌，在政府与社会之间形成良性互动，进行了成功的探索。

政务公开对转变政府职能，建设服务型政府具有重要推动作用。公开是惯例，不公开是例外，这是我们当前做好政务公开工作的一个努力方向。在这个过程中，媒体同样责无旁贷。

（作者系国务院办公厅政府信息与政务公开办公室主任，本文系作者在"政策与机遇：2016凤凰政能亮高峰论坛"的主旨演讲。）

序二
为什么要推出"政能亮"

邹　明

政通人和，是自古以来民众对国家的企盼。近些年来，政令政策不出高层决策机关，也一度是社会最为担忧的问题之一。

正因为此，以守望社会为业的现代媒体，必然会高度关注中央政府的政令，关注政令如何落地。更好地解读政令，做政府的诤友，共同推动实现"好政策，亮中国"，是凤凰评论推出"政能亮"的初心。

大国治理千头万绪，每周三召开的国务院常务会议，是观察中国政治经济走向的一个重要窗口。国务院关注哪些议题，会议发布哪些新规，释放哪些信号，都会潜移默化地影响各级政府和社会、市场的运行。

但这些年我们也真切感受到，和会议的重要程度相比，舆论的关注还不够充分，一方面可能是追逐新鲜热闹的媒体特性，对于常规化的议程缺乏持续动力；另一方面可能是会议议题设置所决定的专业门槛，影响了大众层面的传播和接受。

这一重要政策活动，具有独特的传播价值，而现实的传播又存在有待改进的空间，这既是媒体的机会，也是媒体的责任。凤凰评论在凤凰媒体精神的引领下，长期秉持"积极、善意、建设性"理念，在业界已成为时事评论领域的重要品牌。我们有长期关注严肃时政议题的经验，有专业的编辑团队，有庞大的专家、评论员队伍。这一切决定了我们有视野、有格局、有能力，能够精准把握重大领域的报道需求，能够最大化地实现积极的传播效果。

关注国务院常务会议，是凤凰评论推出"政能亮"栏目的出发点，但并非栏目的全部。"好政策，亮中国"能更准确地传达凤凰评论的追求，我们一方面关注国务院常务会议为代表的政令发布平台，力求更全面、深入地解读会议精神，同时努力将"行政话语"转换成"大众语言"，在内涵和营养不流失的情况下实现传播效果最大化；另一方面，我们也力求充分发挥信息沟通、媒体监督职能，帮助决策部门充分把握社情民意，避免出台"坏政策"。

围绕着"好政策，亮中国"的理念和追求，"政能亮"栏目日常主要聚焦在三个领域发力：其一，权威解读国务院常务会议。周三倾听国务院的声音，是政商等领域很多人士的习惯，因为其中的各项决策、信号，确实可能产生广泛的影响。我们栏目的权威，不仅源自凤凰评论自身拥有深厚的采编资源、专家队伍，还要感谢国务院有关部门和其专家团队的支持。因为有了最近距离的沟通了解，我们能最大程度地理解政令发布者的原意，了解政令出台的过程，进而能更好地掌握核心信息，进行更高效的传播。

其二，进行客观中立的政策评论。如果说解读是为了更准确把握政策发布者的原意，是一种"发布者"视角，那评论就是一种"第三方"视角，是把政策放在现实框架中去分析，权衡其对于相关利益方的影响，探讨可能存在的利弊。因为"好政策"不能只看初衷，还要看其能否经受得住现实的检验。我们的评论，就是在为社会"代言"，履行"检验"的责任。

其三，持续跟踪政令在现实的落地。"政令不出中南海"，一度是公众最为担忧的问题之一。现实也确实有很多不容乐观的地方，一些领域的问题长期存在，而对此中央早有很明确的规定。令行不止，政出无效，这其中的问题在哪里？需要针对具体的个案深入剖析，探寻病情，拿出救治方案。"政能亮"栏目过去一年关注了不少热点事件，目的正是要通过个案来检验"好政策"，呼吁"好政策"。

经过一年左右的尝试，"政能亮"栏目取得了非常好的传播效果，多篇文章引起各界高度关注，甚至实现了和政令发布的良性互动。比如，2016 年 2 月 28 日，"政能亮"刊发文章《又到两会，部长们应多出来走两步》，表达了公众在两会期间希望和部长们实现更多、更直接的互动。随后在春节后首次国务院常务会议上，李克强总理明确要求，国务院各部部长、直属机构主要负责人都要主动召开或者出席新闻发布会，积极回应舆论关切。在 2016 年的两会中，"部长通道"随之成为最大的亮点之一。

再如，2016 年 7 月，河北邢台遭遇罕见洪灾，自媒体上流传很多村庄受灾、村民被淹死的消息，但当地官方的权威信息迟迟不见发布。"政能亮"栏目先后刊发《邢台官员下跪前到底发生了什么》《必须告别"砸了数十亿，治水都白忙"》，从信息发布和洪灾治理层面，追问当地所暴露的问题。"好政策"不能只是停留于纸面的条文，而要在日常、在突发事件中得以呈现。

"政通人和"不是等来的，需要更多机构、更多个体的参与和努力。"政能亮"是凤凰评论乃至凤凰网的一种积极尝试。现在"好政策，亮中国"的理念，不只体现在我们的专栏中，还贯穿我们与国务院有关部门定期合办的"政能亮"沙龙、"政能亮"主题峰会中。

我们正在通过线上、线下多种渠道，来打通政府和民间、官方话语体系和大众话语体系，为"政通人和"的目标而努力。

路漫漫其修远兮。但愿成长中的"政能亮"栏目，能成为中国特色民主政治发展中的见证者、推动者；但愿"好政策"不只是一种美好的追求，而是像阳光一样，时时亮起，温暖照耀着悠久的国度、善良的人民。

（作者系凤凰网总编辑　2016 年 12 月）

序三
政能亮：顺势而为，打造中国政论IP

高明勇

从2016年1月25日刊发第一篇政论《总理何以一再喊话"城镇化"?》，短短一年时间，凤凰网"政能亮"实现从"0"到"1"的突破，而整个栏目的价值不仅仅在于刚好推出的200篇原创评论文章。

一年时光，凤凰网"政能亮"迅速成长为一个"政论IP"，形态也逐渐丰富多元，从专栏到沙龙，从报告到访谈，从出版物到峰会，通过与知名意见领袖、重量专家学者等良好协作，为公众提供了一个理顺政务脉络、理解公共政策、促进政策落地的重要政论窗口。

2017年1月14日，凤凰网"政能亮"在北京举办了"成年礼"——"政策与机遇：2016凤凰政能亮高峰论坛"。

十数年的媒体评论经历，我最大的感慨是：新闻难做，评论尤难。而论人与论政，更是难中之难。新闻之难，难在事实。评论之难，难在判断。论人之难，在如何远离偏见；论政之难，在论与政的互动，如何有效而良性互动。而"政能亮"，正是一个基于论政与问政的政论平台。

一年时间，"政能亮"迎风而长，稳健而迅速。不少人问我，"政能亮"是怎么做的？有什么背景？有什么秘诀？以后打算怎么做？

我想，所有努力用一个词来概括，就是"改变"。改变单一的政务传递模式，转向"专业解析"的解读路径；改变模糊的政治传播途径，转向"议程设置"的政务定位；改变神秘的政府运行色彩，转向"人性负责"的政治形象。

一、时代趋势：变革的动能

从这两年的舆论场上看，热点现象之一就是形成了一个"政论谱系"，即涌现出不少以时政内容为主打的栏目或品牌，比如《人民日报》海外版的"学习小组""侠客岛"，《新京报》的"政事儿"，《北京青年报》的"政知道""政知圈""政知局"，包括凤凰网已经推出的"政能亮"。

为什么会出现这种现象？

我认为，在"政能亮"的时局观里，至少有四个因素：

1."国家治理能力"成关键词

中共十八届三中全会提出，将推进国家治理体系和治理能力现代化，作为全面深化改革的总目标。全面推进政务公开，则是提升国家治理能力的一个切入点。

尤其是2016年，中办国办联合印发《关于全面推进政务公开工作的意见》，认为当下的问题是"仍存在公开理念不到位、制度规范不完善、工作力度不够强、公开实效不理想"，并提出"实行政务公开负面清单制度，公开内容覆盖权力运行全流程、政务服务全过程，公开制度化、标准化、信息化水平显著提升，公众参与度高"的工作目标。

客观上，这为媒体积极推进时政报道，特别是从政务公开、信息公开的角度进行解读与监督，提供了一定的行政支持和观察路径。

2.传媒业进入"温媒介时代"

著名传媒学者麦克卢汉在《理解媒介——论人的延伸》一书中，提出了"冷媒介"和"热媒介"的概念。简单说，热媒介，参与度低，信息量大，信息明确度高，流通频率高强度大，具有强烈的排斥性和强大的推动性。冷媒介则相反。按照今天的媒介格局来看，大致可以将所谓新媒体划为热媒介，传统媒体划为冷媒介。但在融媒体大行其道的当下，传统媒体更多地采取新媒体的传播手段，而新媒体则越来越多地将原创内容的生产力作为主要方向，对很多媒体平台很难用一个"冷"或"热"来形容，这也意味着一个介入二者之间的"温媒介时代"正在到来。

"温媒介时代"的一个显著特征，就是IP化，即每个传播体自身几乎可以涵盖各个传播路径，包括"冷媒介"和"热媒介"在内，万物皆媒。

3.公众"观念水位"迅速上升

纵观近年来公共领域的变化之一，是公众"观念水位"的迅速上升，公共利益成为刚性需求。

《2016年中国互联网舆情分析报告》（人民网舆情监测室发布）中的数据显示，过去一年来，公共管理事件成为所有舆情热点事件中数量最多的一类，共228件，在热点事件中占比38%。

比如2016年度影响较大的雷洋案即是典型，案件本身暂且不过多评价，从舆论场上的反馈看，引发的社会普遍焦虑和对法治的高度关注，也是一个公众从"利益相关者"到"强烈代入感"的过渡。

学者刘瑜曾指出："我心目中理想的社会变革应当是一个'水涨船高'的过程：政治制度的变革源于公众政治观念的变化，而政

治观念的变化又植根于人们生活观念的变化。"（《观念的水位》）

公众"观念水位"的这种上升，必然对政务公开和媒体功能提出新的期待。

4.智库自媒体催生"群智众脑"

自2014年提出"重视专业化智库建设"的规划后，智库如过江之鲫，而自媒体的发展也到了一个新的风口，这些必然催生"群智众脑"模式的应运而生。

"群智众脑"的模式之一，是"中央厨房"制。以《人民日报》为例，将"中央厨房"项目（人民日报全媒体平台）列为人民日报社三大融合发展重点项目之一。

不管是智库形态，还是自媒体的模式，归根到底，是要通过流程再造，更新"群智众脑"模式，以便生产出更优质的内容。

二、价值构建：思想的力量

一名之立，旬月踟蹰。栏目创办之初，起名是个大学问，移动互联时代更是如此，确定"政能亮"这个名字，经过了一个较为漫长的过程，几经讨论，红包悬赏，内部论证，甚至请教了社会语言学专家从中英文的角度给予指点。

当然，起名，不仅关系到舆论场上的传播，更是栏目定位所在。

凤凰网作为华人世界主要门户网站，一直秉承"中华情怀，全球视野，包容开放，进步力量"的媒体精神，凤凰网评论作为国内知名的时事评论品牌，在媒体业内素来具有极高的专业口碑，着力塑造"积极、善意、建设性"的形象。

1."政能亮"的认识论

政策解读家——当公共政策的决策进入专业化时代，当公众认

知的观念水位迅速上升，对政策的解读与"翻译"就显得尤其重要，既要能通俗易懂，又要能准确全面，这也是当下语境下，媒体评论的必要功能之一。

价值挖掘者——在一个相对稳定的社会环境里，政策本身成为最大的变量，牵一发而动全身，影响到各个阶层，方方面面，而政策自身的价值则有待专业人员进行挖掘，尤其是政策与民生领域的深层互动。

服务提供商——对公共政策的价值挖掘与通俗解读，归根到底是提供一种服务，这种服务与"互联网＋"相结合，更多地呈现为一种产品，作为品牌出现，导入 IP 的架构，而不仅仅是一串政策解读文字的堆砌。

2."政能亮"的方法论

公共视角，解读国务会议——无论是国务院每周三的常务会，还是出台的重大政策，都有必要放在一个公共视角的坐标系里去打量，政策出台的落脚点在哪？现实操作中的难点在哪？民众生活的痛点在哪？

专业操作，透析时局变幻——政策虽牵涉普通民众，但真正读懂就非易事，并且很多人也未必有闲暇时间真正去解读关注，而专业的评论生产机制，则可以弥补这一缺失，尤其是整合长期关注某些领域的学者资源。

朴实话语，重构政治形象——今天的舆论场，无形中出现政界话语、学界话语、媒体话语、民间话语等不同的话语体系，给社会层面的沟通交流带来一定的困惑与障碍，我们采用凤凰网特有的语态文风和话语体系进行表达，释放政治有温度的一面，而非生硬形象。

3."政能亮"的立论点：

好政策，亮中国——栏目的slogan，我确定为"好政策，亮中国"：期待看到好的公共政策，专业诠释政务政策，同时也警惕那些违背法治精神的政策，更警惕那些违背现代执政理念的行政现象。

三、现实操作：新闻的逻辑

在实际操作中，凤凰网"政能亮"遵循新闻的逻辑，在选题、角度等方面多加思量。

1.议题设置

经过一年多时间的尝试，"政能亮"栏目取得了非常好的传播效果，多篇文章引起高度关注，甚至实现了和政令发布的良性互动。重要因素之一，就是在议题设置上的事先准备：

专业解读国务会议。主要从每周三的国务院常务会的重要决策入手，结合现实社会的"痛点"，传递政治决策的温度。如《总理"敲打"主管部门的言外之意》《总理给教授们撑腰，此处应有更多掌声》《打通"信息孤岛"，民众才能不折腾》等。

客观评估政策利弊。比如围绕营改增改革、民间投资督查、金融改革等政策问题，重点在于将专业政策解构为与民生息息相关的部分。如《别让僵尸红头文件束缚住活人手脚》《城市路面动辄"开膛破肚"，原因何在》《淘汰落后产能，总理选用市场的手》《面对阿大葱油饼们，多点温情何妨》等。

跟踪政令现实落地。比如围绕山东疫苗案、深圳禁摩限电等社会热点问题，先后推出《疫苗恐慌蔓延，应该问责监管部门》《如此"禁摩限电"，法理人情颜面何在》《核项目不该"闹大"了才告诉民众》《杨天直案，信访不能成"稻草人"》等。

2.智库支撑

凤凰网"政能亮"专业操作，秘诀之一在于有庞大的专家资源库，并依托凤凰国际智库等内部资源，先后与北京大学国家发展研究院、中国人民大学国家战略与发展研究院、中国（海南）改革发展研究院、安邦咨询等智库建立起密切联系及合作关系。

比如，2017年年初，与中国人民大学国家战略与发展研究院合作，先后推出雾霾治理系列专栏，如《治理雾霾必须打破政企合谋链条》《雾霾治理对2017年宏观经济的影响》《构建智慧型治理的雾霾防治新格局》《如何解决雾霾这道"斯芬克斯难题"》等。

3.十大案例

在凤凰网"政能亮"目前已刊发的200篇政论中，大致可以挑选出十大案例，从文本角度来印证栏目的定位。

（1）协助信息公开，如《两会问总理，更要问地方长官》《"部长通道"该是什么风景》等。

（2）传递核心理念，如《用文明和道德的力量赢得世界尊重》《所有释放并激活"人"的治理才是善治》等。

（3）助力简政放权，如《简政放权最重要落实到行政效率上》《塑造权力好"身材"，廉政才有保障》等。

（4）紧盯政务公开，如《政务舆情回应不只是一门技术活》《国务院都回应关切，地方也别闲着》等。

（5）提振经济信心，如《行业准入不破，民间投资难有信心》《支持民间投资，从金融改革开始》等。

（6）关注民生安全，如《唯有严肃问责，才能缓解疫苗焦虑》《代课教师边缘求生，历史欠账该还了》等。

（7）监督行政作为，如《海口暴力拆迁中的暴力与谎言》《邢台官员下跪前到底发生了什么》等。

（8）聚焦重大事件，如《雷洋之死："卖淫嫖娼收容"当废止》《核项目不该"闹大"了才告诉民众》等。

（9）关心城市治理，如《大雨内涝冲出的是城市基建短板》《城市路面动辄"开膛破肚"，原因何在》等。

（10）围观科学决策，如《"中南海智囊"，汇众智以谋良策》《触碰社会"痛点"的常务会更接地气》等。

四、战略布局：IP 的价值

1. 一个思路：IP 化生存

IP，是 Intellectual Property 的缩写，虽然不少人简单翻译为"知识产权"，但在这里，IP 特指具有恒定价值观与持续生命力的跨媒介内容品牌，在移动互联时代，超级 IP 则杂糅了爆款产品、互联网思维、社交红利等在内的多种元素。

我曾在凤凰网评论内部会议上说，做评论，短期看，拼的是产品，主要是拼速度、拼策划；中期看，拼的是战略，主要是拼资源，拼布局；而长期看，拼的是核心价值观。价值观，是 IP 最核心的要素。

2. 两种定位：政论 IP，IP 架构师

所谓定位，一个是凤凰网"政能亮"的定位，从 IP 层面去定义、去规划，另一个是作为凤凰网"政能亮"负责人的定位，绝不单纯是传统意义的主编，更多的是一个 IP 架构师的角色，全方位地打造这个品牌。二者互为保障，没有 IP 架构师的定位，很容易穿新鞋走老路。

3. 七大布局：专栏—沙龙—报告—出版—内参—峰会—访谈

一年时间，凤凰网"政能亮"先后经过了 1.0 版本、2.0 版本，

从传播路径导向转为传播效果导向，目前已经包含了专栏、沙龙、报告、出版、内参、峰会、高端访谈在内的多种传播形态，在人民出版社出版了《政能亮1：政令走出中南海之后》。

复旦大学新闻学院副院长张涛甫教授评价说："'政能亮'栏目突破了政治表达的边界和表达方式，但又不是颠覆性的，而是建设性的，对高层声音的解读及对公共政策的诠释权威、专业，分寸拿捏也很精准，体现了中国政治的亮度和暖意，也彰显了互联网语境下政治传播的专业水准。"

舆论研究学者、厦门大学新闻传播学院邹振东教授认为："'政能亮'在政治传播上最大的突破，是使政府自己成为意见领袖。它有时候是注意力意见领袖，总理一旦还原成为'人'的形象，反而成为更被关注的魅力型领袖；它有时候是影响力意见领袖，政府的声音改变着舆论场原来的观点，使政府的决策成为越来越多人的共识；它有时候是号召力意见领袖，政府的决策不仅仅是决策，而且是号令，不仅要把观点传递出来，而且要用舆论推动人们行动。当政府本身成为意见领袖后，它就在舆论场里，有了更广泛的空间、更主动的作为、更直接的管道与更亲和的形象。"

（作者系凤凰网评论总监、凤凰网政能亮总编辑　2017年7月）

一、改革风向标

民意是一切改革的出发点

胡印斌

"政之所兴在顺民心，政之所废在逆民心。"

1978年，中国巨轮转向正是民心所向，小岗村向死而生的红手印，深圳湾招商引资的大步伐，从下往上，民心思变，中国开始改变。40年，一往无前。

如今改革开放已经是"不惑之年"，改革进入深水区，开放面临大变局，此时回顾40年的改革经验，再回首1978年上下一心的改革元年，有一点始终不变：无论何时，改革都不能忽视民心民意。

2018年1月5日，习近平总书记在学习贯彻党的十九大精神研讨班开班式上指出，功成名就时做到居安思危、保持创业初期那种励精图治的精神状态不容易，执掌政权后做到节俭内敛、敬终如始不容易，承平时期严以治吏、防腐戒奢不容易，重大变革关头顺乎潮流、顺应民心不容易。

四个"不容易"，既根植于深厚的历史土壤，也指向复杂的现实关切。指出这些"不容易"，本身就是一种"居安思危"。在这个机遇与挑战并存的重大变革关头，面临的问题仍十分严峻，整个社会也有不少焦虑。执政党应该有所戒惧，自身必须始终过硬，比如要保持励精图治；做到节俭内敛、敬终如始；厉行严以治吏、防腐

戒奢，以及顺乎潮流、顺应民心；等等。唯有以巨大的勇毅勠力前行，才有可能走出历史的三峡，实现美好愿景。

然而，世间万物，往往知易行难。很多时候，并不是意识不到居安思危、敬终如始、防腐戒奢、顺乎潮流的重要性，恰恰相反，正是在口诵耳食的过程中，这些信条每每被打了折扣，沦为虚文，在个别地方、个别领域、个别人那里，甚至走向了反面，出现理想泯灭、信念丧失、骄奢淫逸、贪赃枉法的情形。原本应该敬畏的东西，也成了空洞的口号。

具体到顺乎潮流、顺应民心，站在历史的高岸，看云卷云舒、世事苍茫似乎很容易，不就是那么一道小坎吗？迈过去就是了。然而，当其身在具体的历史情境中，特别是被各种思潮、关系、利益等缠绕，是不是能够看得明白、虽然看得明白但有没有行动力等，确实不容易。这中间，需要深刻的洞察力，也需要开阔的视野，更需要对民生冷暖、社会情态的细致体察。

2018 年是中国改革开放 40 周年，很多人在回顾这段历史时，每每感叹于安徽凤阳小岗村不无悲情的实践，也每每记起 1978 年 5 月 11 日刊发于光明日报的雄文《实践是检验真理的唯一标准》。然而，还原历史的现场就会发现，发生于 40 年前的那场思想解放运动，尽管农民"吃不饱"持续有几年，尽管整个社会已有共识，而改革面临的艰难与凶险，仍超乎想象，并非"按一个手印"或"刊发一篇文章"那么简单。

这种临界时的困难，不排除认知上的困惑与障碍，但却并非简单的认识论问题，从根本上讲，仍是一个如何看待时势与民心的问题，是一个能不能担当起历史与时代责任的问题。时也，势也。一个社会的诉求、价值乃至民众愿景，尽管在不同的时代表现多有差好生活的向往，就是一道严峻的考题，必须以大智慧、历史担当、时代责任回应这些要求。

而衡量与评判的标准，仍在于持续推进全面深化改革。这既是保持前景光明的法宝，也是应对挑战的利器。如果说改革开放40年带给中国的最大变化，在于对人的发现、释放与激活，那么，今

天的变革同样也在于此。人的自由度增加了，则整个社会才会生机勃勃、百舸争流，从而使经济领域实现跨越式发展，也将在社会层面不断完善制度体系。

　　说到底，"居安思危""将改革进行到底"，应该成为我们这个时代的最强音；"顺"而非"逆"，"应"而非"拒"，也应该是历史抉择的必由之路。

（2018 年 2 月 28 日）

"改革"仍是未来中国发展的不二法门

斯　远

2019 年 3 月 5 日上午，十三届全国人大二次会议在人民大会堂开幕。在此次政府工作报告中，"改革"一词共出现了 105 次，涉及政治、经济、文化、社会等方方面面。这也创下了历年新高。此前，"改革"一词在政府工作报告中出现频率的最高纪录，是 2018 年政府工作报告中的 97 次。

政府工作报告大篇幅、高密度、全方位畅言"改革"，既是对社会期待的明确回应，也是在释放一个积极的信号。

社会奔涌向前，不会一帆风顺，也不可能总是能够完全走在正确的道路上。这就要求，多一些反思，多一些纠偏，多一些主动改革。改革包括但不限于反思与纠偏，而更应该体现在顶层设计与实际操作两个方面。即，思与行，不可偏废，而行，显然千难万难。

这是因为，举凡制度层面的改革，不仅涉及整个国家政治运行的方方面面，也关系到一般民众与市场主体的切身利益，往往是改革的关键所在。但正因为牵涉广泛，所以总是会遭遇各种阻隔与羁绊。可以说，改革的诉求有多强烈，则改革的难度就会有多大。

不仅如此，过去一年，经济运行稳中有变、变中有忧，外部环境复杂严峻，经济面临下行压力。

各种因素叠加，欲求破局，出路只能是改革。唯有保持改革的

战略定力，以大无畏的精神，以不放弃的坚持，持续推进。

以住房为例，2019年的政府工作报告指出，"改革完善住房市场体系和保障体系，促进房地产市场平稳健康发展。"这样的表述，调子并不高，语句也很平和。从一般民众的视角看，或许有点不解渴、不过瘾，但熟悉中国房地产市场的人知道，平和的语句背后，其实是改革的惊涛骇浪。

"改革完善住房市场体系和保障体系"，既是承诺，也是对以往改革举措的总结和肯定。事实上，近年来，随着改革的深入，住房供给已经发生了很大变化，各种保障性住房的出现，让人们看到了房地产市场改变的可能。对此，唯有不断努力，不断推动，不断巩固成果，才能生效。任何一蹴而就或完全绝望的想法，都不切实际。

事实上，改革的更大困难或阻力，仍在各级政府与监管部门。一直以来，推动行政体制改革，都是改革的重中之重。这中间的道理并不复杂，尽管改革开放40年来，极大释放了生产力，但经济社会的资源配置，仍主要掌握在各级政府与监管部门手中。而改革就意味着权力与利益的重新分配，这一过程中出现一些问题，确实很正常。

可以说，坚持不懈推进以政府改革为枢机的各项改革，关系到能否应对经济下行压力，关系到能否增加市场活力，也关系到如何保障和改善民生。

如果政府改革不彻底、不到位，则其他改革很难启动，即便启动，也不过是修修补补，且很容易发生反弹与反复。

从2019年的政府工作报告看，在政府改革方面，措施多多，且力度很大，值得期待。比如，在深化"放管服"改革方面，提出

"全面实施市场准入负面清单制度"。"全国推开'证照分离'改革，重点是照后减证。""全面实施'双随机、一公开'监管。""深入推进'互联网＋政务服务'。""加快政府信息系统互联互通，打通信息孤岛。"

在优化营商环境方面，开列四方面重要举措，即简政、减税、降费、融资。据此测算，全年可减轻企业税收和社保缴费负担接近2万亿元。

此外，一些民生领域的改革，其实也涉及政府改革，如提高个人所得税起征点、加强对儿童托育全过程监管、扩大跨省异地就医直接结算范围、将符合条件的新就业无房职工和外来务工人员纳入公租房保障范围、发展共有产权住房等，这些以问题导向的民生改革举措，必然会不断提升人民群众的获得感、幸福感、安全感。

纪念改革开放40周年的节点过去了，但改革开放的力度不能减。不仅不能减，还应该持续加力。

经过一年的缅怀、思考以及体验，社会公众对改革开放的认知越来越深刻，共识越来越多。相应的，"将改革进行到底"的期待，也与日俱增。

40年的改革开放实践已经证明，"改革开放是决定当代中国命运的关键一招"。这一论断，仍将继续指导未来的经济社会运行实践。以改革促发展，以改革获权利，以改革惠民生，仍是未来中国发展的不二法门。

（2019年3月9日）

何以解民众之忧？唯赖"政贵有恒"

斯　远

长安街头绽放的玉兰，送来了早春的消息。2019 年 3 月 15 日上午，在熟悉的人民大会堂金色大厅，一如既往，国务院总理李克强面对中外记者。言笑间，诚恳而果决，温和而坚定。

在回应如何应对经济下行压力的提问时，总理强调，要坚持通过激发市场活力，来顶住下行压力。"我们还是要政贵有恒，继续推进减税降费、简政，培育新动能、放宽市场准入，营造公平竞争环境等一系列的措施，为市场松绑，为企业腾位，为百姓解忧。"

过去一年，全球经济下行背景下，中国经济仍保持了 6.6% 的增长，这份成绩单不简单、不容易，也了不起。中国经济稳健的增长曲线，始终保持着强大的韧性和潜力，长期向好的基本面没有改变。

从一组数据可见一斑。我国城镇登记失业率为 3.8%，是近 10 年来的最低水平。居民消费价格温和上涨 2.1%，食品烟酒、衣着、生活用品及服务价格涨幅还低于 2.1%。最终消费支出对经济增长的贡献率为 76.2%，比上年提高 18.6 个百分点；高技术制造业增加值比上年增长 11.7%，增速快于规模以上工业 5.5 个百分点。

不简单、不容易、了不起的背后，关键是"政贵有恒"。也即，中国经济的活力与成长性，得益于中国民众内生活力的释放，得益于不断推进的改革开放，得益于中国政府坚定不移推进市场化的路径选择。

纵观近几年的记者会，"政贵有恒"一以贯之，中央政府的初心坚定不移。

2016年记者会，总理坦言，"我们政府确实还管了一些不该管的、束缚生产力发展的事情。同时，在保障公平竞争环境的监管方面又没有完全到位。"他同时表示，"只要坚持改革开放，中国的经济就不会'硬着陆'"。只要坚持改革开放，坚持简政放权，坚持市场导向，相信一定会释放民间的热情与创造力。

2017年记者会，总理说，对中国来讲，不发展是最大的风险。我们保持中高速的稳定增长，本身就是在为世界稳定做贡献。要用壮士断腕的精神坚韧不拔地加以推进，要向依法依规的市场主体发出"前行、前行、再前行"的信号；向依靠劳动创业创新者亮起"可以、可以、再可以"的绿灯……

2018年记者会，总理表态："我们要努力去为市场主体优化营商环境，为人民群众提供办事便利、敢于自我革命。只要是为了人民的利益，我们万难不辞、万险不避。"

在2019年的政府工作报告里，"改革"一词出现了创纪录的105次，而"市场化""市场主体"等词也出现了十多处。此番记者会，总理再次重申激发市场活力、顶住下行压力。

明乎此，就可以知道，让市场在资源配置中起决定性作用，同时更好发挥政府作用，是这些年来中国经济稳健发展的清晰脉络。

放开视野看，中国经济40多年来发展的历程，本身就是不断改革开放的历程。这中间，没有半点折扣与侥幸，也没有任何可以犹疑的地方。改革不仅是保持中国经济实现较快增长的法宝，也是

现有发展势头的保证。逆水行舟，不进则退。

随着改革进入深水区，面临的困难也会越来越大。这也意味着，硬碰硬地全面深化改革，坚定不移地推动市场化，已经成为未来一段时期的关键推动力，必须以最大的勇气尽力而为。

比如在政府层面，总理在记者会上强调，"政府就要过紧日子，就要让利，政府的存量利益也要动，得罪人也要动，让利于企业，让利于民，这样财政才更可持续，反过来讲可能就要打问号了。"这样做，不是在预支未来，恰恰是在培育未来。

再如在市场层面，总理指出，"公平的准入，公正的监管，这是鸟之两翼，不可偏废"。"监管要把规则公开透明，让被监管者知道自己该做什么、不该做什么。监管不能搞选择性监管、任性监管。要形成一种放和管结合、有效的制度性安排。"

中国市场主体已经超过1亿户，一旦激发出他们的活力，必将释放出磅礴的力量，从而形成财富涌流的壮观局面。一个克制、包容、负责任的政府，本来就应该服务于经济社会。

党的十八大以来的实践，已经证明了这一点，并将继续在中国大地创造奇迹。

2019年全国两会已经圆满闭幕。接下来，是更加火热的实践，是坚持市场化改革的不懈奋斗。

（2019年3月16日）

正视改革开放"百杰"中的民间力量

缪一知

时值改革开放 40 周年之际，中央决定表彰 100 名为改革开放作出杰出贡献的个人。这个名单的涵盖范围甚广，包括学术界、文体界等明星人物，不过从一定程度上而言，这份名单最值得关注的是"民间界"的诸多人士。

之所以这么说，是由于改革开放的生命线乃是通过解放思想、实事求是、引入市场机制、激发民间活力、重塑国民经济的一个历史进程。"更大程度更广范围发挥市场在资源配置中的基础性作用"亦是下一阶段改革开放的纲领所在。

而想当初，无论是安徽凤阳县小岗村立下不怕坐牢的分产到户协议的 18 户农民，还是从夫妻店起步、时刻担心做大就要被扣上"剥削"帽子的商人，他们当年的所作所为，被重点防范和打击，而他们今天的理直气壮、扬眉吐气，正是改革开放的醒目新成就。

这次报道"百杰"名单时，不少媒体重点突出互联网领军人物。他们与 20 世纪 80 年代那些小门小户的个体户、路边摊之类仿佛是云壤两重世界的人物。但若不是那些土里土气的小生意人在法律与政策的调整下得以不断滋生壮大为"万元户"，今日那些资金动辄以亿元计量、俨然与国际潮流接轨的新型民营企业又如何会成为可能？

这些新派企业的大业看似只是借助了信息产业新技术的东风，但从更为本质的社会环境看，必须说只有在改革开放的新氛围下，这些民营企业才可能在互联网这一关键领域占据潮头。它们幸运地与历史机遇相逢，国家与民族也幸运地在正道上迈步前进。

推而广之地看，100名杰出贡献表彰人员单上许多人的功业都与民间活力的释放密切相关。他们中有的人推动村民民主自治与合作致富，有的人用理论政策研究为民营经济点亮道路，有的人创造文艺作品鼓舞了芸芸众生在改革开放中不断奋进，有的人以勇气和担当为个体户、路边摊等草根商业元素开拓了空间，有的人通过民营企业实现了科学技术转化，谱写了共同繁荣的合唱曲。

改革开放一条重要的基本经验就是：生产关系解绑了生产力，大幅度释放了中国人勤劳智慧的原生力量。深入了解诸多生于忧患、发于畎亩的"百杰"的事迹，可以说是波澜壮阔、惊心动魄。

改革开放走到今日的地步，并非一帆风顺、理所当然，前路也绝非坦荡无障。改革的动力源于民间，时至今日，活力也仍以民间为根本。

改革开放是由人民推动到了今天，也必须依赖人民的力量才能继续推进。无论是依法治国的承诺、数年来简政放权、降税减负的多种切实措施，还是时时强调的"定心丸"，抑或是对涉及民营企业产权案件的清查，都是为了推动民众不畏改革开放进入更为艰难的区段，坚定信念、奋发前行、再鼓作气，发挥主人翁的能动精神，接续与升华40年来的腾飞奇迹。

（2018 年 11 月 27 日）

让权力服从于法治

崔向升

李克强总理 2019 年 3 月 28 日在博鳌亚洲论坛上释放的重磅信息，干货满满。

中国将抓紧制定外商投资法配套法规；中国将进一步放宽外资市场准入；中国将加强外商合法权益保护；中国将持续扩大金融业对外开放；将保持港澳台投资政策的连续性稳定性……

一口气宣布如此多的"硬核"举措，再次凸显了中国政府保持改革开放动力不竭、航向不偏的决心。

一份份文件、一个个项目，一桩桩承诺、一件件实事，让全球感受中国开放的大门越开越大。

数十年前，全球知名的政治学家卡尔·多伊奇断言，当今世界唯一最大的力量是变革的力量。

如今，变革的历史机遇期业已来临。在世界向"地球村"演进的过程中，中国开启了"引进来"+"走出去"的双向大门。改革开放，成就中国的今天，也将决定中国的未来。

改革千万条，简政第一条。

用减政府权力的"痛"，换得企业、群众办事的"爽"，是硬道理。反之就是"用权不规范，亲人两行泪"。

顶顶要紧的，是政府割自己的肉，让民众和市场主体有获

得感。

然而，触动利益比触动灵魂还难。如今，一些地方政府不断哭穷，上演的就是"会哭的孩子有奶吃"的戏码。但群众的眼睛是雪亮的，根本不认同这种"戏精"。

只要侵蚀民众血汗钱的有形、无形之手还在，市场主体就难以完全迸发出活力。这既关乎市场活力，也关乎市场预期，更关乎政府公信力。这是一场不容失败的战斗。

让权力服从于法治，业已是全人类普遍认同并接受的共同价值。法治，无论在中国领导人的讲话还是在文件中，都一再被强调。法治的护航，让中国经济增长的速度在全球领先。

"中国经济改革的故事是坚强的民营企业家的故事，是勇敢的零星社会试验的故事，也是谦逊又刚毅的中国人民为了美好生活奋斗的故事。"诺贝尔经济学奖获得者罗纳德·科斯曾这样描述中国的发展历程。

大道至简，规律不可违逆。

放眼全球文明史，举凡大国从诞生到崛起，不仅取决于天时、地利，更取决于民族对自身的认知，对自身与国际社会如何相处的议程设置。"内外兼修""厚积薄发"，是国家可持续发展的圭臬。

正所谓：大其心，容天下之物；虚其心，爱天下之善；平其心，论天下之事；潜其心，观天下之理；定其心，应天下之变。

体量巨大的中国，既是全球经济不可或缺的"发动机"，也是不容低估的"减震器"。

改革开放40年的探索实践，对中国的全面开放提出了新的要求。推动形成全面开放新格局——中国正加快内外兼修的步伐。从练好内功的角度看，"引进来"依然是必修课。而从融通全球的角度看，"走出去"也是必答题。

具有"谦逊"基因的中国人，与世界打交道，不只是练成"金石之体"，更是源自对世界未来的深度思考。

科幻作家威廉·吉布森认为：未来已经到来，只是分布并不十分均匀。要继续推进开放和改革，全世界必须把探索的目光投向共同的未来。人类的发展，已经再次抵达十字路口。何去何从？

历史学家汤因比说：挑战与应战是文明生存的机制，决定着文明的消失与延续。在经济全球化的今天，任何的小聪明，都有可能变成严重问题，产生严重后果。

显而易见的是，各国不应止步于热情"握手"，而是实现真正的"牵手"。唯有当积极的行动派，而非消极的观望者，为人类共同的家园弦歌不辍，各国文明的涓涓细流才能汇聚成广阔汪洋。

这，不仅是为了"显明当世"，更是为了"为后世法"。

（2019 年 3 月 29 日）

以改革精神打量"忙碌的中国"

胡印斌

大地微凉，心头灼热。

从国民心态看，春节更意味着一个新的起点。新的一年，新的时代，已经缓缓到来。当个体生命与时代的跫音相应和，当"关键少数"按下启动键，现实生活注定会崭露出不一样的鲜活与清新。

2017年新年贺词中，提出"撸起袖子加油干"，2018年的新年贺词中，指出"幸福都是奋斗出来的"。改革开放40年的成就证实，那就是唯有实干才能兴邦。

春节的余庆尚未过去，实干的脚步早已踏上前进的道路，2018年2月22日，各省市自治区的党委政府"一把手"，铆足了干劲，开工啦。

新的一天，地方"一把手"们都很忙，忙碌的方向与内容也多有不同。有的下去调研，比如北京市委书记蔡奇到通州调研城市副中心规划建设，这必将是未来一年北京市重点推进项目，为解决北京"大城市病"创造条件；上海市委书记李强则到崇明调研世界级生态岛建设进展，用实际行动来描绘一个美丽中国；西藏自治区党委书记吴英杰前往墨脱县各乡镇调研，拉近了这个通公路不久的边疆县与内陆的联系；有的去植树，比如重庆市委书记陈敏尔，市长唐良智到江岸防护绿地，与干部群众一起植树，身体力行地践行环保理念。

越来越多的官员开始重视基层调研，不仅是对"大兴调查研究之风"倡议的积极响应，也是现实工作的需要。毕竟，扎实而非走马观花的调查研究，对于科学决策、政策完善大有裨益。而常态化的深入实际、深入基层、深入群众，也必将在增进同民众感情的同时，察知政令之下民众究竟会哭还是会笑。

更多的书记省长则选择在这一天召开了各种会议。有的召开了省委常委会，如天津、安徽、海南、甘肃、新疆等。从报道看，常委会的内容多为当地当下最为迫切的中心工作，各地的侧重点也不同。有的召开了思想学习会议，如浙江、江西、宁夏等，这也是进一步统一思想、凝心聚力的需要。

有的则召开专题会议，比如河北省召开全省"双创双服"活动动员部署大会，聚焦创新创业和服务发展、服务民生；吉林省召开全省"抓环境、抓项目、抓落实"大会；黑龙江省则召开全省整顿作风优化营商环境大会；山东省召开全省新旧动能转换重大工程动员大会；江苏省以推动高质量发展走在前列为主题举办今年第一期县委书记工作讲坛。

可以说，这些专题会议往往大有"玄机"，也为外界瞩目。吉林、黑龙江两省的会议均紧盯营商环境的改善，直指本地经济发展的病灶，既是对外界批评、市场呼吁的回应，也是一种"不得不为"的大势使然，如果冰封的冻土继续沉寂下去，非但不可能抓住未来可能的机遇，恐怕到手的机会也会飞走。

河北省此番提出"双创双服"，既有对近年来发展缓慢的深刻焦虑，比如因为环境治理而变得难看的经济数据，产业结构调整遇到的困难等，但无论如何，河北能够把破局的重点放在检视政府自身存在的问题上，表明了当政者清醒的认识与坚定的决心。

　　而随着刘家义万余字长篇讲话的流出，山东省面临的落后危机也清晰地呈现在公众面前。在山东人均 GDP 首次突破 1 万美元、全省进入发达地区行列的背景下，主动找差距、亮短板，也意味着未来改变与提升的必然路径。值得一提的是，山东在这边自曝差距，江苏则在为如何始终"走在前列"筹谋擘画。

　　而更多的省份则把会议主题定在了"扶贫"上，到 2020 年实现全面脱贫只有 3 年时间，2018 年春节期间，习近平去大凉山地区视察精准扶贫工作，访贫问贫。节后首日，四川、湖南、青海、云南、甘肃五省就专门召开会议，议定扶贫工作。这五省当中，四川是习近平主席 2018 年视察的贫困区所在省份，湖南是习近平视察十八洞村，提出精准扶贫战略所在省份，青海、云南、甘肃这是连片贫困区集中的西部边远省份，属于脱贫攻坚战的重点区域。五省会议的主题不谋而合，这也充分说明了未来一年里精准扶贫工作的重要性，脱贫攻坚战已经进入了决战期。

　　此外，山西省召开省深化监察体制改革试点工作小组第 10 次会议。作为全国试点省份，山西省在监察体制改革中的重要性显而易见，压力也是动力，这一"先行者"如何为即将全面推开的监察体制改革积累经验、探查盲区，必将是一项长期、艰巨的工作，也不乏挑战性。

　　尽管很多书记省长的首日活动忙忙碌碌，并未特别冠以"改革"字样，但从活动的实际内容看，改革的精神贯穿其间，无论是强调政府自身改革，还是聚焦未来发展，抑或是侧重扶贫等某一个方面的事项，改革都是无可置疑的主线。

（2018 年 2 月 24 日）

改革的最大成就是幸福感

于 平

1978 年，十一届三中全会拉开了改革开放的大幕，在 40 年风雷激荡的岁月里，一代又一代人艰难开拓、砥砺前行、中国经济、社会、科技、文化经历了巨变，取得了举世公认的成就。

40 年前，中国的 GDP 总值为 2683 亿美元，名列全球 190 多个经济体的第 15 位，人均 GDP 仅有 381 元人民币，是印度的 2/3。而到 2017 年，中国的 GDP 总值预计达到 13 万亿美元，稳居全球第 2，人均 GDP 也达到 9482 美元。

40 年前，中国城镇居民人均可支配收入为 343.4 元，农村居民人均纯收入只有 133.6 元。而到 2016 年，全国居民人均可支配收入已达 23821 元，恩格尔系数达到 30.1%，接近联合国划分的 20% 至 30% 的富足标准；

40 年前，中国尚处于计划经济时代，面临重工业太重、轻工业太轻的落后畸形产业结构。40 年后，市场经济早已深入人心，中国的"世界工厂"地位早已无可置疑，我们为全世界提供了 60% 的水泥，45% 的钢铁，25% 的汽车，70% 的智能手机，90% 的笔记本电脑，80% 的空调……

40 年前，中国还处于物资短缺的时代，许多生活必需品不得不实行配给供应。40 年后，物质短缺已成追忆，中国人不仅实现

了丰衣足食，而且开始追求更好的生活，居民消费不断升级，许多中国人走出国门，全球"买买买"。

40年前，中国的城市化率仅为18%，城镇人均住宅建筑面积只有6.7平方米，房屋几乎都是公产，人们大都只能蜗居在狭小的单位公房。如今，中国城镇化率已接近60%，城镇人均住房面积突破40平方米，商品房取代了福利分房。有恒产者有恒心，伴随而来的是城市中产的迅速崛起。

40年前，中国的科技水平落后发达国家40年左右，但随着"科学技术是生产力"的提出，中国的科技发展进入新纪元，如今我们不仅在量子卫星、高铁，超级计算机等多个领域傲视全球，在互联网经济中也引领风骚，移动支付、电子商务、共享单车等互联网领域的创新，已然是中国崭新的技术名片。

40年间，中国各项社会事业取得了长足进步。小学净入学率、初中毛入学率屡刷新高，高等教育毛入学率更从1978年的2.7%，跃升到2016年的42.7%。人均预期寿命、婴儿死亡率和孕产妇死亡率三大国民健康指标不断向好，我国居民健康水平达到了中高收入国家平均水平。反贫困行动取得了举世瞩目的成就，贫困人口40年里减少了约7.15亿人，占到全球减贫人口总数的71.82%。

40年间，服务型政府建设快马加鞭，改革开放以来，中国经历了6次大规模的政府机构改革，一步步推动"全能管制型政府"向"公共服务型政府"的转变。尤其在近几年，简政放权，放管服改革，更是将改革推向深入，给民众实实在在的获得感。

40年间，法治建设稳步推进，十一届三中全会后健全法制目标正式提出，1979年《刑法》《刑事诉讼法》等多部法律破茧而出，此后《民法通则》《行诉法》《物权法》等一批基础法律的通过，到如今，法治理念已全面渗入国家治政肌理。

常言道，四十而不惑。40年的历程让我们坚信，改革开放是国家进步，国民幸福的必由之路。如果说，40年前，改革尚处于"摸着石头过河"的阶段，那么今天的改革，已到了"要啃硬骨头"的时刻。向积存多年的顽瘴痼疾开刀，冲破利益固化的藩篱，我们需要直面诸多挑战。

虽然，中国的财富总量经历巨幅增长，但其中结构失衡令人担忧。一方面，中国城乡居民收入占GDP的比重连年下降，大大低于发达国家，政府税费收入占GDP的比重却不断上升。另一方面，财富趋向富人集中，顶端1%的家庭占有全国约三分之一的财产，底端25%的家庭拥有的财产总量仅在1%左右。

中国的经济发展虽然一直保持高增速，但动能却有减弱之势。作为经济发展最大活力来源，民营资本遭遇种种"玻璃门"，国有资本在许多该退出的领域没有退出，民营企业合法权益保护在不少地方依然问题重重。而作为另一重要活力来源的外资，增速也出现下降，一些外企因不堪高昂的营商成本，撤离中国。

城乡一体化喊了将几十年，推进异常缓慢。包括社会保障、公共设施等，农村居民所能享受到的公共服务，远落后于城市居民。在城市化过程中，进城农民工受到制度性歧视，许多城市还是坚持"要地不要人"的城市化，把外来人口挡在门外。

服务性政府建设依然"在路上"，行政机关权力不断精简，人员却没有精简，行政效率未有根本改观。权力过度集中，一家独大，缺乏制衡。行政改革难以单兵突破，走到最后，绕不开政治体制改革。

改革开放成就了中国的今天，只有坚持改革开放，中国才有明

天。改革路上当然会有困难，但正如李克强总理所说，"再深的水我们也要趟"，只有勇于打破旧思维、旧体制的束缚，才能在裂变中求新生。从这意义上说，改革，没有终点，开放，永无穷期。

（2018 年 3 月 2 日）

40年，100人，改革开放因
"人"而气韵生动

胡印斌

这两天，一份大名单引发社会广泛关注。

2018年11月26日，中央公布了100名改革开放杰出贡献拟表彰对象公示名单。名单包容广泛，不仅涵盖了科学家、企业家、经济学家、改革带头人以及文体名人等各个界别，也体现了从80后新秀到已去世名宿的巨大跨越。

40年，100人。在隆重庆祝改革开放40周年的日子里，公布这样一份含金量极高的名单，其迅速为人瞩目，并获得各种解读，并不让人意外。这不单单是一份简单的例行的表彰决定，也不是某种应然性的酬功簿，而是40年改革历程的鲜活记忆与历史档案。

至少到目前为止，我们还没有进行过跨度如此之大的单一主题性纪念活动。这也意味着，改革开放不仅仅是一个历史性的命题，同时也具有极强的时代性与现实指向。往者并未"已矣"，40周年的沧桑岁月，或许只是挽了一个结，而时代仍在浩浩荡荡前行，茫无涯际，来者可追。

我们讴歌杰出人物，品藻风云人物，固然是为了不能忘却的纪念，却也更多在于试图从这些经典人物身上、从我们已经走过的桥和路，发现并拓宽未来的路径，让我们走得更远、走得更稳。

翻检百人名单，你会发现，一个个彪炳史册的人物背后，都隐

藏着一段段精彩的人生故事，并对应着那个时代的华彩乐章。小岗村"大包干"带头人，标记着改革开放之初的悸动与狂放；而马云、马化腾、李彦宏等，则是中国经济快速融入世界的见证。反映中国农村改革，当然离不开杜润生的叙述，然而，又何尝能够撇下山西平顺西沟村的申纪兰！

同样，我们回味陈景润、袁隆平的故事，也会记住山东寿光的王伯祥、江苏江阴的吴仁宝。更不要说用歌声见证40年的李谷一、拍出《牧马人》《芙蓉镇》的谢晋，以及中国女排主教练郎平等。这些闪亮的名字，是一个时代的深深印记。

而改革开放的宏大叙事，正是因为有了一个个具体的人、一件件活泼的事、一次次惊心动魄或波澜不惊的转折，而呈现出她的多姿多彩的美。

40年，100人，他们以活泼泼的气质构成了我们的精神图谱，也昭示着那个时代的宽容程度，以及生命个体所能达到的高度。个体的淋漓酣畅，群体的激情澎湃，整个社会的波澜壮阔，而改革与开放，不唯是这种群体性情绪的牵引，也得益于这种社会共情而得以持续深入推进。

时至今日，很多人都很怀念那种举国追慕陈景润的感人景象。而来自陕北的路遥，更是以燃尽生命之烛照亮了一代代青年。尽管在当时确实有着特定的时代背景，尽管国人一度面临着精神世界的饥渴，但不管到什么时候，也不管是什么样的情境，对科学、文学的迷恋，对人类创新精神的敬畏，都是引领人们超拔于现实的强大动力。

人与时代的缠绕、激发与互动，最终成就了人，也成就了时代。或许，这也是当下人们在回望来路时最深刻的印象。

木心有一首诗写道：从前的日色变得慢／车，马，邮件都慢／一生只够爱一个人。其实，时代的快与慢，都是一个相对的概念，即如我们现在纪念过去那 40 年，很多很多的印象，不免是以结果看当时，以固化描摹动态，这也使得人们很容易忘记当时那些风云人物曾经的艰苦卓绝与努力奋斗。

改革也好，开放也罢，从来不会自动从天而降、自动介入社会生活，而是"杀出一条血路"拼出来的。后代仰望前贤时的光风霁月，不过是定格后的特写而已。

改革开放从来就是一个进行时，而非完成时。非经过每一个人的绝大努力，不可能抵达某一愿景。过去已然，未来依然。

在当下，我们庆祝改革开放 40 年，更要努力去深化改革，扩大开放，不仅要做时代的见证人，也要去做一个踏实践行的人。活出个性，活出创造，活出神采飞扬，活出强大的气场……唯其有了一个个"人"的精彩故事，改革的面影才会气韵生动。

（2018 年 11 月 27 日）

市场化改革和高水平开放增进民生福祉

张德勇

"改革开放 40 年来，中国发展取得了巨大的成就，惠及了亿万中国人民。这条路我们会继续走下去，而且应该越走越深入、越宽广。"2019 年 3 月 15 日，国务院总理李克强会见采访十三届全国人大二次会议的中外记者并答记者问。他表示，"我们要继续推进建设社会主义市场经济，继续坚持市场化改革的方向。政府要坚持推进市场化、法治化的改革，以实际行动、具体举措让改革成果不断显现"。

增进民生福祉，必须大力推进市场化改革和高水平开放。

在 2019 年政府工作报告提出的政府工作任务中，"促进形成强大国内市场，持续释放内需潜力"与"推动全方位对外开放，培育国际经济合作和竞争新优势"是其中的两大任务。这两大任务相结合并相互促进，对于稳定国内有效需求、确保经济运行保持在合理区间乃至推动高质量发展都有积极作用。

对外开放作为我国的一项基本国策，推动了中国从一个封闭、半封闭经济体向全方位开放经济体的历史性转变，是中国走上富强的必由之路。中国 40 多年来经济持续较快发展，成为世界第二大经济体，对外开放功不可没。

当前，中国经济正面临"爬坡过坎"阶段。中国经济在 2018

年取得了来之不易的成绩，但一个时期以来内外不稳定不确定因素明显增加，外部输入性风险上升，经济运行稳中有变、变中有忧，突出体现在国内经济下行压力加大。政府工作报告将"继续创新和完善宏观调控，确保经济运行在合理区间"列入2019年政府工作任务之首。可见，稳增长将是当前宏观调控的主攻点。

2008年国际金融危机以来，内需成为拉动中国经济增长的主动力。数据显示，2018年最终消费支出对国内生产总值增长的贡献率为76.2%，资本形成总额的贡献率为32.4%，货物和服务净出口的贡献率为 8.6%。外需对经济增长的贡献率为负，凸显了稳增长的关键是稳定国内有效需要。

中国经济已全面融入经济全球化，充分发挥内需中消费的基础作用、投资的关键作用，自然离不开对外开放，而且是全方位对外开放。如果说改革开放之初是充分发挥了我们廉价劳动力、土地要素的比较优势，那么当前中国经济转向高质量发展阶段，人民日益增长的美好生活需要、转变经济发展方式、优化经济结构以及新旧动能接续转换，则需要全方位对外开放，借此为稳内需提供更多助力。

《史记·货殖列传》中有"以所多易所鲜"的句子。中国有近14亿人口，有世界上规模最大的中等收入群体，其产生的市场潜力非常巨大，就是我们的"所多"，是我们实行全方位对外开放的最大底气；而"所鲜"的是我们的经济创新力和竞争力还不高，产业仍多位于全球价值链中低部，发展不平衡不充分的一些突出问题尚未解决。解决"所鲜"问题，做大"所多"优势，在经济全球化的今天，全方位对外开放是合乎趋势的必然选择。

全方位对外开放不仅仅意味着继续推动商品和要素流动型开

放，也意味着更加注重规则等制度型开放，以高水平开放带动改革全面深化。这里，制度型开放属于更高水平开放的范畴，政府报告中诸如进一步放宽市场准入、加快与国际通行经贸规则对接、加强外商合法权益保护、加快构建高标准自贸区网络等加大吸引外资力度、促进贸易和投资自由化便利化的具体举措，都属于这类型开放之列。

全方位对外开放，特别是制度型开放，将能够为有效稳定内需提供持续的外部新动力。通过全方位对外开放，进入内需市场的不仅仅是国外的消费品、资金、设备等，还有新的经营理念、管理经验与国际通行规则等，与发挥好消费的基础作用、投资的关键作用形成合力，一道为有效稳定国内需求添柴加薪，对扩大就业、促进增长、调整结构、提升竞争力具有不可替代的作用。

同时，这也会倒逼全面深化改革，加快完善市场机制，把市场活力和社会创造力充分释放出来，从而为更多、更长远地释放内需潜力创造条件。

过去一年来，中国推出一系列对外开放重大举措，压缩外资准入负面清单，扩大金融、汽车等行业开放，下调部分商品进口关税，关税总水平由9.8%降至7.5%，复制推广自贸试验区改革经验，举办首届国际进口商品博览会等。在此基础上，今年政府工作报告再加码再发力，为今后一个时期全方位对外开放作出具体部署，在其他政策措施的协同配合下，将有助于为持续释放内需潜力，促进经济运行保持在合理区间，进而推动经济高质量发展提供有力支撑。

（2019年3月16日）

反对保护主义，合唱比独唱更精彩

张德勇

在近日李克强总理访问新加坡期间，先后见证了中新自贸协定升级，宣布中国—东盟自贸协定"升级版"全面生效，呼吁推动规模更大的 RCEP（区域全面经济伙伴关系协定）谈判早日完成，希望以更积极的姿态推进中日韩三国自贸区谈判。

这一系列举动，突显了中国维护多边主义和自由贸易、反对保护主义的坚定立场以及为此作出的具体努力。

一花独放不是春，百花齐放春满园。当今世界正面临着经济全球化与逆经济全球化、多边主义与单边主义、自由贸易与保护主义的角力，在给世界经济复苏回暖投下不小变数的同时，也给全球经济治理体系带来了新问题和新挑战。

加快世界经济复苏进程，完善全球经济治理体系，推动经济全球化朝着更加开放、包容、普惠、平衡、共赢的方向发展，需要各国求同存异，坚持开放融通，不断拓展互利合作空间。

中国作为全球第二大经济体、东亚第一大经济体，有信心有能力在这场角力中贡献中国智慧、提供中国方案、发挥中国力量。尽管在当前复杂的国内外形势下，在外部不确定性增多的影响下，中国经济发展遇到一些突出矛盾和问题，经济运行稳中有变，但中国经济平稳运行、稳中向好的基本面没有根本性

变化。

　　更重要的是，中国拥有 13 多亿人口和世界上人口最多的中等收入群体，拥有世界上较完整的产业体系和供应链体系，拥有丰富的人力资本，拥有独特的制度优势等，中国经济发展的巨大韧性、潜力和回旋余地将有助于保持中国经济持续稳定发展。

　　而且，同其他主要经济体相比，中国经济增长仍居世界前列。从而，这为中国不断扩大"朋友圈"并以实际行动反对保护主义提供了强有力支撑。过去 40 年中国经济发展是在开放条件下取得的，未来中国经济实现高质量发展也必须在更加开放的条件下进行。推动形成全面开放新格局，是新时代中国改革开放再出发的应有之义，而反对保护主义是其中的必然内容。

　　刚刚落下帷幕的进口商品博览会，是迄今为止世界上第一个以进口为主题的国家级博览会。中国以此为契机扩大进口，促进对外贸易平衡发展，以及持续放宽市场准入，营造国际一流营商环境，打造对外开放新高地，推动多边和双边合作深入发展等一系列举措，是中国以实际行动反对保护主义的具体展现。

　　正因如此，再加上中国巨大的市场潜力，吸引了越来越多的国家和企业搭乘中国经济发展的快车、便车。针对新版北美自由贸易协定中新增了被普遍认为针对中国的"毒丸"条款，最近加拿大总理特鲁多再次表示，"这并没有阻止我们与中国的贸易谈判"，就是一个明显的例证。大道之行，必将久远。反对保护主义需要各国的大合唱，采取相向而行的共同行动。

　　越来越多的国家认识到，以实际举措维护基于规则的多边主义和自由贸易，最大力度限制保护主义，才会为各国发展提供更加有力的依托，才会让各国都能从中受益。其中，中国做出的具体努力，不仅表明中国反对保护主义的坚定立场，也有助于推动形成以实际行动反对保护主义的最广泛共识。

（2018 年 11 月 18 日）

放管服改革，当防政府的手"到处伸"

刘晓忠

在 2018 年 11 月 28 日的国务院常务会议上，李克强总理说，前几年中国经济也曾面临较大下行压力。"当时我们推出'放管服'改革，有人认为这会不会是'隔靴搔痒'，现在看，'放管服'改革和'大众创业、万众创新'大大激发了市场活力，对顶住经济下行压力、保障就业发挥了不可替代的作用。"

他强调，当前要进一步深化"放管服"改革，更大力度转变政府职能，做好优化营商环境这篇"大文章"。总理要求，优化营商环境首先要做好"放"和"管"这两方面工作。"'放'就是要进一步放宽市场准入，'管'就是要加强公正监管，既要避免监管空白，也要防止政府的手'到处伸'。"总理说，"要营造一视同仁、公平竞争的市场环境，给市场主体一个长久稳定的预期"。

上至中央下至地方，都将"放管服"改革作为一项中心工作来抓，这透析出基于负面清单管理、以简政放权为主要特征的"放管服"改革在社会上形成了广泛的共识。

上下齐心，其"力"断金。这种广泛共识有助于为中国经济社会营造柔性制度环境，激发经济社会内生性活力，为双创的进一步升级提供良性秩序。不过，当务之急是要防范"萝卜快了不洗泥"，将"放管服"改革的目标当作手段，产生有违初衷的运动式改革，导致"放管服"改革成为一些地方和部门扰民扰商的推手。

行政体制的"放管服"改革，最终的落点在于服务，即培育政府的公共服务意识和理念，唯有政府有效培育起这种公共服务的行政主导思维，"放"与"管"的边界才能更清晰，市场在资源配置中发挥决定性作用才能真正走出文件，步入日常生活和国计民生中。

而一旦公共服务意识和理念缺乏和淡泊，"放管服"改革中的"放"就容易异化为"甩包袱"，"管"就容易过度强调"维稳和维利"，降低经济社会的熵值和灵活性，阻碍经济社会内生活力的释放，而"服"则很容易变成行政之手干预资源配置的抓手，一些政府部门假借服务社会和经济的旗号，直接进入法无授权不可为的领域。全国社会保障基金理事会理事长楼继伟此前表示，在"三去一降一补"工作上，本质属性是深化改革，却变成了行政手段式的"关停并转升"。

这些说白了就是一些政府部门又借助为私人部门提供服务，而直接干预甚至参与资源配置，从而在一些领域出现了公权力决定资源配置的问题。

权力在经济社会领域的扩展始终是抱着公平公正和服务的良好愿景的，对权力实行法无授权不可为、不能为，恰是"放管服"改革的本原性诉求。

因此，依法行权既是"放管服"改革的必需前提，又是护航放管服改革有效推进的重要保障。这就需要从立法的角度限定公权力的行权范围、目的和手段，并严格将政府的行为限定在公共服务范畴，也即公共服务就是为纳税主体提供透明性担保和防护性保障体系，并彻底切断公权力对资源配置的任何干预，为市场在资源配置

中发挥决定性作用，营造公序良法的生存发展环境。

同时，在立法上，当前需要进一步完善与公权力行权有关的一系列程序法，以公开透明的程序正义规范公权力的越位、缺位和不到位行为，如一些地方和部门在"放管服"改革中出现的走偏行为，其实与国内立法注重实体法、轻程序法有着一定的直接关联，用实体法限定公权力，用程序法规范公权力，有助于将权力关进法律的笼子，缓解权力过大的自由裁量空间。

当然，要切实有效推进"放管服"，还需要有效推进要素资源的市场化改革，淡化所有制概念，强化产权概念，完善国企改革，真正实现由管国企向管资本转型，并将国企的涉猎范围严格限定至关系国计民生的战略性、公益性等非盈利领域，逐渐引导国企退出市场竞争性领域。毕竟若不限定国企的经营活动范围，各级国企就容易变成各级政府干预市场配置资源的工具，既使国企的独立经营权受到挑战，又会直接影响基于负面清单管理的放管服改革等。

总之，"放管服"改革不是单纯的刀刃向内的政府自我变革，而是依赖全社会共同参与的一项事业，政府部门的主动变革意愿与社会广泛而强有力的跟踪评价体系，以及国企改革等相应的配套制度改革等，都是深化"放管服"改革的必要前提和基本保障。唯有人们不再为"国进民退"焦虑，也不再为产权保护闹心，同时权力与权利不再玩猫鼠游戏，反而权利追着权力要公共服务，"放管服"改革才可以算是真正初见成效。

（2018 年 11 月 29 日）

打通区域协调的"任督二脉"促平衡发展

马　亮

当一线城市的孩子们使用 iPad 上课时，偏远地区的孩子们却在奢望温暖的教室和齐整的教具。

党的十九大报告指出，当前我国社会的主要矛盾已经转化为人民日益增长的美好生活需要和不平衡不充分的发展之间的矛盾。不平衡不充分的发展主要体现在区域之间的发展差距日益拉大，区域协调的力度有待提升，全国一盘棋的谋划迫切需要贯彻落实。

日前，中共中央和国务院联合印发《关于建立更加有效的区域协调发展新机制的意见》（以下简称《意见》），为理顺区域协调关系和创新区域协调机制指明了方向。

密切关注时政的人士会发现，早在 2018 年 9 月 20 日，中央全面深化改革委员会第四次会议，就审议通过了该《意见》。

《意见》提出要坚持市场主导与政府引导相结合、中央统筹与地方负责相结合、区别对待与公平竞争相结合、继承完善与改革创新相结合、目标导向与问题导向相结合的五项原则。《意见》对应提出区域战略统筹、市场一体化发展、区域合作、区域互助、区际利益补偿、基本公共服务均等化、区域政策调控、区域发展保障等八个方面的机制。这是首次中共中央和国务院如此高度重视区域协调问题，《意见》的出台将为促进全国区域协调产生重要的指导

意义。

中国是幅员辽阔的大国，每个省份乃至较大的城市，都可以同一些国家的规模相匹敌。由于历史文化、地理区位和经济社会方面的因素，中国各地区之间的发展差距较大。改革开放以来，中国采取了"先富带动后富"的区域阶梯发展战略。通过试验区的优惠政策，沿海地区的"一部分人先富起来"了。与此同时，内陆地区也享受到了改革的红利而快速发展。但区域之间的差距并没有随着发展而日渐弥合，反而有日益拉大乃至分化的风险。

区域之间不协调的问题表现在许多方面，并到了急需高度重视和果断干预的地步。比如，一些地区奉行地方保护主义的政策，导致要素和产品市场的割裂，在一个国家内部也出现重重设卡的现象。再如，由于激励机制错位，中国往往是各省各市交界之处长期处于"三不管"的灰色地带，出现投资不彰、犯罪横行、经济不发达等省界怪现象。与此同时，各地区之间在基本公共服务和生活水准方面的差距也令人担忧。

区域不协调使我们付出了沉重的代价，并可能危及国家长治久安。区域协调不彰还会拉大区域之间的差距，使国民的认同感、凝聚力和向心力受到威胁。因此，至关重要的是要打通区域协调政策和利益的"任督二脉"，使包括人才、资金、技术、产业等各类要素资源能够在区域之间自由流动，逐步弥合区域之间的发展差距。

"以北京、天津为中心引领京津冀城市群发展，带动环渤海地区协同发展。以上海为中心引领长三角城市群发展，带动长江经济带发展。以香港、澳门、广州、深圳为中心引领粤港澳大湾区建设，带动珠江—西江经济带创新绿色发展。以重庆、成都、武汉、郑州、西安等为中心，引领成渝、长江中游、中原、关中平原等城市群发展，带动相关板块融合发展。"《意见》提到这12座城市，突出了特大城市和城市群的示范引领作用，发挥京津冀、长三角、珠三角等城市群在区域之间辐射带动的协调作用。

"绿水青山就是金山银山"，发展暂时落后的欠发达地区有其独特的比较优势，而这将为其赶超发达地区提供基础条件。要利用好欠发达地区的比较优势，避免重走发达地区先污染后治理的道路。与此同时，发达地区也要主动伸出援手，带动欠发达地区跟跑、并跑到领跑。比如，在水污染、空气污染等方面，发达地区要为欠发达地区买单，而不是完全无视欠发达地区的历史欠账和发展困境。

在推动区域协调方面，既要发挥政府的引导作用，更要凸显市场的基础性作用。比如，在财政、人事、产业、项目管理等很多领域，仍然存在浓重的计划经济体制色彩，使区域协调受到体制掣肘和制度阻滞，无法走出区域协调的"魔咒"。以区域间人才流动为例，人为设置重重关卡可以延迟乃至阻滞人才流动，但也会释放人才难留的信号，使人才得不到充分尊重和合理利用。

值得注意的是，"强扭的瓜不甜"，要尽量减少采取强制性和命令性的政策，多考虑如何创新性地应用激励性政策和柔性政策，使区域协调是两相情愿和水到渠成的合意结果。

《意见》提出了许多富有创见的区域协调新机制，当务之急是研究落实这些区域协调机制，使之可以持续发挥预期的效果。

为此，应研究建立基本公共服务均等化、全国市场一体化等各领域的区域协调进程评价体系，使区域协调有更加明确的晴雨表和仪表盘，能够对标对表地予以稳步推进。要打破过去"原子化"的政府绩效评估模式，通过绩效管理机制创新，使区域之间达到休戚与共、唇亡齿寒的状态。

　　要进一步释放容错纠错的激励信号，使各地区有动力和有意愿地创新区域协调机制，并使有复制潜力的先进经验做法尽快推广和发挥更大的作用。

（2018 年 12 月 3 日）

船到中流须奋楫，改革尤需定力

斯 远

"我们现在所处的，是一个船到中流浪更急、人到半山路更陡的时候，是一个愈进愈难、愈进愈险而又不进则退、非进不可的时候。"2018年12月18日上午，庆祝改革开放40周年大会在京召开。习近平总书记指出，"改革开放已走过千山万水，但仍需跋山涉水。"他说，"伟大梦想不是等得来、喊得来的，而是拼出来、干出来的。"

一个上午，人们都沉浸在激越的情绪之中。40年改革开放的伟大历程，伴随着《春天的故事》那熟悉的旋律，定格在何载、胡福明、谢高华、孙家栋、吴良镛等众多老人深深的皱纹里，也书写在马云、马化腾等"年轻人"依然光洁的脸上。

这是一个特殊的日子。个体和集体、家和国、历史和现实，扑面而来，精彩纷呈。历史的回声回荡在每一个亲历者的记忆中，而前进的鼓点又嘹亮在所有人的心头。我们在回顾、纪念、庆祝，我们也在宣示出发的信息。一切过往，在40年这个节点上打了一个结，改革再出发，已然吹响号角。

与40年前的经济凋敝、民生维艰、社会动荡相比，当下的情形显然要好得多。无论是经济实力，还是知识程度，抑或是民众的物质生活水平等，均远非昔日可比。匮乏已成历史。我们已经迎来

了一个物质极大丰富的时代。而随着全方位扶贫脱贫攻坚的最终完成，中国将在数千年历史上首次出现全面小康的动人局面。"中国人民和中华民族在历史进程中积累的强大能量已经充分爆发出来了"，这种爆发，才是真正的"三千年未有之大变局"。

而在取得伟大成就的同时，我们也面临着不小的困难。中国经济在经过了几十年的高速发展之后，已经进入一个调适期，以往30年"狂飙突进"的势头正在放缓，个别地方和领域，甚至出现局部阶段性衰退，令人焦虑。这是因为：

一方面，愈是往前走、往深处走，则经济运行就愈是面临着诸多机制性、体制性的困扰。不清除这些困扰，科学安排政府与市场的关系，很难实现持续的增长，民众汲汲以求的获得感、幸福感、安全感，也将难以成为现实。

另一方面，一国经济社会的发展，从来不是自己埋头努力就可以实现的，必须与世界同步。当下，外部环境发生了根本性变化，世界经济下行趋势未见明显好转，而诸如老龄化、大城市病、环境问题等全球性的通病却如影随形，成为滞碍发展的难题。

此外，从改革开放之初，乃至伴随着整个改革开放进程的公平公正焦虑，近年也有放大趋势，有待于进一步调整。

凡此种种，是困扰，但也是机会所在，也考验决策者的智慧和政治勇气。搞得好，可以增加社会共识，凝聚改革动能；搞不好，则险象环生。所谓愈进愈难、愈进愈险、不进则退、非进不可等，其深意正在于此。

当此之时，必须"坚持改革开放不动摇"，以绝大的勇毅和恒心，继续深化改革、扩大开放。比如，要扫清认识迷雾，下决心调整好政府与市场的关系，不要总是让"民营经济退场"等陈词滥调上演午夜惊魂，不要总是逼着企业去和政府官员搞好关系，不要总是在"一管就死""一放就乱"的怪圈中打转转。政府简政放权、强化服务，没有回头路。

又如，在致力于发展的同时，必须同步考虑普遍性的社会问题，做到同步推进，标本兼治，这也是当下倡导高质量发展的初衷。即以近年来常态化的雾霾污染而言，其所产生的社会成本之大，令人惊讶。对此，必须以改革的思维、果决的行动，坚决纠偏。

40 年前，历史的风雷划过长空，中国开始进入一个崭新的时代。40 年改革开放的成绩居功至伟，这是中国人的信心与底气的来源，也是下一步改革开放的逻辑起点。我们已经走到中流，或许未来的路会更加艰险，但我们别无选择。

我们期待，接住历史的接力棒，行稳致远，激流勇进，改革再出发。

（2018 年 12 月 19 日）

尊崇规则，是国际合作生生不息的密钥

梁亚滨

"中国过去在扩大开放中，加强与各国进行全方位合作，从中学到了很多东西。中国今后愿意在进一步扩大开放中，加强同各国的优势互补，实现共同发展繁荣。"李克强总理 2018 年 12 月 17 日在会见第三届"读懂中国"国际会议代表并座谈时表示，要维护联合国宪章宗旨和原则，维护世贸组织框架和基本规则，用改革的方式逐步解决出现的问题，而不是逆全球化甚至中断自由贸易。

"读懂中国"国际会议是世界了解中国发展具有重要影响的平台。本届共有 30 多位全球著名的前政要、战略家、企业家和学界知名人士参加会见和座谈。

规则，是本届国际会议上的高频词。

英国前首相布朗说，各国应该携起手来共同推进国际规则改革和完善，以避免保护主义带来"双输"局面。李克强回应道，过去 70 多年来，人类在维护世界和平与减少贫困等方面取得的成绩，主要得益于多边主义、自由贸易和以规则为基础的国际秩序。

在回答世界贸易组织前总干事拉米关于世贸组织应该如何改革的提问时，总理指出，中国支持与时俱进地改革和完善世界贸易组织规则。在回应丹麦前首相施密特关于知识产权保护的提问时，总理表示，保护知识产权不仅是遵守国际规则的需要，也是中国经济实现转型升级的内在需要。

总理的这番话，不仅点明了中国经济成功的秘诀，而且再次强调中国未来发展的基本原则。一个国家的发展无法离开其他国家的合作，相互依赖已是各国制定和实施相关政策的前提条件和关键分析变量。

但是，必须承认世界是多样性的，正是因为这种多样性，人类社会的发展才会异彩纷呈，但同样也因为多样性，在一些地区之间乃至文明之间出现严重的敌视、隔绝和冲突。除了物质上的争夺外，理念上的冲突是导致这种敌视和隔绝的重要因素。当前各国围绕世界贸易组织改革而引发的争议很大程度上源于利益的分配和理念的选择，突出表现为规则的制定。

当今时代，一个非常明确的原则是：规则的制定不可能简单地基于丛林法则之下的国家权力大小，不可能完全遵循霸权主义和强权政治的逻辑，相反要更多地体现出公正和民主，尽可能凝聚各国共识。目前来看，无论是发达国家还是发展中国家，这种受到普遍接受的共识依然是联合国宪章宗旨和原则。唯有在这个基础上，各国才能真正平等地对待他人或其他民族，相互借鉴、互通有无，发挥彼此的比较优势，实现全球化下的国际分工与合作。

正因为如此，总理指出，"改革需要大家一起商量着办，因为世界是属于大家的"。

且规则确立，就变成中性的约束，所有国家都要遵守。

这种遵守不仅仅是文字层面的同意，更重要的是对规则实质内涵和精神的认同。因为确立规则的目的不是为了惩罚某个国家，而是为了促进合作。如果只是签字表示接受规则，而非真正认同，那么一定会在实践中想方设法钻漏洞或绕开规则，最终妨碍规则的实

施，破坏国家间的合作。毕竟没有哪个国家比其他国家更聪明，也没有哪个国家会永远容忍其他国家对规则实质内涵的破坏。

2018年是一战结束一百周年，人类依然需要从一战中吸取教训。一方面，如果不遵守公正和民主的原则，强权政治下的和平与合作则无法长久；另一方面，如果不是真心认同已确立的规则，而是一心想单方面挣脱规则的束缚，最终也会导致毁灭。所以，对规则的尊重和遵守，不仅是国家间层面的"外交"事务，更是一国之内的内政事务。唯有将国际规则转化为内政规范乃至法律，才能使一个国家真正做到"尊法""守法"，构建长久的和平与繁荣。

1815年，拿破仑战争结束后召开的维也纳会议决定成立莱茵河航运中央委员会，通过确立规则的方式保障莱茵河的环境和航运安全，以促进欧洲的繁荣。两百年过去了，该机构依然在发挥作用，其基本原则和规则一直延续至今，是世界上历史最久的国际组织。这充分说明，国家间的合作是可能的，规则是有效的。进而言之，规则，是国际合作生生不息的密钥。

当前，我们面临的问题主要集中于经贸领域。这也恰恰说明，我们生活在同一个经济体系当中，目前所有的"摩擦"其实是各国经济合作和相互依赖关系达到一定程度的产物。解决问题的首选办法依然是谈判，因为经济利益是可以分割和让渡的，而且可以通过多次博弈在不同时期得到利益补偿。正如总理强调的那样，"不管国与国之间发生怎样的矛盾摩擦，都不应违背一个基本方向：这就是维护世界持久和平和共同繁荣发展"。

（2018年12月20日）

政府职能优化，官员方能真正"瘦身"

马　亮

　　近日，江苏省徐州市常务副市长王剑锋的工作分工引发广泛关注。在市政府网站公布的《市政府关于王剑锋同志工作分工的通知》中，王剑锋担任了徐州市经济、社会、法律、环境、改革等方面 47 个领导小组的组长。一人身兼多职本不算什么稀罕事，但是一人身兼如此多的领导职务，的确让人感到震惊。

　　不过，如果熟悉中国公共管理和分管领导的运作逻辑，这种现象就司空见惯了。

　　首先，中国各级政府都是"大政府"，需要包揽许多公共事务，这使一级政府的部门数量往往动辄上百个。尽管中国从计划经济体制转型为市场经济体制，但政府职能仍然无法在短期内实现大幅精简。为了协调这些政府部门的具体工作，往往会安排多位副职分管。这使中国发展出"分管型"领导体制，副职通常会分管多个部门和职能。这迥异于西方国家"辅佐型"领导体制。

　　从组织结构而言，一级人员管理下一级的数量被称为管理幅度。在给定的部门数量下，管理幅度越大，则组织层级会越少，反之则越多。因此，需要在分管领导数量和管理幅度之间取得一个平衡，既达到节约领导职数的目的，又能够避免管理幅度过大的问题。

　　在推崇"一正四副"的领导架构下，不可避免的是副职分管的

职能会较多，有些甚至会达到数十个。比如《新京报》2013 年对全国 24 个省份 250 个地级市政府的调查显示，副市长数量最少的有 2 名，最多的有 10 名，平均来说配置 6—8 名副市长。

在笔者最近完成的一篇论文《政府副职的分管逻辑：管理幅度、专业匹配与部门间关系》中，对中国 28 个省份的副省长分工情况进行了定量分析。研究显示，副省长平均分管 7.62 个部门，最少的两个部门，最多的达到 21 个部门。如果从具体职能来看，副省长平均分管 4.31 个不同职能，最多的则涉及 10 个不同职能。地级市政府的部门数量一般多于省级，所以副市长分管的部门和职能数量会有过之而无不及。

其次，随着政府事务越来越呈现复杂化和跨域性，需要多个政府部门通力合作的问题日益增多。政府部门的数量较多，部门之间协调的问题又极为复杂，这使各种各样的议事协调机构应运而生，如各类部际联席会议、领导小组等。这些临时性的议事协调机构带有跨部门色彩，需要更高一级的政府官员来居间协调，以满足跨部门政策协调的需求。如果副市长分管的部门涉及这些议事协调机构，那么就可能会由其担任组长或召集人。

尽管副市长可能会担任多个议事协调机构的领导职务，但这可能并不会实质性分散乃至影响其工作安排。这是因为议事协调机构的功能定位在于处理涉及跨部门协调的议题，而此类议题并非政府工作的常态，因此往往是临时而为的。

此外，议事协调机构通常会在某个核心部门设立办公室，由其负责日常运作和会议召集，真正需要分管领导涉足或定夺的事项并不多。更为重要的是，分管副职往往曾在多个部门历练，是各项工作的"多面手"，一般也能胜任各个领域的不同领导工作。

在全面深化改革的进程中，随着改革进入"深水区"，涉及跨部门的改革议题会很多，这使议事协调机构的数量会明显增多。在领导职数不变的情况下，副职分管的议事协调机构数量就会增多。因此，副市长分管较多议事协调机构的情况并非徐州孤例，而是在全国都有一定典型性和普遍性的现象。这是普遍存在的客观事实，也是需要关注和破解的现实问题。

从国际经验来看，政府官员身兼多职的情况也并不少见。这主要是因为许多临时、跨域和边缘的工作专门安排给某个人可能未必合适，一人身兼多职会更加有效率。与此同时，由一位政府官员分管多个机构，也有助于机构之间的信息共享和业务协同。

当然，我们期望政府职能可以进一步转变和优化，实现政府职能的真正"瘦身"，并使政府官员可以真正聚焦十分重要的议题。如果政府官员需要身兼多职，背负过多的责任，那么工作精力势必"撒胡椒面儿"。这也会使政府官员不得不日理万机，在各类业务之间来回跳跃和忙得团团转。

之所以出现如此之多的议事协调机构，同政府部门的工作自主性不足也有一定关系。如果凡事都需要通过议事协调机构和高层斡旋去解决，而缺乏行之有效的横向部门联动，政府行政效率就很难持续提升。

期待2018年以来的机构改革可以进一步深化，实现政府部门数量的实质性精简和政府职能的实质性转变。只有如此，才能使政府官员从繁杂的各类议事协调工作中摆脱出来，关注更加具有长远性、全局性和前瞻性的问题。

（2019 年 1 月 13 日）

共享单车退押金难，前路在何方？

马　亮

近日许多 ofo 共享单车用户反映很难网上退押金，一些人甚至组团到公司总部线下退押金。虽然 ofo 共享单车宣称押金可以自由退，但是用户线上很难退或迟迟无法到账，往往不得不费尽周折线下退押金，至少说明共享单车的服务还有很大的提升空间。这不是共享单车企业第一次出现退押金难，此前倒闭的多家企业甚至人去楼空，令大批用户蒙受不小的经济损失。加之 ofo 共享单车拖欠自行车厂和快递公司的款项，人们更加担心它会资金链断裂，这也是为什么很多用户不辞辛劳和不畏严寒地排长队争取退押金。

经历了疯狂投放、补贴战和乱停放等问题以后，高烧不退的共享单车开始遭遇史无前例的寒冬。由于盈利模式不清晰，共享单车不再是资本市场的宠儿，连市场占有率占据半壁江山的 ofo 共享单车也不得不收缩战线。经历了一轮轮市场洗牌和淘汰以后，共享单车乱停放、上私锁和恶意毁坏等问题已经不是最突出的问题，而退押金和一车难觅的问题则越来越突显。

似乎共享单车投放初期的主要问题都不是问题了，值得关切的问题是当我们习惯了共享单车时，它们突然一下子从我们的视线所及之处消失了，让我们无所适从。比如，在资本市场投资乏力而共享单车公司持续亏损的情况下，人们看到越来越难便捷地找到共享单车，即便找到也往往是损毁或尚未修复的。

人们固然可以回到共享单车时代前，继续依赖其他公共交通工具，或者不得不诉诸私家车，但是如此有创意和潜力的公共服务如果无法继续存在，则至少说明我们没有做对什么。

这让我们深切地感受到公共服务的真谛，即公共服务提供必须是持续、无差别和普惠的。人们习以为常地通过共享单车去解决"最后一公里"问题，但是当资本热潮退去，共享单车的盈利模式不可持续的时候，政府可以做什么和应该做什么呢？

在共享单车出现以前，许多城市都有公共自行车项目，但是其运营和使用情况却差强人意。特别是有桩、刷卡、押金等技术缺陷，使公共自行车的推广不尽如人意。共享单车的技术优势和资本势力，使公共自行车相形见绌，并很快被打入冷宫和遭遇冷落。比如，一些城市在共享单车干劲正酣时，在考虑暂停甚至淘汰公共自行车项目。还有一些城市原本没有公共自行车项目，在共享单车涌入后则选择推迟甚至取消了公共自行车项目。

显然，政府应该考虑将过去的公共自行车项目予以改造，使之可以补充既有的公共交通体系。比如，许多城市并没有放弃被共享单车碾压得无人问津的公共自行车，而是选择对其加以更新和迭代，使之适应互联网时代的点到点交通出行。政府也可以考虑注资共享单车，使其可以为我所用，并使城市公共交通多一份选择。由此可见，公共自行车应和共享单车实现融合发展，避免二者各自为战并导致公共和社会资源的浪费。

其次，政府应考虑对共享单车行业进行必要的监管和治理，通过政府、平台企业、骑行者等利益相关者的协商，达成对共享单车发展定位的共识。共享单车的运行已经历了一段时间，而不像其刚

推出时那样难以预测。共享单车虽然一开始不属于典型的公共服务，但是鉴于其在创新和补充公共交通方面的潜力，完全可以转型为城市公共服务的一部分。

此时介入共享单车的治理不仅合宜而且必要，特别是把各地较好的做法予以总结和推广。比如，通过划定停车区、协商车辆使用价格和确定服务标准等，可以使共享单车更好地服务于人们的通勤需要。与此同时，也应加强对共享单车企业的监管，避免再次发生企业倒闭和用户蒙受损失的问题。

最后，应推动社会信用体系建设，避免共享单车成为"公地悲剧"。虽然毁坏和私用共享单车的问题略有缓解，但是距离高素质的公共使用习惯仍然相去甚远。被肆意毁坏、私用和丢弃的共享单车仍然随处可见，这使共享单车企业背负了较重的运营成本。在社会信用体系建设方面，应把共享单车的使用情况纳入其中，使长期信用记录不良的人寸步难行。与此同时，将共享单车的使用纳入社会信用记录，也会为完善社会信用体系提供更准确和相关的信息来源。

（2018 年 12 月 21 日）

新时代中法务实合作开局良好

赵纪周

"让地球再次伟大。"法国总统马克龙2018年1月8日在西安发表演讲时用中文这样表示。随后他在个人推特账户上晒出自己一字一顿跟着翻译学这句中文的视频。看得出来，马克龙为学这句中文，真的是蛮拼的。

马克龙访华前，其自传《变革》译成了中文。书中阐述对华的新态度："我们必须改变对中国的看法。如果我们能够放弃成见，调整做法，中国对我们来说不但不是威胁，反而是机会。"

2018年1月9日，中国国家主席习近平同来华进行国事访问的法国总统马克龙举行会谈。两国元首一致同意，将秉承友好传统，推动紧密持久的中法全面战略伙伴关系行稳致远。

新年伊始，马克龙就"迫不及待"地开启中法合作之旅，充分显示了对中国和中法关系的高度重视。而访华期间，两国签署的一系列协议表明，新时代中法合作正在谱写新的篇章。中法同为安理会常任理事国，双方在双边、中欧乃至全球层面相向而行，定会助推"让地球再次伟大"。

中法自建交以来，两国在政治、经济、文化、科技、教育等领域的合作成果丰硕。马克龙此访，进一步推动和拓展了两国在经贸等诸多领域的务实合作，新时代中法合作有了良好开端。

出访之前，马克龙期待寻求同中国之间经贸关系的"重新平衡"。目前，法国是中国在欧盟的第四大贸易伙伴，而中国是法国在欧盟外的第二大贸易伙伴，也是法国在亚洲最大的贸易伙伴。近年来，法国和中国之间的贸易存在较大逆差，2016年逆差额达到300亿欧元。

马克龙访华的经贸目标，从2017年12月1日举行的第五次中法高级别经济财金对话成果中就可见端倪。当时，中法双方达成了71项互利共赢成果，同意加快"中国制造2025"与法国"未来工业"计划对接，重点加强投资、汽车、航空航天、核能、先进制造、绿色金融、"一带一路"建设、第三方市场等领域务实合作。

2018年1月9日，中法签订的数十个经贸协议，成为马克龙此次访华行程的一大"重头戏"。两国元首共同出席了台山核电站欧洲先进压水堆全球首堆工程命名揭牌仪式，共同见证了两国成立中法企业家委员会谅解备忘录的签署，以及国家公园体制建设、核能、空间技术、人才交流、环保、金融、卫生、航空、农业、养老、文化、教育、商业等领域双边合作文件的签署。

中法未来将加强在"一带一路"框架下的合作。目前，中国和法国之间已开通连接武汉和里昂两地的中欧班列。8日，马克龙在西安发表演讲，明确表示"一带一路"倡议有助于维护多边主义、推动世界多极化。

近年来，随着"一带一路"建设的推进，在中国与中东欧国家的共同努力下，"16+1合作"机制日益完善，领域日益拓展，成果日益丰富。截至2017年11月，中国—中东欧国家领导人会晤已举行了六次，"16+1合作"更已成为深耕"一带一路"倡议的重要动力和平台。除基础设施建设领域外，中国—中东欧国家也将在经贸、金融合作与创新等领域迈出新的步伐。

马克龙被称为"法国的约翰·肯尼迪",代表变革的力量。通过此访,马克龙已成为对"一带一路"倡议表态、反应最积极的欧洲领导人之一,这凸显了法国新一代领导人已深刻认识到需要紧紧抓住"一带一路"倡议带来的历史机遇,努力搭上中国作为全球经济增长主要动力源和稳定器的"快车"。未来,法国有望在西方国家参与"一带一路"建设中发挥积极的引领作用,新时代"一带一路"建设由此再显魅力。

2018年1月27日,中法将迎来建交54周年。半个多世纪以来,在双方的共同努力下,中法两国高层交往持续密切,政治互信日益巩固。近年来,中法关系持续高水平发展,更加成熟稳定和富有活力。

当前,世界正处在一个大发展、大变革和大调整时期。但历史与事实证明,中法之间的元首外交对中法两国关系的发展发挥着非常重要的政治引领作用。正因为如此,建交以来中法之间在各领域的务实合作不断拓展并结出了丰硕成果。

马克龙总统是2018年第一位访华的外国元首,也是党的十九大后到访中国的第一位欧洲国家元首。这表明,法国非常期待加强同中国的务实合作。而中法两国增进交往、加强互信和深化合作,将为新时代中法全面战略伙伴关系持续注入新的发展动力。中法携手,将推动新时代中法关系在"行稳致远"的道路上共同谱写务实合作的新篇章。

(2018年1月10日)

法治是扫黑除恶的有力武器

胡印斌

据新华社北京 2018 年 1 月 24 日消息，近日，中共中央、国务院发出《关于开展扫黑除恶专项斗争的通知》(以下简称《通知》)。《通知》指出，把扫黑除恶与反腐败斗争和基层"拍蝇"结合起来，深挖黑恶势力"保护伞"。《通知》强调，"要坚持依法严惩、打早打小、除恶务尽，始终保持对各类黑恶势力违法犯罪的严打高压态势"。

《通知》要求，各地要将扫黑除恶"作为一项重大政治任务，摆到工作全局突出位置，列入重要议事日程"，并明确提出"打早打小""除恶务尽""深挖彻查保护伞"，措辞之严厉、要求之严格，近年来十分罕见。这表明，在未来一段时间，全国各地必将掀起一场轰轰烈烈、浩浩荡荡的扫黑除恶治理行动。

这既是保障民众权益、维护社会秩序、净化政治生态的雷霆之举，也是对一直以来社会关切的积极回应。

近年来，随着经济社会的快速发展，以及城市化的全面铺开，在一些基层社会、治理终端，乃至边缘地带与边缘领域，相应的政府治理没能及时跟上，出现了不同程度的权力真空，这样，一些黑恶势力趁机跟进，干政扰民，恣意乱为。

与此同时，基层机构以及部分公职人员也或主动、或被动地被黑恶势力俘获，往往助纣为虐，欺凌百姓，在个别地方，呈现出公权力黑恶化的趋势。像有的地方涉黑涉恶人员居然进入村干部行列，横行无忌，为害一方；有些公职人员甘愿为黑恶势力驱使，充当保镖与家丁。凡此种种，媒体多有披露，老百姓深受其害。适时严打，还民众一个晴空，给社会一个秩序，势所必然，不得不发。

而在这个过程中，也应该注意，扫黑除恶必须依法行事。惩治民众反映强烈的黑恶势力犯罪也好，彻查黑恶势力背后的"保护伞"也好，打早打小也好，除恶务尽，必须恪守法律底线，遵循法治思维、法治路径、法律程序，有序推进。要切忌"一阵风""一刀切""运动式"；防范出现在层层压力传导的强大势能之下，将"打黑"搞成"黑打"；严禁刑讯逼供，防止冤假错案。

事实上，在《通知》中，中央对此次扫黑除恶专项斗争已经明确定调，即"既坚持严厉打击各类黑恶势力违法犯罪，又坚持严格依法办案"，一句话，一切行动都要"依法"。这是依法治国的内在要求，也是社会治理的基本准则。

无论是对黑恶势力的认定，对"保护伞"的认定，还是在惩治措施、定罪量刑上，都要讲事实、讲证据、讲程序、讲法律。避免出现人为干扰办案的情形，更不能为追求所谓的"效率"而牺牲公平公正。必须明白，运动式的肃清，或许可能求得一时的秩序，但却可能遗祸久远，甚至背离法治精神。

早在 2015 年，最高法就印发了《全国部分法院审理黑社会性质组织犯罪案件工作座谈会纪要》，明确规定了如何认定黑社会、如何认定黑社会的行为特征、经济特征、危害特征，以及如何相应适用刑事责任和刑罚。在接下来的行动中，一方面可以继续将这一纪要作为打击的标准，不得随意放宽或者扩大化；另一方面，也可

以根据现实情况的变化，适度调整，但无论如何，均需要公开认定标准，接收社会监督。

特别需要注意的是，要避免以行政推动、政绩驱动的方式来抓扫黑除恶。比如搞什么定任务、下指标、出排名等。那样的话，必然会走样、变味、跑偏，从而违背了中央依法治国、依法打黑的初衷。

随着时代的发展，以及政治文明的演进，现代社会的治理也必须与之相适应，不仅要强调行政效率、完成治理目标，更要强调保障人权、守护程序正义、遵循罪刑相当。那种"萝卜快了不洗泥"，或者以刑讯逼供等方式取得的所谓成效，并非长治久安之计，也不可能形成基层治理的长效机制。

动员令已经发布，希望此次扫黑除恶行动能够成为全面依法治国的典范。在净化社会生态、政治生态的同时，树立起公平正义的高标。由此取得的阶段性成果，也可成为此后常态化治理的依据，"一年接着一年干"，久久为功，蔚成风气。只有把"严打"变成"常打"，把"个别清理"变成"铲除土壤"，才能真正实现"天网恢恢，疏而不漏"。

（2018 年 1 月 25 日）

明确权益配套服务才能推进农村集体产权改革

高　强

　　近日，有媒体记者在河南、福建、黑龙江等省多个农村集体产权制度改革区采访了解到，多地农村集体产权制度改革试点工作稳步推进，但金融服务不配套、集体经济发展不畅等问题严重制约改革成效。

　　集体产权改革涉及面广、历史跨度长，各地情况复杂，加之缺少完善的法律政策规范，导致不少地区在改革推进中遭遇困境。特别是农村集体成员身份认定、土地确权中搁置的权属争议成为当前农村集体产权改革矛盾焦点。

　　2017年年底召开的中央农村工作会议提出，走中国特色社会主义乡村振兴道路，必须巩固和完善农村基本经营制度，走共同富裕之路。要坚持农村土地集体所有，坚持家庭经营基础性地位，坚持稳定土地承包关系，壮大集体经济，建立符合市场经济要求的集体经济运行机制，确保集体资产保值增值，确保农民受益。深化农村集体产权制度改革是推进经营体制机制创新、强化乡村振兴制度性供给的重要基础。

　　早在2016年12月26日，中共中央、国务院就印发了《关于稳步推进农村集体产权制度改革的意见》。根据文件，到2019年全国范围内集体资产清产核资任务要基本完成，2021年股份合作

制改革要基本完成，这标志着集体产权制度改革已经开始进入攻坚阶段。

目前北京、上海、广东、江苏和浙江等地区，村一级集体经营性资产的清产核资、折股量化改革基本都已完成，改革正向探索活权赋能、完善股权管理以及健全监管体系等方面拓展。但从全国来看，农村集体产权制度改革仍是当前农村改革的重头戏，清产核资更是其中之重中之重。

2018 年，农村土地承包经营权确权登记颁证工作将迎来"收官之年"，农村集体产权制度改革将实现无缝接续。改革的物化对象包括资源性资产、经营性资产和公益性资产三类。

对于资源性资产而言，主要是做好土地承包经营权确权登记颁证工作，尤其是未承包到户的集体土地和因权属纠纷而暂时搁置的未确权承包地，都要在此次产权制度改革中一并解决；对于经营性资产，主要是推进经营性资产确权到户和股份合作制改革，这项任务要求以农民自愿为前提，用 5 年左右时间完成；对于非经营性资产改革，主要是探索建立集体统一经营的运行管护机制，提高公共服务水平。

农村集体产权制度改革是一项重大的产权制度创新，需要法律保障、政策支持、金融创新、政府指导等多方面的配套措施。对农村集体经济组织的名称、概念、成员范围、组织形式、组织机构、经营机制、财务管理、责任财产范围和责任形式、权利、义务等内容，以法律条文的形式作出明确规定。

现阶段，集体资产股权设置应以个人股为主，是否设置集体股，要尊重农民群众的选择，由集体经济组织通过公开程序自主决定。但当一些农村完成"村转居"，集体经济组织的社会性负担逐步剥离后，应当逐步取消集体股以达到产权的彻底清晰，不设集体股并不是"分光吃尽"。

农村金融部门也要主动改革、贴位创新、靠前服务，加快金融产品和服务创新，不断增强农村金融供给能力。从政府角度看，一方面，要加快修改《物权法》《担保法》等相关法律法规，为农村土地承包经营权、集体资产股权抵押贷款扫清法律障碍。另一方面，要在加大对农村金融机构财政支持的同时，积极引入竞争性的金融机构，构建激励约束相容的农村金融生态环境。从金融机构自身看，一方面，应探索建立差异化的涉农信贷管理体系、创新大额订单、大棚设施、应收账款等与土地经营权、集体资产股权捆绑抵押贷款业务，探索核心企业担保，同业互保等信贷新模式；另一方面，应积极整合各类信息服务交流平台，促进互联互通、信息共享，着力探索建立风险防范机制。

此外，对新设立的农村集体经济组织，政府应当在一定的期限内给予一定的支持和优惠政策。应将财政项目资金向改制后的股份合作社倾斜，将财政补助形成的资产折股量化到成员，并以税收反补的形式推动农村公共服务供给和农村社会事业发展。

(2018 年 1 月 11 日)

给公民防卫权松绑，让不法侵害停止

杨不过

日前，最高法发布《关于在司法解释中全面贯彻社会主义核心价值观的工作规划（2018—2023）》，提出要适时出台防卫过当的认定标准、处罚原则和见义勇为相关纠纷的法律适用标准，鼓励正当防卫，保护见义勇为者的合法权益。

"鼓励正当防卫"被作为关键词提取出来概括相关文件内容，颇有"蹭热度"意味，昆山"反杀案"余温尚在，难得一见的正当防卫案例为并未实际出炉的相关司法解释客观上"热场"。此番最高法的"立法"规划契合和回应社会热点，让即将准备登场的相关司法解释吊足了公众的胃口，客观上也可能导致具体司法实践处于被动等待的状态。"鼓励正当防卫"的解释长什么样，公众在面对不法侵害时所应采取怎样的防卫尺度、范围……具体司法实践不可能停下来坐等解释出台，公民合法权利遭受不法侵害的情况也随时可能上演，在司法解释酝酿及至出台的空当，秉持法治原则的司法适用同样应当同步进行、大胆实践。

长期以来正当防卫条款被称作"僵尸条款"，是因为具体司法实践中鲜有对正当防卫的明确认定，被扩大适用的防卫过当一定程度上成为司法向法外因素妥协的称手兵器。防卫一旦导致施害方重伤、死亡，实践中便存在司法迁就信访、稳定的局面，尽管严格意义上正当防卫条款的部分适用在庭审之外亦有具体案例，昆山"反杀案"同样是在侦查阶段已被分流，但司法在适用正当防卫条款上的某种顾虑，事实上同样存在于侦查、审前阶段。应当说，没有具体案件的直观影像资料传播，正当防卫条款亦难有被热议、被激活的机会。

现行《刑法》对正当防卫的规定，基本照顾到多种防卫情况的存在，并不影响在具体司法实践中先期贯彻"鼓励正当防卫"的司法态度。当然，进入规划状态的司法解释既有"鼓励正当防卫"的初衷，便应忠实回归立法初衷、全面推动正当防卫条款在司法实践中的适用，而不局限于对热点案件的紧跟，困于人身侵害一域。法律授权公民行使正当防卫权，意在确保公民免受"正在进行的不法侵害"，以对不法侵害人造成损害的方式保护自身合法权益，正当防卫条款保护的不仅有公民的人身权利还有财产权利，不仅是本人，还有他人、国家与社会。

实践中因正当防卫引发争议的案例多局限于人身伤害范畴，对公民财产权益造成不法侵害的行为，公民同样可以行使防卫权，司法解释对正当防卫的立法本意应有全面细化，对扩大适用防卫过当要有明确抵抗。社会实践中屡禁不止的征地强拆，多有刑事冲突发生，即便国家层面对拆迁行为多有约束，但依然不乏等不及司法强制执行的暴力拆迁行为存在。非经法律授权的强力拆迁行为，多有侵入住宅、进而侵犯人身的前奏，公民在面对相关暴力时是否有权进行防卫，以及具体防卫的限度，同样需要司法解释予以明确。宪法载明"公民的住宅不受侵犯"，现行《刑法》用"非法侵入住宅罪"作为对宪法的贯彻，而正当防卫条款在对住宅这一公民合法财产的保障上亦应有所贡献。

　　同样的道理，对在各地依然屡禁不止、死灰复燃的截访行为，是否能够顺畅适用正当防卫权，考验解释正当防卫条款的诚意与决心。对公民人身造成伤害，事涉非法拘禁、人身虐待乃至故意伤害，这都是在实际损伤造成后的刑事追责，当公民在受到不法侵害的过程中行使了防卫权利并造成对方损伤，司法亦应有更明确的态度：通过具体的司法判决告诉社会成员，面对确定无疑的不法侵害，公民何为，访民何为？

　　正当防卫条款遇到的困境，不仅是司法实践与具体适用缺乏必要的司法解释指引，更是条款适用（或试图适用）过程中所可能遭遇到的法外因素干扰，法律判断屈从于权力判断、信访压力甚至稳定大局，以明确的司法解释为具体司法适用壮胆，最高法此番立法规划颇值得期待。从人身防卫到财产防卫，司法在具体实践中能够明确公民反抗一切不法侵害的权利，正当防卫条款真正意义上的激活无疑将超越具体法律条款对国家法治进程的影响，在权利与权力之间推动一场彻底的治理现代化转型。

（2018 年 9 月 19 日）

从"广交"朋友到"进博"全球

王孝松

2018 年 11 月 5 日，首届中国国际进口博览会在上海召开，全球 130 多个国家和地区的 3000 多家参展商参会。这次举世瞩目的博览会是中国改革开放进程中的重要里程碑，是以扩大进口推进新一轮高水平对外开放的新举措。习近平在主旨演讲中表示，开放已经成为当代中国的鲜明标识。中国不断扩大对外开放，不仅发展了自己，也造福了世界。中国开放的大门不会关闭，只会越开越大。

1978 年年底召开的十一届三中全会拉开了中国改革开放的序幕，从此，对外开放的大门从沿海到内地、从南方到北方、从东部到中西部全面打开。改革开放让中国抓住了历史的机遇，走上了经济高速增长之路。经过近 40 年的开放历程，中国的经济实力和综合国力明显提高，也与世界经济更为紧密地结合在一起。2006 年，中国成为世界第一大外汇储备国，2009 年成为第一大出口国、第二大进口国，2010 年又成为世界第二大经济体，对外开放不仅成为推动中国经济快速增长的重要力量，而且成为拉动世界经济增长的重要引擎。

改革开放之初，中国面临着资金匮乏的严重问题，发展外向型经济的首要目标是出口创汇，因而中国各界自然秉持了"奖出限入"的重商主义思想，不遗余力地扩大出口。创办于 1957 年的"中国

出口商品交易会"，即"广交会"，在改革开放之后焕发了新的生机，交易规模不断扩大、交易商品不断丰富、交易层次不断提高，已成为中国出口第一促进平台，是中国对外贸易的窗口、缩影和标志。在各界的努力下，40 年来中国的对外贸易，特别是出口贸易取得了长足的进步，不仅出口规模不断攀升，而且出口产品结构不断优化、出口产品技术含量不断提高，"世界工厂"内部的资源配置不断优化，人民的收入水平和生活质量在此过程中也不断提升。

然而，出口迅猛增长的同时带来了一系列负面冲击，"奖出限入"的实践也使中国积累了巨额的外汇储备并带来了国家资产安全的挑战。由此，中国各界也认识到，对于"世界工厂"来说，进口与出口同等重要，适度地扩大进口可以减少贸易摩擦、缓解能源资源约束、促进技术进步和产业升级、满足层次日益提高的国内消费，从而实现对外贸易平衡发展。

也正因如此，2007 年"广交会"正式更名为"中国进出口商品交易会"，标志着中国各界已逐步摒弃重商主义思想，开始对进口和出口同等重视。十年后，2017 年 5 月，习近平主席在"一带一路"国际合作高峰论坛发表演讲时宣布，中国将从 2018 年起举办中国国际进口博览会，这标志着中国对外贸易迈向了新征程，表明了中国政府以扩大进口提升对外开放水平的坚定决心。

扩大进口是促进对外贸易平衡发展的必然要求。比较优势是国际贸易发生的基础和国际贸易利益的源泉，各国充分发挥比较优势需要"有来有往"。过度强调出口虽然可保证中国赚取外汇，但外汇储备的增加并不意味着国民福利的提高，反而表明中国制造业辛勤劳动的成果供他国使用，中国消费者却未能对等地享有他国的劳动成果，以美元形式持有的外汇储备还随时面临汇率波动的风险。适度扩大进口可以使中国更好地融入世界生产体系和分工格局之中，最大限度地发挥比较优势，矫正贸易失衡、获取更多的贸易利益。

扩大进口是满足人民对美好生活需求的重要举措。当进口贸易壁垒较高时，中国消费者购买进口优质商品的成本过高，在当前收入提高、消费升级的背景下，如果不降低贸易壁垒，国内消费者就会通过境外购物或代购的形式实现。此时，通过下调消费品的进口关税率，可以使中国消费者在国内买到优质的国际商品，从而既能降低服务贸易逆差，又能降低货物贸易顺差，并提高消费者福利水平。

扩大进口是促进产业升级的必要手段。中国正在推动高质量发展，其关键在于通过创新实现更高效率的增长。一方面，鼓励先进技术、仪器和设备的进口，符合国内产业升级、克服短板的需要，可以直接提高中国企业的生产水平和技术；另一方面，扩大进口可以加强竞争，强化优胜劣汰效应，倒逼国内企业不断提高创新水平和生产效率。

首届进博会只是新的起点，中国未来还将推出一系列扩大进口的举措，使开放的大门越开越大，使开放的水平不断提高。

（2018 年 11 月 5 日）

进博会，更深度地拥抱世界

任 君

"经历了无数次狂风骤雨，大海依旧在那儿！经历了 5000 多年的艰难困苦，中国依旧在这儿！面向未来，中国将永远在这儿！"

2018 年 11 月 5 日，首届中国国际进口博览会开幕式，国家主席习近平在主旨演讲中畅言，中国经济是一片大海，而不是一个小池塘。习近平强调，包容普惠、互利共赢才是人间正道。各国应该携手推动经济全球化朝着更加开放、包容、普惠、平衡、共赢的方向发展，让各国人民共享经济全球化和世界经济增长成果。

开放则两利，封闭则两害。中国经济社会 40 年来的辉煌成绩，业已验证了这一点，从改革开放之初的百废待兴、积贫积弱，发展到目前世界第二大经济体，正得益于打开大门，积极参与了世界经济的大合唱。

在这样的大合唱中，受益的不仅仅是中国，世界各国经济亦因此受益。这不仅表现在出口仍是中国经济的强劲动力，传统的拉动经济"三驾马车"之一；同样也表现在中国越来越成为一个进口大国。本届进博会，就是中国将持续扩大进口，与世界经济实现良性交互的一次总亮相。

来自全球 172 个国家、地区和国际组织参会，3600 多家企业参展，展览总面积达 30 万平方米，超过 40 万名境内外采购商到会洽谈采购。更不要说，国内各地、各部门、各行业也紧急动员，全方位参与到这场进口盛会中来。可以说，进博会是一场同频共振的资源整合、优化配置的大会，其深远意义与持续效应，必将随着时间的推移而日益凸显。

作为世界上第一个以进口为主题的国家级展会，进博会充分展现出中国扩大开放的决心和行动。几乎每隔一段时间，总会有一些传言出来，无论是"国进民退论"，还是"民营经济终结论"，抑或是主张贸易战争的论调，均会引起舆论的热烈讨论，尽管这些杂音很快就会随着权威声音的表态而烟消云散，但实事求是地讲，一再出现类似声音，也每每引发公众对中国改革开放之路的担忧。

坚持开放是中国的基本国策。2018年4月10日，在博鳌亚洲论坛年会开幕式上的主旨演讲中，习近平指出，中国人民将继续扩大开放、加强合作，坚定不移奉行互利共赢的开放战略，坚持引进来和走出去并重，推动形成陆海内外联动、东西双向互济的开放格局，实行高水平的贸易和投资自由化便利化政策，探索建设中国特色自由贸易港。在本届进博会主旨演讲中，习近平也强调，中国开放的大门不会关闭，只会越开越大。这无疑给担心、疑惑的人们吃下了一颗定心丸。

其次，进博会也预示着未来世界经济的包容共享走向。此前民众熟知的广交会、上交会等博览会，"进口"与"出口"同等重要，而各地在实际操作中，往往更注重"出口"。这无可厚非，毕竟，作为长期以来的发展方向，出口导向是解决中国产能过剩的必由之路。

但同时，仅有出口，或者说人为地把出口与进口对立起来，并不可取，这一方面是因为经济发展本来就应该走向开放、交流、融合，越是开放就越是可以实现要素流动，反之则必将在单边主义的路途上愈走愈窄，没有一个经济体可以自外于全球经济体系。另

外，现实经验也一再表明，奉行保护主义、单边主义，只能损害合作的基础，并不能真正保护本国、本地区的可持续发展。

近年来，随着世界经济的不景气加深，以往被冲淡的贸易保护、壁垒主义等甚嚣尘上，这样的短视行为或许可以取得一时之效，但终将会隔断与世界经济的联系。对于这样的想法和做法，必须以实际行动坚决破除。中国在这样的语境下，举办规模盛大的进博会，本身就表现了一种积极的开放姿态。

可以说，以开放包容的姿态直面来自外部世界的技术、人才、资金、产品等，增加进口，扩大开放，拥抱世界，必将实现内需与外需的平衡，引进外资和对外投资的平衡，从而增加在世界贸易体系中的话语权。中国入世谈判首席谈判代表、原博鳌亚洲论坛秘书长龙永图认为，在国际贸易当中，是进口国说了算。为了使中国从贸易大国转型为贸易强国，首先中国要成为全球进口最大的国家，这是发展的需要。

本届进博会上，习近平主席表示，中国有 13 亿多人口的大市场，中国真诚向各国开放市场，中国国际进口博览会不仅要年年办下去，而且要办出水平、办出成效、越办越好。这一表态也将传递给世界一个清晰明确的信号，以进博会为契机，中国的开放必将更加深入，也会倒逼国内营商环境的改善、市场准入的放宽以及政府行政层面的简政放权。

走出"孤岛"思维，才能在世界经济的海洋中得以前进和发展；抛却"湖泊"心态，才能在未来的星辰大海里取得应有的地位。

拥抱世界，我们的征途是星辰大海。

（2018 年 11 月 9 日）

未接电话挨处分：严厉执纪就该既严且明

胡印斌

针对近日沸沸扬扬的"副局长未接巡查组电话被处分"一事，2018 年 11 月 16 日，安徽省全椒县委发布情况通报称，根据复查情况，县委认为，原处分决定定性不准确，处理不恰当。县纪委常委会已研究决定，撤销对张伟同志的党纪处分。该通报同时表示，县委将深刻吸取教训，举一反三，全面排查整改类似问题，防止执纪问责简单化。

这一事件经由社交媒体发酵后，迅速引发关注，质疑的声音也一浪高过一浪。很多评论均指向了问责的形式主义，仅仅因为没有接到巡查组电话，就被给予党内警告处分，这种不顾情由、直接一棍子打死的做法，有为问责而问责的嫌疑，严厉则严厉矣，但也太简单化了，并不能让人信服。

何况，巡查组打电话的时间在晚上 19：31 至 19：35 期间，已经是下班时间。即便我们强调干部保持 24 小时电话畅通、随时待命，但似乎也不应该因为 4 分钟内没有接到电话就严厉处分。

面对舆论潮水般的质疑，全椒县委能够审慎应对危机，迅速组织复查，并果断做出撤销原处分的决定，这无疑是一种负责任的表现。这一主动纠偏之举，也获得了舆论广泛的赞誉。知错而改，善莫大焉。个人是这样，任何一级组织亦然。

现代政府治理，事务繁剧，头绪复杂，既要强调纪律规章的严肃性，一以贯之，不打折扣，又要保持一定的弹性，以契合实际情况，避免误伤，掌握起来确实不容易。

以接电话为例，就存在不小的分别。究竟是因故没有接到电话，还是故意不接电话？是在很长的时间段不接电话，还是短时间没有接到电话？是未接到电话但事后采取了补救措施，还是未接到电话就再无下文？这中间，还是很复杂的。但对于掌握执纪问责的机构而言，却不能因为复杂就搞"一刀切"，甚至只要没有实现即时通话，就一概列入违纪。

事实上，因为未接电话而被处分，近年来并不鲜见。据披露，2018年8月12日，河南省南召县纪委微信公号发布消息称，7月19日至22日，根据巡视工作安排，省委巡视组对全县部分单位领导干部进行座谈，县委已提前要求参加座谈人员保持联系畅通，姜昱等8名同志未能接听电话并按时参加座谈。南召县纪委对其中4人给予党内警告处分，3人由县纪委对其进行警示约谈，责令写出深刻检查，有1人被责令写出深刻检查。

同样是未接电话，为何处分却不一样？据调查，被处分的4名干部均属长时间不接电话，事后也不回复，长时间处于"失联"状态，另外几位被要求写检查的干部，则是因为要么下乡没信号，要么事后有补救努力的。南召县对干部"未接电话"的处置，尽管公众也有疑虑，但至少考虑到了具体的情由，并区分了主客观原因，做到了差别对待。

问责越是严厉，就越是应该精准；而打得越准，效果也就越好。这是治理现代化的必由之路，也是形成威慑力乃至长效机制的基础所在。同样的，作为必要的补救之策，一旦发现打偏了，就迅速纠偏，也不失为坦荡之举，对于党委政府的形象而言，也是加分的。

以严厉问责倒逼高效工作，本来并无问题。多年来，很多工作长期推动乏力，或者每每虚应故事，与执纪问责的"宽松软"不无关系。一味宽松，往往会助长散漫风气，从而也导致了部分官员的慢作为、不作为与乱作为。

但是，严厉执纪不能流于简单粗暴，而是应该既严且明，凡事都得按规矩办，不能随心所欲，要充分考虑各种不同的情形，体察具体的情由，剖分各自的区别，而不是胡子眉毛一把抓。

全椒县农村公路局副局长张伟晚间未接到电话，确实让人恼火，但却也情有可原。一者，4次拨打手机，集中在4分钟内，且其间其子曾接听电话，表示张伟正在洗澡，不存在拒接乃至欺瞒的可能；再者，未接到电话确实一定程度上影响了工作，只是，"省脱贫攻坚巡查组电话访谈"，尽管主题宏大，意义深远，但却不是有特别指向的急务，属于可以事后弥补的过错。

当然，稍微说远些，这个案例亦有让人深思之处，当地组织这样一个"电话访谈"，不知道究竟有多大现实意义？脱贫攻坚的大文章，应该写在大地上，应该写在贫困农民的心里，而不是层层搞访谈，把时间和精力都放在应付各种检查上。说实话，这也是一种形式主义。中央三令五申减少脱贫攻坚的各种繁冗检查、督导，而在地方，却仍深陷其中而难以抽身，令人叹息。

"欲知平直，则必准绳；欲知方圆，则必规矩。"习近平总书记多次强调，纪律严明是加强和规范党内政治生活的内在要求和重要保证。

而要严明纪律，则必须体现在精准问责上。首先要合理界定权

责范围，明确责任主体，清晰区分，准确研判，不仅要查清事实，区分责任，也要分清主观原因和客观原因，避免"一刀切"；其次，则应该多一些基层思维，多体察基层的实际难处，给予"同情之理解"。

说到底，既严且明，才能令行禁止，也才能切实防止"破窗效应"。

（2018 年 11 月 17 日）

"集体免职"式铁腕治理要依法合规

聂辉华

广西北海市最近一次铁腕治理营商环境的举措引起了广泛关注。2018年12月7日，北海市纪委和监委的暗访组发现，市行政审批局对服务大厅监管不到位，存在工作人员作风不实、群众观念淡薄以及个别窗口设置不合理等突出问题。13日下午，市委召开整顿工作作风优化营商环境工作会议，宣布对市行政审批局班子集体免职。

很多人都为北海市委的铁腕治理手段和雷厉风行的工作态度点赞，但是铁腕治理必须依法合规。至少从目前公开的信息来看，北海市这一做法并非无懈可击。

首先，权责一定要对应。任何一个组织，都要遵循权力和责任对应的基本原则。例如，张三分管的事情出了问题，不应该问责李四。有关部门发现了北海市行政审批局管理的政务服务大厅出现了工作人员在上班时间玩手机、睡觉、吃零食，浏览与工作无关的网页，以及监控摄像头模糊等问题，这肯定是审批局管理有问题。

但是，这些问题的责任应该归咎于谁呢？作为"一把手"的局长或者主持工作的副局长肯定难辞其咎，但是不是每个副局长都有责任？恐怕未必。即便有责任，谁应该承担主要责任，谁应该承担次要责任，是不是应该做出区分？简单地对审批局领导班子成员

"一锅端"，既可能存在责任归属错误的可能，还可能存在惩罚不公的可能。

其次，要区分领导责任和协调责任。行政审批局是一个新机构，大部分地区都是近几年才设立的。各地的行政审批局既整合了一批原来归属各个部门的行政审批职责，又是一个协调行政审批的平台。因此，在行政办事大厅办事的机构，既有审批局的下属单位（例如公共资源交易监管科），也有一些其他部门的派驻机构。

网上查询《北海市行政审批局主要职责内设机构和人员编制规定》可知，像国税、地税、气象等垂直管理部门都在办事大厅设立了单独的窗口，另外像海事、检疫检验等机构的办事大厅则成为行政审批服务分中心。这表明，办事大厅工作人员态度不端正固然有问题，但有问题的人并非都归审批局"领导"。不问青红皂白，将所有责任都归咎于审批局，可能有失偏颇。

再次，干部任职和免职都要符合法律和程序。北海市委发现问题后，迅速整顿，决定对行政审批局领导班子成员集体免职。这样的决定在实体上并没有什么问题，但是媒体的报道应该更加全面。准确地说，市委应该是决定对领导班子集体免职，之后免职的行政命令应该通过市政府发布。

根据媒体报道，7日发现问题后，有关部门当天就公示了新的领导班子成员。其速度不可谓不快，效率不可谓不高。但是，按照有关规定，领导干部的任免是需要有一个流程的，要经过组织考察、谈话、评议、表决和公示等重要环节，再快恐怕也不应该当天就公示吧？我完全理解北海市有关部门整顿营商环境的决心和魄力，但是有些事恐怕不宜操之过急。

最后，我要特别为普通公务员呼吁一下。这几年，各地区都出现了不同程度的懒政、庸政问题，激励扭曲、权责失衡是重要原因。雷厉风行的问责固然可以在短期内刹住一些懒政风气，但要从长远解决问题，必须正视普通公务员的权力和职责。只有明确权责对等，才能实现激励相容。因此，要明确权力有限、责任有限、精准问责，不能因为一个辖区或单位出了问题就动辄免掉"一把手"，甚至是免掉整个领导班子。铁腕施政，前提必须是合法依规。

(2018 年 12 月 16 日)

二、信息公开论

"两会通道"升级迭代，直击民意痛点

任　君

两会开启，与往年一样，"三大通道"如约而至，成为政府发布信息与沟通民意的重要渠道。

在 2019 年 3 月 3 日下午两会首场"部长通道"上，六位部长回答了现场媒体记者及网友关切的问题。而在 3 月 3 日下午全国政协十三届二次会议开幕前，首场"委员通道"也正式开启，来自不同界别的 9 位全国政协委员现场回答记者提问。

3 月 5 日上午第十三届全国人大二次会议开幕前，首场"代表通道"开启。

至此，"三大通道"全部开启，全国两会实现了通道"全覆盖"，这也意味着全国两会的开放程度不断加大，民意渠道更加畅通，议政门径更为宽广。

这样的变化来之不易。

早在 2013 年，一名女记者曾创下一天之内在人民大会堂拦下 10 位部长的纪录，她也由此被称为"拦部姐"。其后，"部长通道"实现常态化运行。从"被拉被堵"，到主动发声；从微笑摆手，到正面回应，百米"部长通道"上，众多部长直面媒体，向中外展示出一个更加开放自信的中国。

而从 2018 年开始，"代表通道""委员通道"亮相全国两会，

这也让开设多年的"部长通道"不再"一枝独秀"。

从随机的"偶遇",到程序性的顶层设计,这中间的变化,也绝不仅仅只是多了一些信息发布的孔道而已。事实上,与公众熟知的新闻发布会相比,各种通道无疑有着更强的规定性与指向性。部长在此,代表在此,委员在此……强烈的设计色彩,与同样强烈的民意期待,在这里汇聚,从而蔚成民主政治的大观。

有了好的渠道,还要有高质量的交流与互动。实际上,这也是"三大通道"存在的价值内核。程序有了,设计有了,接下来的则是充分的质量保障。

无论是哪一个通道,被采访对象都会坦诚面对记者,不回避,不躲闪,不遮掩,直截了当,正面回应。在这里,没有禁区,也没有敏感点,只有强烈的问题意识与积极回应。

2018年的"部长通道"上,司法部部长关于"要让社会上的春风透进高墙、透进监狱铁门"的生动表述,极大缓解了民众焦虑,至今让人记忆犹新。

到了2019年3月3日的"部长通道",部长们回答的问题个个直抵要害:航班正点率、退役军人服务保障、博物馆"人满为患"、抗癌药降价、医保基金安全、推进援外改革、污染防治攻坚战……

而部长们的回答同样掷地有声:"在3月15日启动12326民航服务质量监督电话,如旅客投诉得不到航空公司机场的回复,请打这个电话,民航局将负责监督,保证大家找得到门、找得到人、找得到答案。""坚决维护好医保基金的安全,绝不让医保基金成为新的'唐僧肉'"……

此外,其他两场"委员通道"与"代表通道",也诚意满满。无论是5G如何影响生活,青少年近视怎么防治,"玉兔二号"进展怎么样，还是雄安新区规划建设情况，都十分解渴，回应了民众关心的问题。

不要认为这是什么"照本宣科"，也不要总是以固化的眼光去看待中国问题。这里边，一方面固然是一种政治的程式，是一种制度的配置；另一方面，即便是已经定型的制度，则其升级迭代效应也十分明显。

具体而言就是，通道上的"好声音"越多，则社会的期待越多；相应的，"好声音"也就只能越来越嘹亮，越来越能够消除民众的焦虑、越来越直击民意的痛点。

在两会"三大通道"上，看见真实的中国，看见中国真实的政治生活，看见民众对中国政治生活的真实期待。时代在变化，民众的思想也在演进，而进步正在其中。

（2019 年 3 月 5 日）

从政府工作报告看"人民"的分量

胡印斌

一阵阵热烈的掌声、一组组清晰明确的数据、一次次铿锵有力的表态……2018年3月5日上午，在不到两个小时的时间里，李克强总理代表本届政府所作的政府工作报告引发舆论普遍关注。

依然是沉稳的语调，依然是清晰的表述，却无疑会成为中国未来一年经济走势的风向标。这也是中外媒体、业界等高度关注一年一度中国两会的深层原因。而政府工作报告，则是所有信息链条中最重要的一环。

2018年的两会显然"极不平凡"。这里的"极不平凡"，不仅仅在于在世界经济复苏乏力、国际金融市场跌宕起伏、保护主义明显抬头的情势下，中国经济实现了稳中有进、稳中向好；不仅仅在于国内经济在大幅淘汰落后产能的基础上，依靠改革破解经济发展和结构失衡难题，推动经济结构加快优化升级；也不仅仅在于实施创新驱动发展战略，优化创新生态，形成多主体协同、全方位推进的创新局面。

而更多的"不平凡"则在于，"人民"始终是过去、未来中国改革发展的出发点与归宿。我们看到，总理在政府工作报告中多次提及"人民"。无论是强调保障和改善民生，还是表态要着力治理环境污染，抑或是提出要激发社会创新创造能力等，均落脚在"人民的获得感、幸福感"这样一条主线上。

"人民"是枢机，人民是中心。类似的表态在报告中所在多多，"我们一定要以对国家和人民高度负责的精神，以不畏艰难的勇气、坚忍不拔的意志，尽心竭力做好工作，使人民政府不负人民重托!""人民群众身心健康、向善向上，国家必将生机勃勃、走向繁荣富强。""不因事难而推诿，不因善小而不为，要让每一个身处困境者都能得到社会的关爱和温暖。""要办好人民满意的教育，让每个人都有平等机会通过教育改变自身命运、成就人生梦想。"

这些平实的话语，本身就是本届中央政府"多谋民生之利、多解民生之忧"的生动写真。以"稳"而言，在国家，固然是一种经济定力；而在市井细民，则不啻就是一种"稳稳的幸福"。每一个生活在真实生活中的人，相信都会有深切的个体经验。

变的是沉疴，是僵化的制度与严苛的约束，是过高的税负与偏薄的保障，是很多很多庸常生活中的不合理；而不变的则是人民对于美好生活的需要，是人民对于生活品质、身处环境乃至社会公平公正的诉求。政府的所有努力，都应该也只能着力于人民的意愿。

从过去 5 年的视野来看，这种变化则会看得十分明显。总理在报告中也有生动述评，如"快速崛起的新动能，正在重塑经济增长格局、深刻改变生产生活方式，成为中国创新发展的新标志。""我国科技创新由跟跑为主转向更多领域并跑、领跑，成为全球瞩目的创新创业热土。""中国开放的扩大，有力促进了自身发展，给世界带来重大机遇。""各领域改革的深化，推动了经济社会持续健康发展。"等等。

以诸般"变"的指标为牵引，以"不变"为目标，为各种人群、力量的发力点，则中国经济社会的未来发展将不可限量。

政府对人民的诚意，也表现在"时间表"与"任务数"上。比如，总理在报告中讲到 2018 年政府工作时表示，"居民收入增长和经济增长基本同步""提高个人所得税起征点""取消流量'漫游'费，移动网络流量资费年内至少降低 30%""各类证能减尽减、能合则合，进一步压缩企业开办时间。大幅缩短商标注册周期。工程建设项目审批时间再压减一半""使更多事项在网上办理，必须到现场办的也要力争做到'只进一扇门'、'最多跑一次'"等等。

这些实实在在的民生礼包，在总理报告尚未结束的时候就迅速成为自媒体传播的高频话语，令人欣喜。民之所望，政之所想，这也表明总理的话切中了民众情绪、回应了民众关切。

而当各类话语同在一个舆论场互动、发酵，并相互激发时，就会果如总理所言，"集众智汇众力，一定能跑出中国创新'加速度'。"

事实上，"人民"的分量越来越重，也是今年两会的一个显著特征。从"部长通道"到"代表委员通道"，本次两会实现了"通道全覆盖"；本次两会代表委员比例中，领导干部比例下降而基层民众比例增加；随着信息技术的发达，民意可以便捷地参与两会……所有这些新变，均展现出一个让人欣喜的局面。

说到底，为政者来自人民，为了人民，唯有心里总是装着人民，始终同人民想在一起、干在一起，才能无限接近美好的愿景。正如总理在报告中所说的，"人民政府的所有工作都要体现人民意愿，干得好不好要看实际效果、最终由人民来评判。"

（2018 年 3 月 5 日）

一个开放的故宫才是真的"么么哒"

胡印斌

这个元宵之夜不一般。

午门洞开，人影散落，檐牙高筑，楼宇端肃。存续了 600 年之久的故宫，在夜色中、在光影里、在朋友圈里，让人惊艳，让人流连。用网友的话说，就是"美得实在不像话"。

没有抢到票也不要紧，可以看媒体的直播。

这是故宫博物院建院 94 年来首次在晚间免费对公众开放，也是紫禁城古建筑群首次在晚间被较大规模点亮。更多的福利还在于，故宫博物院院长单霁翔宣布，今后将结合二十四节气重要节点选择夜间开放。

这也意味着，未来的故宫只会更开放、更透明，高高的宫墙，只能成为紫禁城古建筑群落的护持手臂，而不会成为阻隔公众视线的壁垒。

你可以看到更多的宫殿，这些区域此前可能一直处于封闭状态；你可以白天看、晚上看；你可以徜徉在深深庭院，看故宫猫一掠而过；你可以漫步城墙，城内深宫俨然，城外百万人家……

近年来，故宫博物院通过持续开展古建筑整体维修保护工程，故宫开放面积从 2012 年的 30%，持续扩大到 2015 年的 65%，再到 2018 年的 80%，新开放了南大库家具馆、3/4 的城墙，越来越

多的院落、展览、文物与公众"见面"。

"让收藏在禁宫里的文物活起来",不再只是口号。很多"观众止步"的牌子移走了。这样的开放不简单:增设实木休息座椅,每个造价达 3500 元,人们不用再在台阶、栏杆上倚坐;午门中间那个门洞,原本只向外宾开放,现在也向观众打开了;同步设置多达 32 个检票口,网上售票;男女洗手间数量比例改造成 1∶2.6;开放南大库……

你可以说故宫的努力是一种"修修补补",但当你将所有这些"修修补补"聚到一起时就会发现,故宫呈现给民众的变化,简直就是革命性的。

古老的故宫,正在打破几百年来的神秘色彩,一点点拉近与民众的距离。当你的双脚踩在那些方砖上时,当你的目光拂过斑驳的树影时,当你突然走进一片相对冷清的宫殿时,你会发现,这里藏着一个真实的、传统的、魔幻的中国。

巍巍紫禁城,一点也不遥远,就在每一个人的脚下。这样的开放、亲近,无疑有着强大的历史和文化的穿透力。

故宫从来都是特殊的,开一条门缝,都可能引发各方震动。盖因为,深宫里确实遍地是宝贝,折腾不起,也不敢折腾,仅以习惯所言的"文物"来说,目前故宫收藏文物 168 万件,其中又有 93.2%是国家顶级珍贵文物。更不要说这个特殊的大院子里,几乎每一栋建筑及其附件,都负载着沉甸甸的历史。

夜间开放,确实需要勇气,需要胆识,需要完备的预案。而从目前的效果来看,也堪称完美,这也体现了相关各单位部门的密切配合。

事实上,故宫的开放,固然体现在打开紧闭的城门,打开尘封的宫门，允许人走到宫墙上俯瞰楼宇亭台，并逐步实现多时段、全时段的开放；但更重要的开放，则在于思想与观念的开放。这一点，从故宫文创的风风火火可见一斑。

2017年，故宫文创的销售收入已达15亿元。这一数字的背后，是冲决一切的大开脑洞。

大概从2014年开始，"故宫淘宝"微信公众号一篇《雍正：感觉自己萌萌哒》的文章在微信朋友圈刷屏，故宫"萌萌哒"的形象由此深入人心。此后的故宫，燃点一个接一个，一发而不可收。

越发"萌萌哒"的，不光是故宫。敦煌研究院等文物机构，正在以更加亲民和更加现代的方式，破除自身的神秘感。不少文博场馆跻身于热门景点，文博题材节目也成为受众喜爱的"爆款"。

说到底，"噱头"的背后，是极目上下古今中外的雄阔视野，是打通观念意识盲区的开放胸襟。

要说博物馆夜间开放，在国外并非新闻。巴黎卢浮宫每周三和周五会延迟到21:45闭馆。意大利每年举行博物馆"不眠之夜"（周六晚上举行，一晚上都对外开放）活动，吸引了不少年轻人。

4月18日是俄罗斯首都莫斯科的文化历史遗产日，当地300多家博物馆这一天免费开放，其中包括著名的克里姆林宫博物馆等。

当开放意识与时代紧密纽结在一起时，变化自然发生。

（2019年2月20日）

疫苗疑似"调包"事件该有
明明白白的回应

斯　远

疫苗无小事，任何人在疫苗上动的任何一点"手脚"，都可能引发全社会的强烈谴责，这实际上已经成为这个社会的一种底线思维。

2018年吉林长春长生问题疫苗案件发生后，习近平总书记作出重要指示指出，确保药品安全是各级党委和政府义不容辞之责，要始终把人民群众的身体健康放在首位，以猛药去疴、刮骨疗毒的决心，完善我国疫苗管理体制，坚决守住安全底线，全力保障群众切身利益和社会安全稳定大局。

李克强总理也就疫苗事件作出批示：此次疫苗事件突破人的道德底线，必须给全国人民一个明明白白的交代。

然而，言犹在耳，疫苗又出问题了。这次是"调包"疑案。

据媒体报道，2019年1月30日，石家庄市民冯女士带孩子到石家庄市桥西区汇通社区卫生服务中心接种第三针五联疫苗后发现，打针时护士疑将价值632元的五联疫苗换成了价值100多元的HIB疫苗。

2月1日晚，石家庄市桥西区政府发布情况通报，认定"错种"情况属实，公安机关已对涉事汇通社区卫生服务中心负责人进行立案侦查，依法采取刑事强制措施，有关部门责任人被问责。

尽管年味渐浓，此事爆发出来的疫苗"调包"疑案，还是让人心情沉重。

据介绍，五联疫苗是一种复合疫苗，一个针剂里包含了百白破疫苗、b型流感嗜血杆菌疫苗和脊髓灰质炎灭活疫苗三种成分，可同时预防白喉、百日咳、破伤风、脊髓灰质炎和b型流感嗜血杆菌引起的肺炎五种疾病。普通的这三种疫苗如果全程免疫需要接种十二针，五联疫苗接种四次就可以了。

此次五联疫苗被调包为HIB疫苗，区别不仅仅是价格上的差异，而关键在免疫的覆盖范围上。可见，疫苗"调包"行为，或许与接种疫苗造假还有些区别，但就其造假与欺瞒的性质来看，本质上还是一种犯罪。

疫苗无小事，任何人在疫苗上动的任何一点"手脚"，都可能引发全社会的强烈谴责，这实际上已经成为这个社会的一种底线思维。

我们也看到，"错种"疫苗事件发生后，当地十分重视，省、市、区立即组成联合工作组，进驻该中心进行调查。专家组迅速赶赴现场，全面指导工作开展。桥西区政府也表示要举一反三，迅速在全区范围内开展接种单位拉网式排查整治，坚决杜绝类似情况再次发生。

亡羊补牢，未为晚矣。当地这种积极的善后补救之举，令人宽慰。不过，也应该注意到，此事不能止于简单的问责，似乎仍有疑点待查。

其一，"错种"事件只是这一起吗？据报道，当事人冯女士发现"调包"事件报警后，与警察和疾控人员一起查看了卫生服务中心电脑上的疫苗采购与接种记录，发现从2018年12月3日起，汇

通社区卫生服务中心内部网络系统显示只购进了26支五联疫苗，并给26名儿童接种了该疫苗。但该中心的疫苗接种记录本上却显示，已经给44名儿童接种了五联疫苗。

这意味着，至少有18名儿童接种的并非五联疫苗。而且，这还是建立在我们肯定该中心接种记录属实的基础上。如果记录本与实际情况不符，则情形之恶劣难以想象。目前，调查组尚未披露该中心现存疫苗的真实数据，不知道这26支五联疫苗是否真的已经使用。如果已经接种疫苗的孩子，只是体现在记录本上，而实际上已经被"调包"，则需要更加周全的筛查善后了。

其二，此事真的是"错种"吗？根据相关信息，该中心的"错种"绝非简单的"无心之过"，而更多指向"有意为之"。比如接种护士的躲躲闪闪，遮遮掩掩；比如该中心接种记录的乱七八糟等。特别是，如果此事果真是卫生服务中心医护人员能力不足，不能够很好区分五联疫苗与HIB疫苗，那为何要对中心负责人立案侦查，依法采取刑事强制措施？

人都抓了，再说什么"错种"，不过是一种文字游戏罢了。"调包"就是"调包"，大可不必非要将此事限定为一桩"孤例"。

这一事件也再一次暴露出一些地方在疫苗全程监管上的问题。一支疫苗从出厂到接种，理应遵循最严格的监管机制，不能有任何疏漏。而从石家庄的情况来看，显然没能做到全程无缝监管。社区卫生服务中心是接种的终端，但却缺乏任何有效的监管，随随便便就能把632元的五联疫苗换成价值100多元的HIB疫苗。

而这种乱象显然也并非偶然，就在此事发酵后，石家庄市桥西区疾控中心还发布"安民告示"，称"错种"的HIB疫苗质量合格，不会对孩子产生伤害。这样的监管机构，被免职其实已经算轻的了。

当下，除了公开"调包"真相，给民众明明白白的回应之外，当地还应该彻底查清，到底有多少地方存在类似为赚取巨额差价而"错种"的情形，这些被蒙在鼓里的孩子的权益应该得到保障。

（2019 年 2 月 2 日）

网约车监管产生的问题要用服务解决

马　亮

2019 年 2 月 28 日，在国务院新闻办公室举行的新闻发布会上，交通运输部部长李小鹏在受访时表示，网约车、共享单车等是交通运输行业的新业态，在发展过程中必然会带来新问题和提出新要求。因此，"对于这些新问题和新要求，我们的态度是包容审慎、鼓励发展、规范发展。"而不久前全国政协主席汪洋在全国政协会议上对也对网约车监管有过一番讲话，在全国两会之前，关于新型业态监管的表态密集出现，对于网约车等互联网新经济的发展是个好消息。

移动互联网的发展和普及，使交通运输行业涌现出许多新兴业态。作为共享经济的典型代表，网约车和共享单车极大地便利了人们的交通出行，缓解了交通拥堵和环境污染，也创造了大量新型就业机会。但是，在网约车和共享单车的发展过程中，也产生了很多新问题，使监管部门不得不因应调试。

习惯于维护既定秩序的监管部门，往往看不惯新兴业态这种无序发展乃至"野蛮生长"的领域，通常会习惯性地采取围追堵截的强硬监管姿态。特别是在面对资本裹挟和财大气粗的互联网企业时，政府部门倾向于对其"硬碰硬"。比如，一些地区制定的网约车新规使网约车朝着出租车化的方向发展。这既有违新兴业态的发展方向，也不利于巡游出租车等传统行业改革。

从过去一段时间网约车监管政策的演变过程来看，这种监管模式很难适应网约车等新兴业态的发展需求，已经到了改弦更张的关键时期。一方面，合规的网约车平台企业、车辆和驾驶员的占比都极低，大量网约车不得不在灰色地带运营，由此诱发许多安全风险。另一方面，各地交通运输部门的运动式执法，令"打车难""打车贵"和黑车泛滥等问题时有发生和卷土重来。如果摸不清共享经济的运作模式和演变规律，一上来就给其戴上规范运行的镣铐和枷锁，可能就会扼杀方兴未艾的新兴业态，并且可能错失共享经济的发展契机。

从发达国家的经验来看，对于网约车这样的新生事物，也都经历了类似的试错和学习过程。优步（Uber）是网约车领域的开创者，在全球多个国家和地区运营，并受到各不相同的监管。美国许多州和城市一开始都允许优步、来福车（Lyft）等网约车的运营，但是后来都对其提出了相适宜的监管框架条款。欧洲一些国家的政府对网约车说"不"，这主要同其强大的出租车行业工会保护有关，政府考虑选票不得不委曲求全。而其他新兴国家，如新加坡，监管部门同网约车从业者达成共识，并为网约车提供和出租车同台竞争的市场环境。印度尼西亚网约车平台 Go-Jek 异军突起，在东南亚的多个国家拓展市场，并得到中国多家互联网巨头的注资。

总体来看，网约车在各国的遭遇一直处于发展和制约的摇摆不定之间，同各国和各地的政治体制、市场环境和社会文化有很大关系。因此，利用中国的体制优势和用户市场潜力，抓住网约车的发展契机并对其加以合理规范，是推动共享经济和其他新兴业态发展的关键所在。

过去许多地区的监管政策都是假借安全之名而行保护落后产业之实。比如，很多地区刻意回避传统巡游出租车的利益纠葛和改革困境，而选择对网约车进行差别化管理，设置过高和不合理的行业进入门槛而使合规化运营难以落实。一些地区甚至对车辆的购置时间、车价、轴距、排气量等进行事无巨细的要求，变相提高市场进入门槛去保护巡游出租车的行业利益。如此避重就轻的监管方式使网约车监管走向进退维谷的尴尬境地。未来监管的重点应该是确保出行人员的生命财产安全。

对网约车既要监管，更要服务，这意味着对网约车监管也需要加强"放管服"，该管的要管好，该放的要真放，该服务的要切实服务。

过去交通运输部门对网约车往往采取的是强力监管姿态，为该行业的准入设置较高的门槛，主要精力都放在对违规运营的车辆和驾驶员进行处罚。但是，对于如何扶持网约车行业的发展，如何为网约车相关的企业和从业人员提供各类公共服务，政府部门则想得不多，谈得很少，做得不够。

就此而言，加强对网约车等共享经济的政府服务，使相关企业和从业人员能够得到应有的价值肯定和身份承认，可能是破解网约车监管难题的新思路。与其围追堵截，不若正面引导。在服务中监管，在肯定中改进，在发展中优化，是对网约车等新兴业态的监管正途。

这种新型监管思维也反映了当前全球公共监管领域的改革趋势，即各国政府愈加认识到政府与企业不是"猫和老鼠"的敌我关系，在很多方面政府与企业都是目标一致的。企业不是被动等着接受政府的监管，而是愿意自愿和主动地进行自我监管。这不仅会令合规守法运营的企业从中获益，也大大降低了政府的监管成本，从而达到政企互赢。

特别是对网约车和共享单车这类平台经济，平台企业往往有很强的市场支配地位和行业自律诉求，在多数情况下都在代行政府监管义务。强化政府监管平台，平台监管运营企业和从业者的理念，减少政府部门的不必要干预，或许有助于让这些新兴业态在快速发展的同时也更加有规范和秩序。

当然，包容审慎的监管不是完全袖手旁观和放任自流，而是需要加强关键领域的监管和事中事后的监管。所谓关键领域，至少包括维护乘客安全和驾驶员的劳动权益。乘客安全是交通运输行业的生存底线，而驾驶员劳动权益受侵害是平台经济容易诱发的问题。事中事后监管则意味着要加强政府与企业的日常沟通，并建立信息报送和预警反馈机制，使政府部门可以更加及时有效地对行业问题作出响应。

（2019 年 3 月 1 日）

政府工作报告的"KPI 意识"值得点赞

于　平

2019 年 3 月 1 日，中国政府网公布了 36 组数据，全面展示了 2018《政府工作报告》量化指标任务落实情况。在 2019 全国两会即将召开之际，这一举动引起舆论广泛关注。

有媒体将这些数据称之为政府工作报告 KPI 成绩单，这一形容恰如其分。因为如果把政府比作一家企业的话，这 36 组数据无疑是关键业绩指标（KPI）。

GDP 增长达 6.6%，高于此前设定的 6.5% 的增长目标；居民消费价格涨幅控制在 2.1%，低于原定 3% 的指标；城镇新增就业 1361 万人，超过原定目标；单位国内生产总值能耗下降 3.1%，比原定目标多出 0.1 个百分点；移动网络流量自费降幅达 63%，是原定降幅 30% 的两倍还多；全年为个人和企业减税 1.3 万亿，超出原定目标两千亿……这些数字无一不重要，无一不是体现中国经济社会发展水平的核心内容。

这样一份沉甸甸的成绩单来之不易，每一个 KPI 完成的背后，都有从中央到地方诸多部门的共同努力。正是在这样的努力下，不仅没有辜负公众信任和期待，全部完成之前设定的指标任务，许多经济、社会、民生指标还大幅超过原来的目标设定。这些斐然的公共治理成效，显然不只是纸面上的，而是在现实生活中看得见、摸得着，KPI 成绩单所带来的民生红利，最终落在我们每个人头上，给了公众满满的获得感。

政府工作报告重视 KPI，这是近几年来的一个趋势。全国两会前夕，相关方面公布《政府工作报告》量化指标任务落实情况，已经成为"标准动作"。例如在去年，不仅公布了 36 组 KPI，而且公开了每个 KPI 的牵头部门。透过重大政策 KPI，展现出政府积极施政的决心和强大执行力。

政府施政的"KPI 意识"确立，无疑是"国家治理体系和治理能力现代化"的重要体现。其实，"KPI 意识"没什么高深之处，它无非是想告诉民众，政府这一年最关键任务是什么，以及他们如何检验自己有没有完成这些任务。KPI 使得政府绩效管理有了明确的抓手，给了民众评价、考核政府以最大的便利。

从世界范围来看，政府施政引入 KPI，源起于二十世纪八十年代，那时，由于经济衰退，许多发达国家债台高筑，使得民众对于政府处理公共事务的能力产生了怀疑，促成了"政府再造"的风潮。于是，许多国家的政府引进新的管理理念，开始向企业学习，采取民间企业的绩效考核模式。

美国学者戴维·奥斯本和特德·盖布勒在他们合著的《改革政府》一书中提出了以企业家精神改革政府的基本原则，并认为新的政府治理模式终将会代替传统的官僚主义模式。这种新型的"企业型政府"的模式，使得政府不再是高高在上、自我服务的官僚机构，而成为讲究质量、追求效率的企业型组织，政府工作更多以民众的需求为导向，保证了公共服务的高效率和高质量。

党的十八大报告提出"创新行政管理方式，提高政府公信力和执行力，推进政府绩效管理"。十八届三中全会进一步提出，要以

职能转变为核心，继续简政放权、推进机构改革、完善制度机制、提高行政效能，并明确提出，要"严格绩效管理，突出责任落实，确保权责一致"。政府管理中越来越突出了绩效管理"指挥棒"作用，这和企业型政府的国际潮流一脉相承，即用企业中广泛运用的科学管理方法，改善政府效率和活力，实现社会的良善治理。

政府工作报告 KPI 成绩单，是推进政府绩效管理的一个生动而鲜活的案例。在政府转型的关键时期，强化绩效管理，用企业理论、企业家精神来影响和引导的政府改革，是政府管理改革大势所趋。在为政府施政的"KPI 意识"而点赞的同时，也需看到，如何让政府施政的 KPI 更科学、更合理，让每个 KPI 都真实反映政府的竞争力、执行力，如何提升民众话语权，让民众满意成为可量化测度的考核指标，未来依然任重道远。

（2019 年 3 月 2 日）

旁听两会，助推"循证决策"更有效

马　亮

在全国两会召开之际，除了代表委员很忙，国务院办公厅的工作人员也异常繁忙。2019 年两会期间，国务院办公厅从各司局抽取 207 名精兵强将，参与人大、政协各团组的旁听工作，现场了解两会代表委员的意见和建议，并将旁听记录及时呈报国务院。2019 年是国务院办公厅连续第四年开展全国两会旁听工作，也意味着这项工作正在走向制度化和常态化。

政府决策的核心就是民主和科学。一方面，政策决策要广泛听取民意民情，了解当前经济社会发展过程中的实际情况，做到有的放矢和对症下药，抓住最紧要的问题并采取最适切的手段和举措。另一方面，政策决策要科学，真正按照经济社会运行的规律办事，采取有效的措施，低成本和高效率地实现政策目标。但是，一些政府部门往往做不到俯下身子倾听民意，也经常是"拍脑袋"地武断决策，使很多政策仓促出炉和草草收场。

国务院办公厅的工作人员旁听两会，可以进一步促进政策决策的科学性和民主性，是一个值得推广的好做法。不仅全国两会需要坚持和完善这种做法，各地各级政府也应该学习总结这种做法，使之普及和制度化。

两会期间是人大代表和政协委员集中开会的时期，也是各种政

策问题集中讨论的关键时刻。在这个时候去了解一年来各类政策的实施情况，爬梳各个领域需要关注的政策问题，获得一些关键政策问题的解决之道，可起到事半功倍的效果。各位代表委员从不同立场和角度去探讨问题，火药味十足地争辩问题，这对于平衡各方面观点和意见，制定更加具有包容性的公共政策至关重要。

代表委员对各地和各领域的情况和问题最了解，也最能代表民众的心声。旁听他们开会讨论的问题，才能摸到真问题，了解真情况，抓住真痛点。国务院工作人员去两会旁听，可以不出北京就获得鲜活的各地见闻和真实的政策问题，这大大提高了调查研究的效率。旁听他们的高见，对于提高政府决策质量和优化政策手段，都有很好的咨政功能。

从国际发展趋势来看，政策决策的科学化和民主化也是重中之重。一方面，各国都高度重视决策的民主化，因为只有决策民主才能赢得民众的普遍支持和广泛理解，为政策的具体执行和操作提供良好的民意基础和合法依据。这使协商民主和参与式决策等方式日益流行，也为民众畅所欲言和表达心声提供了渠道。

另一方面，各国也普遍重视决策的科学化，使决策不再是"拍脑袋"的瞎指挥，而是更加强调决策是有理有据和经得起考验的。在公共政策的许多领域，都越来越强调政策决策的科学性，这使循证决策（evidence-based policy-making）日益流行。循证决策就是基于证据的决策，而证据主要来自科学研究和社会调查。只有和各个领域的专业人士交流，才能了解哪些政策是有效的，哪些政策是无效的，以及哪些政策应该继续或废止。这使许多国家和地区都建立了政策咨询网络，将科学证据更多地应用于政策决策，使决策具有可行性和前瞻性。

代表委员看到自己的提议得到尊重和肯定，对应的问题得到重视和解决，也使其参政议政的积极性增强，提出的问题和对策也更加有针对性，并为政府优化决策提供支持。这样一来，政府部门和代表委员之间形成了政策反馈和回应的闭环，使各类问题都能在这里讨论和筛选，各类解决方案都能得到探讨和论证。由此可见，政府部门工作人员旁听两会不仅是一种姿态，更是一种行之有效和可以推广的机制。

实际上，类似的做法在许多地方都有探索。比如，一些地区直播两会，使很多无法参加或旁听的政府部门工作人员能够了解讨论的内容，并就各自关心的政策领域获得新知识。还有一些地区试点政府部门和两会代表委员的常态沟通机制，及时了解代表委员对某些热点政策的意见及建议，为及时纠偏政策导向和优化政策做法提供支持。诸如此类的做法都值得鼓励和推广，因为它们有利于功夫做在平时，有助于及时发现问题、研究问题和解决问题。

(2019 年 3 月 7 日)

两会建议提案"出大会堂记"

任冠青

在中国，要想了解社会最关切的问题，有一个地方值得关注——全国两会。每到3月初，人大代表和政协委员们都会带着民众的意见和要求，齐聚北京。

上万件建议和提案，让民生痛点、行业焦虑、地区发展方向等问题一览无余，映射出了一幅幅真实的社会图谱。可以说，在这里，汇聚着中国最为鲜活的真实问题。

另一方面，如何将民之所望变为政之所向，则关乎一个有为政府的方法论。怎样将纷繁复杂的议题有机消化，继而形成科学系统的决策，是对政府治理能力最直接的考验。

"全面深化改革的总目标，就是完善和发展中国特色社会主义制度、推进国家治理体系和治理能力现代化。"国家治理体系和治理能力的现代化，既是实现"两个一百年"目标的题中之义，也是实现其他目标的必要前提。

其中，每一年两会与政府之间的互动，都是政府转变职能、提升治理能力的绝佳实践。为此，凤凰网政能亮对2018年的两会热点议题和政策回应进行了梳理，试图从两会与政府的互动过程中，管窥中国治理新变化。

一、什么话题才是"两会头条"？

每年议题上万件，甚至有的代表一人就怀揣 18 条建议。这其中，议题的排布是否存在一定的规律？哪些话题最受关注呢？

凤凰网政能亮在梳理后发现：2018 年，民生议题延续往年传统，再次"霸占"了"两会头条"。据统计，去年两会上，教科文卫体与社会公共事务类的建议共 2375 件，占建议总数的三分之一。

民有所呼，政有所应。去年国务院常务会议上，总理念叨最多的也是民生话题。异地就医、乳品质量、抗癌药零关税……全年 97 项议题，平均每四个之中，就有一个是急民生之所急。

不过，虽然这些议题件件皆有现实根基，但是政策回应，却不能是简单的"全盘接受"。从议题提出到政策落实，必然要经历有机消化的过程。如何找出问题症结，优先解决哪些问题，怎样抽象出议题的本质，则是政府必须做出的考量。

从去年的数据看来，做好兜底、雪中送炭，是两会和政府工作的共同主题。2018 年，全国人大选出了 20 项重点督办建议。其中，提高养老院服务质量、易地扶贫、促进婴幼儿托育事业、完善外来人口保障等议题均被列入。

而在过去一年的政策推进中，对"弱势群体"的重视也显而易见。针对养老院质量问题，民政部等四部门召开了专项推进会，国务院也将此项纳入 2018 年大督查范围；在打赢脱贫攻坚战的开局之年，中国顺利完成了 280 万人的易地扶贫搬迁建设任务，全年减少了农村人口 1386 万人；针对婴幼儿托育问题，卫健委也在详细调研后起草了《关于促进 3 岁以下婴幼儿照护服务发展的指导意见

（代拟稿）》……

可以看出，两会的议程设置为政府工作提供了不少切入点，而这些议题也是与国家战略、发展大局相呼应的。对社会弱者的关注程度，彰显着政府政策的底色。保基本、兜底线、促公平，从"两会头条"到政策热点，无不体现着这一主题。

二、从政策回应看政府职能转变

如前所述，全国两会 2018 年共收到逾万件建议及提案。而在接到这些议题后，全国人大和全国政协会将其分类，然后分发给国家各个部门办复。

那么，究竟哪个部门收到的"任务"最多呢？

凤凰网政能亮发现，财政部和国家发改委是其中的绝对主力。

在 2018 年国务院牵头处理的两会建议和提案中，财政部及发改委分别办理了 3782 件和 3150 件，占国务院部门牵头办理总数的 37.1% 和 30.9%。也就是说，这两个部门经手的建议和提案数占全部数量逾六成，远超其他各个部门的总和。

其中，国家发改委在 2018 年的角色转换颇值得关注。国家发改委不仅处理议题众多，而且职能广泛。从其 2018 年公开的提案复文来看，国家发改委除了对教育类没有涉足，对其他 12 项议题处理皆有参与。

行政体制改革，是推进国家治理体系和治理能力现代化的重要内容。在 2018 年的国务院机构改革中，国家发改委进行了一系列的职能精简，此后逐渐将职能聚焦于宏观管理和经济协调，不再过多处理价格调控等微观事务。这一调整思路背后，是中国整个政府职能与定位的转变。

在很长一段时间内，人们想到发改委，就会与"审批"画上等号。几十个章盖下来、几个月的流程走一遍，就已经让一些地方和企业晕头转向。这样的境况，在降低制度成本和"放管服"改革的大背景下，就显得不合时宜。因此，国家发改委的改革，实际上是进一步厘清政府与市场的边界，也是政府思维由管理型向服务型转变的必然要求。

事实上，"瘦身"后的国家发改委在区域发展、产业战略等方面，就显现出了独特优势。例如，在粤港澳、长三角、京津冀等城市群规划中，国家发改委都发挥着越来越重要的作用。

以往，一些城市群难以真正融合的重要原因，就是因地方利益而产生的行政壁垒。行政区划间的壁垒堪比关税，跨界行政协调困难，使得区域内各要素无法自由流通，最终导致规模经济难以形成。

比如，长三角地区多年来"断头路"的形成，就是此前"诸侯经济"的真实体现。粤港澳大湾区的理念尽管早已产生，却由于涉及一个国家、两种制度、三个关税区和四个核心城市的复杂性给政策规划提出了挑战。

这时候，国家发改委跨地区、跨部门的协调能力则展现了独特的优势，它使得地区的融合能够从中央的角度统筹规划、打破利益壁垒，最终实现协同发展。国家发改委长期以来积累的智囊资源，也为科学决策提供了一定的保证。将一系列微观事务放给市场，集中精力解决跨区域协调及宏观规划问题，让"瘦身"后的发改委更加有的放矢。

从巨细靡遗，到有所不为；从"放管服"改革中的耐心与智慧，到抓住城市群机遇的政策远见……国家发改委对两会议题的处理方式，正是中国政府职能转变的一种折射。

三、政令发出之后呢？

摆脱"数据崇拜"，是治理现代化的重要表现。

就像是国家发展不能用一个增长速度简单概括，两会质量也不能单纯用议题数量来衡量。2018年，两会开始更为关注议题数量与质量的关系。例如，全国政协在去年印发了关于提高提案质量的意见。在今年两会前夕，全国政协提案委员会主任李志勇也指出：2018年提案工作的主题是提高提案质量。

在梳理2015年至2018年国务院各部门牵头办理的建议和提案后，凤凰网政能亮发现：近几年两会建议和提案数的确呈现出逐年降低的趋势。

选择哪些问题进行提案，对问题是否有深入调查研究，都是决定提案质量的重要因素。政策回应的前提应当是意见的真实性，若是提案未经调研、闭门造车而出，不仅会造成公共资源的极大浪费，还会导致政策方向的偏差。因此，建议和提案的质量关系到接下来一整个逻辑链条的实现水平，再怎么强调都不为过。

"制定出一个好文件，只是万里长征走完了第一步，关键还在于落实文件。"与两会议题"提质增效"相对应的，是政府对政策落实的切实督办。

2018年，针对两会提出的建议及提案，国家各部门推动出台了 1400 多项相关政策措施。在政策制定之中，越来越多的部门也变"坐而论道"为"登门问策"，经过实地调研后，制定出更加科学和切实可行的政策。

同时，席卷全国的环保督查风暴也揭露了不少政策执行中的真问题。2018 年，中央生态环保督查"回头看"共受理群众举报96755 件。其中，责令整改 43486 家；立案处罚 11286 家，罚款10.20 亿元；立案侦查 778 件，行政和刑事拘留 722 人……

这些数字背后，当然体现出了政府狠抓落实的决心。可是，督查所揭露出的表面整改、假装整改、一刀切等形式主义、官僚主义现象，依然触目惊心。这其中，有地方撒药治污，有的假造公文，有的只一味地空喊口号、阳奉阴违。

所以，在督查之后，在"回头看"之余，如何通过制度建设将督办常态化，是接下来亟待解决的问题。

从两会建议和提案的提出，到政府的积极回应及科学决策，再到政策推行后的督办落实，这其中应当是一系列通畅良性的互动。任何一项不尽如人意，都会降低整个闭环的价值。

纵观 2018 年两会议题与政府政策的互动，国家对议题质量、决策科学性及切实督办已然更加重视。

（2019 年 3 月 13 日）

辽宁汽车撞童案之后，
我们还能做些什么？

熊 志

2018 年 11 月 22 日中午，辽宁葫芦岛市建昌县第二小学门口发生一起车祸，一辆黑色轿车撞上排队过马路的学生队伍，数名儿童被撞后倒地，目前已造成 5 名未成年人死亡、19 人受伤，其中重伤 3 人。经公安机关侦查。犯罪嫌疑人韩某华无业，性格内向偏执，心胸狭窄，因夫妻矛盾轻生厌世，产生极端思想，采取驾车冲撞方式，随机选择作案目标导致案件发生。

现场视频中，在所有车辆减速等待学生过马路的前提下，犯罪嫌疑人驾车冲撞行为，可以明显看出有着残忍的主观故意。公安机关的调查，坐实了这种猜测，但某种程度上也传递出更让人绝望的事实：如果说酒驾、毒驾还能提供逻辑的解释，并且对应着预防手段，那无差别报复社会的举动，意味着社会底线进一步被击穿，它将人性最残忍的一面暴露无遗。

在过去的讨论中，那种还原凶手的不公正遭遇，为施害者寻找泄愤原因的报道模式，越来越不被接受了，取而代之的是四起的杀心。但现实依然很残酷，自 2018 年起到目前为止，以手无寸铁的孩子作为泄愤对象的群死群伤惨剧，有 4 月 27 日的陕西榆林米脂砍学生事件，6 月 28 日的上海市世界外国语小学持刀伤人事件，10 月 26 日重庆巴南妇女恶性砍杀幼童案。

不到一个月，孩童又成为受害对象，凶手同样是偏执型人格。考虑到 2018 年惨剧如此密集的发生频率，不排除模仿作案的可能。这意味着对凶手简单地喊打喊杀，也许无济于事，产生厌世情绪自然不会畏惧死亡，激起社会的绝望和愤怒，正是他们意图达到的效果。所以在辽宁汽车撞童案之后，更应该思考是否有修复安全网的余地。

对比几起恶性伤童事件不难发现，凶手在作案选择上，往往瞄准儿童集中的时间点。比如集中做早操的时间，或者放学阶段。这些关键节点的安保配置，是否有提升的空间？多一名安保配置，作案成本会高出很多，伤害面降低的概率将大大提升。

此次事件在细节上又有所不同，比如凶手是开车，预谋作案的可能性相对更低，泄愤的随机性更高，识别和防范危险的难度几乎等于登天。

不过报道提到，吃午饭的地方位于学校对面，每天中午学生由老师带着过去吃饭，事发时正是学生吃完饭排队走回学校。设想一下，如果学校能够有自建食堂，或者集体订餐，而不用每天穿过马路就餐，撞童将失去发生的前提。退一步来说，事发地点没有斑马线，学生每天穿行本身就有着交通隐患，哪怕没有报复社会上演，这个安全漏洞同样有着不小的风险。

此外，凶手虽然无业，但开着奥迪车，至少在外人看来，还算是颇为体面的生活。因为夫妻矛盾泄愤到孩子身上，显示出典型的反社会型人格。在一天之内，警方确认了其"性格内向偏执，心胸狭窄"的人格画像，说明其偏执流露得很彻底，没有任何掩饰。那么，从其生活的家庭到所活动的社交圈层，为什么没有及时的心理干预？

心理学研究曾经提到，"天生坏人"的现象的确存，这种人可能与生俱来就存在大脑结构和功能缺陷。不管是"天生坏人"还是后天养成，如果没有行之有效的心理干预机制，报复社会的仇恨种子就无法及时摧毁，以至于坏人时刻埋伏自身边，像一颗定时炸弹。

像在一些欧美发达地区，有比较成熟的社区文化，社区承担着照顾成员的功能，在某些时候也能及时矫治扭曲的偏执者。这方面，包括心理医生的占比，精神疾病患者遭遇的歧视，中国都存在着一定差距。所以在很长一段时间内，中国农村妇女的自杀率一直居高不下。

在相关话题的讨论中，一些声音将这些反社会型人格的泄愤者归为"垃圾人"，这个定义并不算过分，但那些"远离垃圾人"的呼吁，可能导向完全矛盾的结果。在这里有必要提一下媒体责任，辽宁汽车撞童案固然是极端个案，但是不排除是模仿犯罪的结果，就在9月，湖南衡阳也发生过一起开车撞人案。事实上媒体对于案件的渲染以及事无巨细的报道，有可能给予这些偏执性人格的人犯罪模仿的冲动，所以媒体在报道的当中也应有社会责任感，尽量减少对于血腥画面、犯罪过程的描述，也应该减少对于犯罪人的具体刻画，避免模仿犯罪发生。

密集爆发的伤童事件，恰恰是因为这些"垃圾人"被隔离成为边缘人，才会想通过将伤害无辜弱势群体来寻求存在感的补偿。亲人、朋友之间，"远离垃圾人"可以当私下的劝解，但公共讨论层面，仍然需要走得更远、想得更多。至少，心理干预机制的建设，应该作为一种让心理变态者放下偏执的反制手段。

不论如何，任何拿无辜者尤其是孩子泄愤的凶手，都不配被原谅，不该被饶恕。但连续四起惨剧提醒我们，喊两句"远离垃圾人"，"垃圾人"不会凭空消失，喊打喊杀之后，薄如蝉翼的公共安全网络，需要补救的地方依旧很多。技术层面的风险防范，对反社会人格者的心理干预等，任何可能的救济手段，不应该有任何的懈怠。

(2018 年 11 月 23 日)

碳九泄漏十倍瞒报，官方调查验证了舆论的直觉

西 坡

实际泄漏量 69.1 吨，企业对外报告泄漏量 6.97 吨。这年头，竟然还真有人敢直接拿小数点做文章。

2018 年 11 月 25 日，泉州市通报泉港化学品泄漏事故调查及处置情况。距离事发 22 天之后，这起举国关注的污染事件披露了重磅而惊人的真相。调查发现，东港石化公司一开始就刻意隐瞒事实、恶意串通、伪造证据、瞒报数量，性质十分恶劣。

不过面对这份通报，一直关注事件进展的人应该不会太意外。毕竟从一开始，就有人怀疑 6.97 吨这个数据是否准确。首先是当地居民觉得官方通报与实际感受不符，不相信只泄漏了几吨，也不相信空气质量监测结果像通报的那么乐观。当地居民通过网络对外发声，形成舆情，引发关注。这是故事的开头。

其次，外部媒体介入之后，陆续发现一些疑点。多家媒体发声，呼吁当地进行更有效的应对，做出更有说服力的调查。

此外，还发生了蹊跷的女记者在泉州酒店被"精准查房"事件。虽然事后泉州市公安局对当事人员进行了问责，但使整个事件蒙上了更多神秘色彩，人们更加怀疑当地政府在整个事件中到底有怎样的利益关系。

现在的调查结果验证了舆论当初的直觉，说明质疑者并非无中

生有，确实存在重大的瞒报事件。泉州市政府主动揭盖子的勇气值得肯定，尤其是多名官员已被免职、停职，后续处理值得关注。

回过头来看，最值得深思的是，当安全事故刚发生之际，地方政府应该扮演什么角色。原则上说，地方政府要同时负责善后处理、调查真相、事故问责，其角色应该是中立而超脱的，要以公共安全和公众健康为重。

换句话说，"运动员"出事了应该"裁判员"出场，"裁判员"必须没有为"运动员"打掩护的动机，否则就违背了程序正义。

但现实中，"裁判员"有时候表现得不像"裁判员"，就打乱了信任传导的正常链条，导致话语与事实脱节的现象。

事实证明，企业和直接负有监管责任的官员都有瞒报的动机。所以必须让子弹飞一会，真相才能浮出水面。让政府的公信力被企业绑架，上级的公信力被下级绑架，无论从责任政府还是从公关策略的角度来看都不明智。

突发事件发生后，处理者想要及时止损，这是可以理解的。但一定要对社会发展现状有清醒的认知，才不会错上加错。当今最基础的常识是，纸包不住火。移动互联网时代，每个人都有摄像头，每个人也都有麦克风。

担心谣言高发也是一种普遍心理。但如果地方政府自己都不掌握完整真相，面对舆情却一味大事化小，那就只会把火越扇越旺。

真相是所有人最大的公约数。尊重真相才能赢得舆论场的主动权。在事实不明之际，不妨大方地承认事实不明。只需要把渐次查明的事实，一五一十地摆上台面。同时对于本地居民的焦虑和质疑，一定要充分重视，宁可信其有，而不能以"反正我信了"的姿态强行"辟谣"。有几分证据说几分话，要让别人尊重权威就要自

己先珍惜公信力。

从一开始，地方政府就不应该站在舆论的对立面，为难记者更是难以理解的行径。生命至上，每个人都只能拿事实说话，谁妨碍别人接近事实，都相当于往自己身上泼脏水。

在最新的通报中，泉州市政府承认"处置过程中，也存在应急联动机制不健全、工作经验不足、信息公开不够规范、回应百姓关切滞后和不精准等问题"，态度还是比较诚恳的。也希望这次碳九泄漏事件可以给更多地方提供有益的启示，使更多地方官员明白，舆论和媒体本该是友军，大家的目标本该是一致的。

（2018 年 11 月 26 日）

政府工作报告派发"民生礼包"

于 平

"为政不在多言，须息息从省身克己而出；当官务持大体，思事事为民生国计所关。"每年的政府工作报告，都以民心为本心，透露出浓浓的民生情怀，今年也不例外。

在 2019 年的政府工作报告中，李克强总理坦承，2018 年，"在教育、医疗、养老、住房、食品药品安全、收入分配等方面，群众还有不少不满意的地方"，并承诺"直面问题和挑战，勇于担当，恪尽职守，竭尽全力做好工作，决不辜负人民期待！"

政府工作报告派出"民生礼包"：继续提高城乡居民基本医保和大病保险保障水平，居民医保人均财政补助标准增加 30 元，一半用于大病保险；从失业保险基金结余中拿出 1000 亿元，用于 1500 万人次以上的职工技能提升和转岗转业培训；改革完善高职院校考试招生办法，鼓励更多应届高中毕业生和退役军人、下岗职工、农民工等报考；多渠道扩大学前教育供给，无论是公办还是民办幼儿园，只要符合安全标准、收费合理、家长放心，政府都要支持……

这些惠民、利民的"民生礼包"，无不切中了当下的民生痛点。用公共财政之力，补足民生领域的短板和弱项，切实保障和改善民生，定会提升民众的获得感和幸福感。

尽管近几年政府在民生领域投入不断增加，民生工作已然成就显著，但就总体水平来看，民生投入只初步解决了"从无到有"的问题，面对民众对于美好生活的向往，政府的民生支出还有很大提升余地，未来民生建设还有很大改善空间。

这就注定了改善民生是一个长期的系统工程，没有终点，只有不断重新出发的起点。

以解决"看病贵"为例，这一直是政府施政的重点，包括扩大医保支付范围，抑制药价虚高，医保异地报销等，几年来动作不断。但不得不承认的是，与许多发达国家相比，我国居民医疗支出的个人负担依然过高，医保覆盖水平依然偏低。正因如此，此次政府工作报告提出，降低并统一大病保险起付线，报销比例由50%提高到60%，进一步减轻大病患者、困难群众医疗负担。此举弥补了公共卫生服务的欠账，进一步减轻了居民就医负担。

对于农民工权利的保障，此前也出台许多举措，维护农民工合法权益。但时至今日，农民工依然难以摆脱"弱势"的标签。就业市场对于技术岗位有着大量的需求，但许多缺乏现代教育和职业训练的新生代农民工，却难以胜任这些技术岗位。农民工欠薪问题有好转之势，但各种欠薪事件仍不时发生，农民工权益的制度化保障，依然供给不足。

为此，政府工作报告提出，鼓励更多农民工报考高职院校；要根治农民工欠薪问题，抓紧制定专门行政法规。这些举措，为农民工自我发展和权利保障打开了更大空间。

在生育放开的大背景下，入园难、入园贵，成为更加突出的问题，但相应的托幼服务发展滞后。托儿所、幼儿园等托育服务机构总体数量不足，公办托育机构比例偏低。许多托育机构，尤其是民办托儿所、幼儿园，硬件设施普遍落后，师资良莠不齐，安全保障频频出现漏洞。政府工作报告提出"多渠道扩大学前教育供给"，回应了社会的呼声。

立足民生，保障弱势，把高质量的基本公共服务作为追求的目标，政府工作报告交出的，是一份令人欣慰的答卷。和经济领域需要转型升级一样，民生领域同样需要公共服务的全面转型升级。中国要想成功跨越中等收入陷阱，一个关键就在于建立更强有力的民生投入机制，更完善的民生公共服务体系，从而让更多民生硕果普惠人民，维护公平正义。对此，政府需再接再厉。

（2019 年 3 月 6 日）

基层执法的"塔西佗陷阱"如何破解

丁永勋

2018年1月24日，云南鲁甸县民警在处置一起群体性事件时，遇到不法分子围殴。辖区派出所所长为了平息事态，向现场围观群众下跪，被称为"下跪执法"。此前一天，1月23日，郑州航空港区城管人员在现场制止安装广告牌时，抽走施工人员的梯子，造成一人坠亡。"城管抽梯"为基层恶劣执法又添一恶例。

两起广受关注的极端事件，反映的都是基层执法者的行为处境：一个软弱妥协，面对不理性的群众缺乏办法，用自损尊严的做法试图平息事态；一个强硬恶劣，甚至不拿生命当回事，造成严重后果。两起事件尽管一硬一软，但却是一体两面，反映的是同一个根本问题，那就是基层执法公信力的缺乏。没有公信力所以无法用合法的手段执法，最终依赖于暴力威慑，没有公信力所以无法让民众认可执法，最终又陷入"下跪执法"式的委曲求全。这何尝不是另一种"塔西佗陷阱"。

执法公信力的缺失并不是无来由的，首先是权责不清。执法权责不清会导致该管的没管好，不该管的又乱管，这其中表现比较明显的当属城管。很长一段时间以来，城市管理人员急速扩张，管的范围越来越宽，但城管地位和合理性问题一直没有完全解决，甚至上级主管部门和所执之法都没有明确统一。这一方面造成城管执法缺乏强制手段，面对抵制和对抗办法不多；另一方面也导致城管自由裁量权过大，选择性执法问题突出。这是一个问题的两面，城管执法中的暗箱操作和矛盾冲突，大多由此而来。

其次是约束不强。约束不强会导致执法力量过度执法，违规执法，甚至暴力执法、野蛮执法。警察作为基层唯一可合法使用暴力的队伍，没有强有力的约束和监督，暴力的过度使用尽管在执法效率上事半功倍，然而在执法效果上却是大打折扣。暴力执法并不能树立法律的威严，相反是法律信仰的流失。民众接受的是暴力恐惧下的法律，而并非内心遵守的社会公约，最终的结果要么是更强有力的暴力，要么是鲁甸派出所那样"跪地求饶"。

最后是执法不公。执法环境最大的敌人，是执法不公平、不作为和滥用自由裁量权，河南郑州城管抽梯执法所导致的舆情，不仅仅只是因为城管之恶，更是警方再为拘押负有直接责任的涉事城管队员的情况下，立即羁押了安装广告牌的文印店老板，被舆论质疑执法不公。执法不公意味着法律失去了作为社会最大公约数的基础，民众不再信仰法律，执法者也无法继续使用这套公约来约束民众，执法者失去公信力，就会催生不讲规则的执法对象。如果不幸形成恶性循环，执法者和执法对象都没有安全感和被尊重感。当法律不被信仰，受损害的不仅仅是广大民众，更是广大执法者自身。

近日，中共中央、国务院发出《关于开展扫黑除恶专项斗争的通知》，其中指出把扫黑除恶与反腐败斗争和基层"拍蝇"结合起来，深挖黑恶势力"保护伞"。这恰恰反映了目前基层执法的一种非正常状态，成为黑恶势力"保护伞"的执法力量何来公信力一说。

我国正在深入贯彻全面依法治国战略，打造全社会信仰法律、尊重法律的真正的法治环境。真正的法治环境下，执法者授权明

确、恪守边界、接受监督，这是基本的要求。在此之上，才是文明执法、人性化执法：在严格公正执法的前提下，还要尊重人权和个人尊严，照顾特殊群体的感受。

　　这是任何社会对执法者基本的要求，而且法律有明确规定，中央有明确要求。做到这些，基层执法才能告别"或者暴力或者无力"的局面，形成正常的执法环境。

（2018 年 1 月 30 日）

《仲裁法》援引错位，需改进法律清理模式

欧阳晨雨

一次法律的修改，如同蝴蝶效应，在法律清理不及时的情况下，极易造成法律援引的错位。

现行《民诉法》自 2012 年修改后，法律条文序号进行了重新排列。未曾想，序号的变动，导致《仲裁法》援引《民诉法》的内容发生了错位。这种错位，主要涉及《仲裁法》3 个法条：第 63 条、第 70 条和第 71 条。其中，第 63 条是关于不予执行国内仲裁裁决的规定，第 70 条和第 71 条是关于撤销和不予执行涉外仲裁裁决的规定。

审视这种援引"错位"，并不是立法内容上的"错漏疏忽"，主要是立法技术上的问题。更具体而言，关联法律清理的问题。这是因为，世界上并不存在完美无缺的法律，由此也决定了，需要根据社会变化，对国家法律体系及时做出修缮，这就是法律清理。也正是凭借着这一立法技术，让法律体系保持了活力。

在中国，法律清理主要通过"集中清理"完成。例如，1954年 9 月的一届全国人大第一次会议上，"关于现行法律、法令继续有效的决议"就是"一个具有法律清理性质的文件"。25 年后，五届全国人大常委会第 12 次会议，又通过了《关于中华人民共和国建国以来制定的法律、法令效力问题的决议》，对共计 1500 多件法

律、法令进行集中清理。

此后，法律清理的频率有所缩短。但是，也有一些"奇葩规定"留存。例如，铁路部门1979年颁布的"一条生命100至150元"暂行规定，竟沿用了28年才得以修改。新规是，旅客人身伤亡赔偿限额为15万元，行李损失赔偿限额为2000元。

《民诉法》经历了2007年和2012年两次修改，条文序号两次发生变化。其中2007年修改造成的"援引错位"，恰是在2009年经全国人大常委会在一揽子修法决定中给予了修正，《仲裁法》第63条指向了《民诉法》第213条。《仲裁法》第70条、第71条指向《民诉法》第260条，在2009年"法律清理"中修正为第258条，实现了对应。只不过，《民诉法》2012年修改后，没有得到法律清理，故而再次出现"错位"。

法律援引"错位"，造成司法机关解释和适用法律障碍，按照立法目的，经过简单说理后，径直适用相关规范即可。但是，在事实上也的确造成了司法困惑。尽管一些时候，这种"错位"凭借法官慧眼，自觉加以纠正。但是，一部存在"瑕疵"的法律，并不能总靠司法者的技能辨识。如果任凭法律错误延续，不仅损害司法权威，也影响法律尊严。

事实上，在立法技术中采用援引方式的，并非只有《仲裁法》与《民诉法》。除了《民诉法》，在我国《刑法典》中，"依照某某条款定罪处罚"的规定就有30多处。在其他法律中，也不乏这样的援引条款。随着时代的变化，立法也随之调整，当一部法律悄然发生变化，也就意味着要对一部，乃至更多法律的变动，可谓"动一发而动全身"，一旦法律清理不够及时、系统，就有可能发生类似援引"错位"。

如何才能防止出现援引"错位"呢？从立法技术上看，针对"重排条文"方式弊端，可引入"固定序号"法，使法律条文与序号相对应，制定法一旦颁行，法条对应的序号永久保持不变。如需要增加、减少条文或者变更条文顺序，则通过二级序号的方式实现。这种"固定序号"法，在我国刑法修正案中得到了较好应用，从国际做法来看，也为法治成熟国家采用。

但是，从深处看，还应随时代发展，改进法律清理模式。我国大规模立法阶段已结束，新的法律体系大厦建立起来，随之而来的，是一个"修法"新时代。从频率来看，25年一次的法律清理，显然已不合时宜，经常性的法律清理，应成为常态；从形式来看，采用立法机关一揽子清理的方式，"虽能达一时之功效，却难以毕其功于一役"，智能化、精准化的法律清理，将成为立法趋势。

由此视之，看似简单的"条文援引"错位，解决这一问题，应成为中国法治建设的拐点事件。

（2018年1月30日）

从"两会通道"看国家治理现代化

胡印斌

"通道"成了 2018 年全国两会的高频词。

从前两年常态化的"部长通道",到 2018 年首设的"代表通道""委员通道",两会"通道"的全覆盖、制度化,让两会越来越开放、越来越透明。

2017 年 1 月 18 日,在专题讨论《政府工作报告》(征求意见稿)的国务院全体会议上,李克强总理明确要求部长们:"今年的'部长通道'一定要比去年搞得更好!"总理指出,我们正在全力推进社会主义市场经济,而市场经济很大程度上实际就是预期管理。每年的"两会"就是释放信号、引导预期、鼓舞士气的重要场合。"大家提的意见建议虽然是从某一个角度,也都比较具体,但是采纳好这些建议会有牵动作用。我们必须要对人民群众的呼声有回应,才能给市场更好的预期。"

正因扭结了人民呼声、市场预期,以及政策风向,人民大会堂北大厅那段百米红毯通道,多年来一直是众多媒体鏖兵酣战的重要场所。

而随着"部长通道"的常态化、制度化,越来越多的部长们开始坦然接受记者采访、主动释放政策信号、积极回应社会关切。"部长通道"隐隐然已形成一个强大的舆论场,并成为社会公众观察中国经济运行、政府治理、社会政策的一个窗口。

以 2018 年 3 月 5 日的"部长通道"为例，1 个小时的时间，6 位部长就其主管领域的热点问题逐一回应，干货满满。政府工作报告刚刚提出了取消流量漫游费，工信部部长即在"部长通道"公布了具体"时间表"和提速降费"路线图"；国家监察委成立在即，监察部部长杨晓渡回应了谁来监督监察委、监察委会否成为一个"超级机构"等问题。而在 3 月 3 日下午的"部长通道"，教育部部长陈宝生对家长普遍关注的"三点半难题"的解释，司法部部长张军关于"要让社会上的春风透进高墙、透进监狱铁门"的表述，均极大满足了社会关切。

部长们在"部长通道"主动发声，对敏感问题不回避不遮掩，回答问题干货多分量足，做到了"成绩要讲透彻，问题要讲明白"，令人宽慰。

两会会风的开放、透明，也表现在"代表通道""委员通道"以及越来越密的记者会等方方面面。从 2018 年起，全国两会首次开通代表委员的受访渠道，来自社会各界、不同地区的人民代表和政协委员，站在媒体和社会公众面前，平等对话，充分交流，既能顺畅采集民意，也能迅速传递两会声音。

连日来，我们看到，不管是知名度较高的马化腾、雷军代表，杨利伟、张凯丽委员，还是来自基层的王亚平、杨昌芹代表，吕忠梅、李文俊委员，均能敞开心扉谈履职、主动回应社会关切，在接受民众打量、审视的同时，也对自身肩负的参政议政职责有了更深刻的理解和认知。

民有所呼，"会"有所应。来自代表和委员的"两会好声音"，能够让公众更加全方位、多侧面地了解到权威消息，察知政策动

向，有利于更好地凝聚社会共识和各方面力量，从而更好地将党的主张转化为国家意志和全体人民的共同行动。

这种政务信息的顺畅传递与良性互动，不仅仅表现了政府的自信与坦诚，也折射出我国政治制度日益完善，国家治理体系和治理能力现代化不断进步。

每年的全国两会，就是一个巨大的舆论场。在这里，政府与社会、中央与地方、民意代表与政府官员汇聚一堂，共商国是，各种意见和建议都会摆在明面上，各种考量与回应也同样会公开披露，正因为有这样一种坦诚、透明的氛围，各种声音都能得到倾听，并在引发社会公众关注与参与的同时，成为时代的响亮回声。

可以说，两会通道越畅通，则两会氛围就越和谐、对话就越平等、会风就越民主，也就越能充分体现国家治理体系和治理能力现代化的成绩。

（2018 年 3 月 9 日）

打倒了医生，我们的医疗环境就好了吗

胡印斌

一起暴力伤医事件，在发生近 20 天后，开始发酵。终于在 2018 年 10 月 13 日晚，有了初步处理。昨晚，北京西城警方发布通报认为，郑某宇、郑某蕊父女二人，妨碍值班医生正常工作，并对医生进行殴打的行为，既侵犯了医生的人身权利，也影响了正常医疗秩序。西城公安分局对郑某宇依法刑事拘留，考虑到郑某蕊系在校大学生，且对自身行为真诚悔过，并得到了赫医生的谅解，对其采取取保候审。目前，案件正在进一步审理中。

事发多日，才引起各相关机构的正视，并有了一个初步的调查处理结果，尽管来得有些晚，不客气地说，甚至有些拖沓与麻木，但终归回到了正确的道路上，令人欣慰。

这也表明，在习惯认知中，乃至在医疗机构的习惯思维中，息事宁人仍是遇到类似医患冲突时的不二选择。至于在这一过程中，医护人员合法权益是否受损，这个社会的公共利益是否得到维护，并不是第一要务。

而当事件引发了舆论关注，并形成舆情之后，则问题的性质又发生了变化，从一起普通的医患冲突演变为一个典型的公共事件。相应的，有关各方的处置热情自然就大大不同。

从目前已经披露的视频来看，至少可以肯定两点：其一，冲突

系由家属率先发动，先是患者家属郑某宇主动攻击赫英东医生，其后则是郑某宇全家三人疯狂围殴医生；其二，在郑某宇攻击赫医生时，赫医生有推挡、反击的举动。

事实上，这也是此事被一些人视为"互殴"进而搁置处理的原因所在。这显然是片面的。面对咄咄逼人、一再推搡的郑某宇，医生的反击恰恰是一种正当防卫。不如此不能够脱身，不如此也不可能逼退已失去理智的攻击者。

无论如何，拒绝讲理，直接对医生大打出手的做法，都不可取，都应该受到强烈谴责。

这一事件也引发诸多思考，即，一个社会究竟应该如何保护医生的专业判断？在患者的知情权与医生的专业判断之间，我们如何求得平衡？那种依靠拳头、依靠暴力解决问题的做法，为何难以禁绝？

医学是科学，而医生则是掌握并实践医学科学的载体。中国人在对待医生的态度上，往往走极端，要么奉之为神医，亦步亦趋，不敢有任何违拗，甚至当一些骗子医生明目张胆行骗时，也悉听尊便，不会有任何反抗之举，或者连反抗的念头都不敢有。而汉语中，褒扬医生的语词与说法，车载斗量，也格外丰富。

另一方面，相关的贬斥、调笑等污名化举动也十分严重。在很多语境中，医生都是被攻击、侮辱的对象。

对医生动辄走极端、恶意攻击，一方面，不排除科学素养欠缺、理性认知不足的因素，很多人，包括一些获得很好教育的人，在就医时遇到困难和问题，往往不是寻求理性解决，而是倾向于直接采取暴力行动。

另一方面，此举也暴露出当下医患沟通的困难以及构建医患信任的艰难。由于中国特殊的医疗体制，医疗事业公益性和商业性并存，导致医生的收入未能体现其劳动的付出，再加上整体社会不良风气的侵染冲击各个职业的职业道德。种水稻的不吃自己的米，种菜的不吃自己的菜，做药的不吃自己的药，医生群体也不可避免地被"污染"，红包、药代、误诊的情况，让社会对医生的整体信任和尊重下降。

事实上，这种困难局面的产生，源自方方面面，既包括医生乃至医疗机构无法迅速满足每一个患者及其家属的知情权，也包括患者总是在"被伤害想象"刺激下的负面情绪酝酿，无知的后面，是无力、无助。在这个过程中，简单地说什么"相互理解""顺畅沟通"固然很容易，但具体到现实操作，却千难万难。

从常理而言，患者应该信任医生的专业判断，这不仅仅是因为双方存在信息差，而主要是因为我们除此之外，别无选择。是否剖宫产，医生的专业判断当然是建立在对患者情况的综合考量之上的。患者也好，家属也好，有不同想法，完全可以正常沟通，但上来就老拳伺候，则属于最坏的"交流"。依靠暴力，打不出一个朗朗天空，更何况，一个文明社会，怎么能够让医生总是在暴力胁迫下治病救人？

中国医师协会在此前的声明中连续使用了三个"期待"，这应该也涵盖了处置类似事件的基本原则：期待公安机关用快速准确的定性履行《医疗纠纷预防和处理条例》规定的职责；期待医疗机构强力维护医护人员的执业安全，让平安医院建设落到实处；期待广大患者理解和尊重医师的专业建议。当然，声明同时也呼吁广大医师自律，希望全社会能让医师有安全的、温暖的外部环境。

目前，此事的应急处置已经完成，尽管这同样来之不易，但相

比"尊重医师的专业建议""让医师有安全的、温暖的外部环境"而言，仍属第一步。一个文明健康的社会，必须要有强大的制度建构能力，这不仅包括建章立制、设定规范，也包括雷厉风行的执行与落实。从这个意义上来讲，没有对伤医者的雷霆手段，怎么可能会有医生的菩萨心肠。诚如西城警方通报所言，维护良好的医疗秩序，保障医务人员和患者人身安全，是公安机关、医院及相关主管部门、患者的共同责任。

应该明白，保护医生的人身安全、合法权益，就是在保护患者的利益，就是保护这个社会的健康与安全。医生被打，受害的是整个社会。

（2018 年 10 月 14 日）

反思顾雏军案，营造可预期的法治环境

熊　文

顾雏军等原审被告人虚报注册资本，违规披露、不披露重要信息，挪用资金再审一案，于 2018 年 6 月 13 日上午在最高人民法院第一巡回法庭开庭审理。

这是继张文中案之后，又一起引发强烈关注的产权纠纷案件。此前最高人民法院对原审被告人张文中诈骗、单位行贿、挪用资金再审一案进行公开宣判，撤销原审判决，改判张文中无罪。因此外界对于顾雏军案改判颇持积极乐观态度。

在如今的家电市场，格力和美的是一时瑜亮，然而在此之前，顾雏军被称为"家电枭雄"，一手打造格林柯尔系，巅峰时手握科龙电器等 5 家上市公司，拥有科龙、容声、美菱、吉诺尔等冰箱品牌，风头不亚于格力的董明珠，财富不弱于美的的何享健。2004 年，"郎顾之争"爆发，郎咸平从此一战成名，而顾雏军则锒铛入狱。2008 年 1 月，顾雏军被判 12 年有期徒刑（实际执行 10 年）。但顾雏军自始至终未曾认罪，2012 年 9 月，顾雏军提前刑满释放后，提出申诉。

很多人也许不太清楚，在 1992 年提出建立社会主义市场经济体制之后，不少濒临倒闭的国有企业被私有化，重新投入市场竞争当中，焕发出了新的活力。那时候，公有资本逐渐集中于重大基础

生产领域，而其他领域则逐渐让位于兴起不久的私有资本。那时候国企改革流行所谓的 MBO，即管理层收购，就是原来的国有企业的管理层通过资本运作，将国有企业资产收购，完成私有化。

在 MBO 过程当中，出现了一些腐败现象，比如故意降低资产价格、故意制造亏损等。郎咸平攻击顾雏军的一点也是所谓的"国有资产流失"。现在回过头来看，这些国有企业即便不是被贱卖，也会在激烈的市场竞争中逐步消耗掉。

改革开放四十年当中，中国经历过几次大的争论，马立诚将之分为四个阶段，第一次大争论是 1978 年前后，争论的中心问题是要"两个凡是"还是要改革开放？第二次大争论是 1992 年前后，中心问题是要计划经济还是要市场经济？第三次大争论是 1997 年前后，中心问题是私营经济是"活水"还是"祸水"？第四次大争论是从 2004 年开始到 2007 年，中心问题是中国的改革开放是不是搞错了？

"郎顾之争"恰恰就发生在第四次大争论期间，顾雏军也就成了第四次大争论中最知名的企业家了。现在说顾雏军案是个冤案还为时过早，但是依据以往的经验，顾雏军案被改判的概率很大。

无论是张文中案还是顾雏军案，其对社会的意义都超越了案件本身。此前，人们或许无法理解，濒临倒闭的国有企业为何私有化之后效益大幅度提升，现在大家或许都能认可，一个企业的发展，除了那些生产要素之外，还需要企业家精神和产权意识。企业家精神是市场经济发展的重要源泉之一，而产权则是市场经济发展的基础之一。

2012 年以来，中央多次出台文件，激发企业家精神和保护产权。2016 年 11 月，《中共中央国务院关于完善产权保护制度依法保护产权的意见》发布，意见提出，"坚持有错必纠，抓紧甄别纠正一批社会反映强烈的产权纠纷申诉案件，对确属事实不清、证据不足、适用法律错误的错案冤案，要依法予以纠正并赔偿当事人的损失"。

2017 年 9 月 25 日，中央公布《中共中央国务院关于营造企业家健康成长环境弘扬优秀企业家精神更好发挥企业家作用的意见》，这是中央首次以专门文件明确企业家精神的地位和价值。2017 年 12 月 28 日，最高人民法院决定依法再审顾雏军等三起重大涉产权案件，充分体现了中央充分保护产权的决心。

因此，张文中案这样的错误能够被纠正，无疑是对企业家精神和产权的尊重。纵观改革开放史，中央也多次提出要健全和建立容错纠错机制，改革不怕错误，有错就改，善莫大焉，改革就怕将错就错，保住了面子，丢失了人心。

(2018 年 6 月 13 日)

网约车应获政府更好的服务而非"围堵"

熊　文

"叫车难，难于上青天。好不容易叫到车了，却距离我好远，大夏天的心里透心凉。"市民的一句调侃话，道出了个别一线城市近日出现的"叫车难"的现象。而在过去，只有春节期间才会大面积出现网约车半小时没司机接单的情况。

再过十几天，恰逢国务院办公厅《关于深化改革推进出租汽车行业健康发展的指导意见》发布两周年。合法化两年之后的网约车，并没有出现市场预期的那种迅速发展。

2018年3月，美团突然宣布打入网约车市场，给原本有些沉闷的网约车市场带来一场震动，然而其迅速沉寂，从高调到低调，不到两个月时间。而2018年6月发生在晋中的一场出租车司机围堵网约车的新闻，似乎是网约车合法化两年来的命运注脚，兜兜转转，网约车似乎又回到了原点。

山西晋中的这则新闻，颇耐人寻味。6月20日，晋中榆次大学城多辆出租车围堵载有一名大学生的滴滴车辆。6月22日夜，晋中市交通运输局称：被围堵车辆在滴滴平台注册，该平台属非法运营；此外，出租汽车驾驶员发现违法运营的网约车，应及时举报，不得采取过激行为，擅自围堵、拦截。

事实上，在市场上与政府文件中，关于网约车的定义是不尽相同的。市场当中，对于所有通过网络约车平台打到的车，统称为网约车，包括快车、专车、顺风车等。而在政府文件当中，也就是两年前国务院办公厅发布的指导意见中，网约车与顺风车的概念是不同的，网约车被认为是一种企业经营行为，而顺风车则是公民互助的一种形式。

《关于深化改革推进出租汽车行业健康发展的指导意见》虽然给予了网约车合法化的地位，但是七部委随后发布的《网络预约出租汽车经营服务管理暂行办法》则将细则制定权限全部授予了各地，方便各地依据实际出台网约车管理办法。

然而中央的放权，给了地方政府便宜行事的权限，但未能给市场创造更大的空间。各地相继出台各种管理细则，对司机、车辆、车型、平台都提出了不同的要求，本地户籍、当地牌照、中端车辆、营运资格，合法化之前从事网约车服务的很多司机和车辆都未能迈过这样的门槛，这差不多等于宣布了大批网约车"非法"。而顺风车这个口子，就成为这些"非法"网约车继续从事网约车业务的办法，用公民互助的名义，进行网约车营运服务。

两年来，可以看到网约车市场并没有迅速扩大，原因就是在于网约车在政府管理方面的定义仅仅是属于使用网络提供叫车服务的出租车。无论是管理方式，还是管理理念，都没有脱离传统出租车管理的思维模式：牌照管理，资格管理，用保护马车的名义去限制火车的速度。

作为市场经济"看得见的手"——政府有关部门应秉持中立态度，提供必要的行政服务，而不应该是在政策制定上偏向于任何一方。但在出租车和网约车之争当中，部分地方政府明显偏袒出租车的政策，是一种反市场经济的管理思想。

在德国经济学家弗里德里希·李斯特的经济学理论当中，有所谓的"幼稚行业"，也就是自身发展尚不足以参与市场竞争的行业。对于"幼稚行业"的保护政策，一直是后发国家的重要经济策略。然而在国内市场，保护"幼稚行业"的管理方式无疑是分割市场，画地为牢，自我封闭，更何况很多地方政府要保护的行业并不"幼稚"，相反很"成熟"，成熟到可以绑架政府决策。出租车行业就是如此。但这些保护对出租车行业而言并不是好事，沙子筑起来的城墙是无法挡住风浪的冲击的。

出租车行业唯有摆脱固有思维的束缚，改变老旧的商业模式，才可能在与新经济的竞争中站稳脚跟。

眼下，广州正在试点取消出租车"份子钱"制度。某些地方让网约车越来越像出租车，而广州此举则有望让出租车像网约车。

2018年年初，山东省领导的一番讲话，对山东未能出现共享单车、网约车这类新经济感到失落。这并不只是山东的问题，而是全国很多地方的问题。但这个问题，解决起来并不太难，那就是政府放手，有一句歌词是"给你最后的疼爱是手放开"，网约车的管理也应如此。

不仅是网约车，还有其他新出现的新经济模式，放手让市场去发展，政府提供必要的法治、行政服务即可。

正所谓：企业和民众的痛点就是政府服务的重点。事关亿万人出行的网约车，理应获得地方政府更好的"服务"，而非"围堵"。

（2018 年 7 月 6 日）

没有别有用心的监督，
只有别有用心的解读

2018年8月29日下午，山东省政府召开新闻发布会，据介绍，山东省13市81个县（市、区）的635个乡镇（街道），不同程度地遭受洪涝灾害。此次山东洪灾之惨烈，数百万山东人深刻的创痛与悲伤，通过官方的通报约略得见。

按说，事情发展到现在，应该已经进入"重建"阶段。这是所有地方遭遇灾难后的常规动作，也是一种"价值优先"，不仅符合政府的利益，也符合当地民众的利益。很简单，灾难已经发生，生活还将继续。

然而，总有一些杂音会成为一种干扰，总有一些扭曲自以为是在补位。而由此产生的尴尬乃至对立，往往很难化解，也不可能化解。

同一天，山东当地一家网站发表一篇署名文章，题为《洪灾之后要警惕另一个"洪灾"》。文章气势如虹，怒批"有的媒体"和"有的人"，而从其使用的语词看，也确实属于"神人共愤""必欲去之而后快"一类。只是这样的批评，并不能让人信服，其所谓的"另一个'洪灾'"说辞，也完全站不住脚。

一者，文章自说自话，自设靶子自己批，并无说服力。其所谓的"有的媒体和个人制造话题"，在文中表述为："'寿光洪灾'就

是被有些别有用心的个别媒体和人制造出来的，把天灾造成的损失归咎于上游水库泄洪。"要知道，媒体质疑水库泄洪，本来就是一种监督，谈不上"别有用心"，也并非什么"谣言"。对此，当地理应拿出当时必须泄洪的各项证据，以佐证决策合理，也算是回应社会关切。将一切质疑视为无须理会的谣言，不仅体现了权力的傲慢，更暴露出对社会监督的排拒。

这个社会上本来没有什么"阴谋论"，恰恰是害怕监督的人，才觉得到处是"别有用心"的人，遍地是"制造话题"的人。对公权力行使监督，本来就是媒体的职责，此前山东省委还专门下发文件，鼓励舆论监督，岂料到了具体事情上面，依然故我，又回到了"阴谋论"的陈词滥调上。

灾难如此严重，老百姓在懵懂之中就陷入没顶，难道连质疑泄洪的权利都没有了？无论是从尊重民权的角度，还是从政府信息公开的角度来看，当地都不该对成灾的详细过程讳莫如深。而当当地政府本身成了监督的阻力时，则不妨启动更高层级的调查。但无论如何，不能不让人说话，不能把不同意见视为寇仇。

再者，文章也有夸大其词、危言耸听、挑逗情绪、制造对立之嫌。什么"谣言四起""分裂社会""仇恨抱怨"本来就是伪问题。你家的大棚被淹了，你家的亲人被冲走了，你村的一切都被冲毁了，能不抱怨、能不哭泣？而这样自然流露的情绪，怎么到了某些人嘴里，就成了"分裂社会"？

并不是没有积极、乐观的心态，但"痛定"才能"思痛"，长歌当哭，也是在事后才可以的。任何人没有任何理由要求受灾民众必须咧开大嘴呵呵笑，也不能要求媒体只是传递其笑的一面而不涉及痛苦与悲伤。同样道理，传递此种信息的媒体和公民个人，也不能被视为是什么"别有用心"。弥合伤痕，必须在找到病根之后；而恢复信心，也需要在总结了教训的基础之上才可以。

如果连事情的本末真相都没有搞清楚，就急慌慌跳出来指责质疑的媒体和公民怀有"不可告人的目的"，未免太荒诞。以这样的智商，固然可以说服自己，但却很难让天下人信服。

几乎每一次灾难性事件发生后，就会有人出来指责有责任感的媒体与公民。山东洪灾刚过，不去抓紧自救、恢复生产；不去探看校舍、走访菜市；不去筹款募捐、扶助贫弱，却在小言詹詹，将本来正在平静下来的舆论搅得纷纷扰扰，原本也已经安心生产的民众也变得紧张对立起来，不知道，这究竟是想干什么？

2018年7月23日召开的山东省委意识形态和宣传思想工作领导小组会议明确指出，"要以真实、准确、及时、用情为原则，切实做到主动发声、正面引导、回应关切，遇事不遮遮掩掩，更不能冷冰冰、干巴巴，而要充满真情地回应广大人民群众关心关注的问题。"言犹在耳，何以依然在与民意为敌、与媒体为敌？

说到底，套用前文所提文章作者的话，洪灾之后确实需要警惕另一种"洪灾"，但这并不是媒体监督、公民关切，也不是社会舆论、民意诉求，而恰恰是个别人根深蒂固的"阴谋论""斗争哲学""对立思维"。这些东西不改观，最终损害的，还是政府的权威和公信力。

（2018年8月30日）

福彩高官落马，该正视"钱去哪"的网友之问

熊　志

中纪委网站日前的一则通报，引起了不小的关注：中国福利彩票发行管理中心原主任王素英涉嫌严重违纪违法，目前正接受纪律审查和监察调查。王素英是在 2015 年 1 月至 2017 年 5 月间，担任福利彩票发行管理中心主任，此次通报措辞是"严重违纪违法"，意味着王素英很可能在福利彩票发行管理中存在贪腐问题，所以此次被查，在舆论层面很快衍生出福利彩票资金管理议题，不少网友在新闻跟帖中质问，福彩的钱到哪里去了。

网友借福利彩票发行管理中心原主任落马，诘问资金的去向，多少说明福彩管理不具备足够的透明度，招致了很多不满。而且在过去很长一段时间，彩票更多是被当作一夜暴富、改变命运的工具来宣传。虽然是公益事业，却有不少人因为幻想快速暴富而家财散尽，扭曲彩票定位的宣传和资金去向封闭，客观上起到了推波助澜的作用。

由国务院特许发行的福利彩票，定位一开始就很明确，就是为了筹集社会公益资金，而不是造富工具。考虑到福利彩票的公益事业属性，《彩票管理条例》以及《彩票管理条例实施细则》都对福彩资金的管理和使用有详细规定。

比如《彩票管理条例实施细则》要求，"彩票公益金按照政府

性基金管理办法纳入预算，实行收支两条线管理，专项用于社会福利、体育等社会公益事业，结余结转下年继续使用，不得用于平衡财政一般预算。"

上面提到的彩票公益金，是福彩资金的构成之一，除此之外，一张2元的彩票中，还有15%左右的彩票奖金，50%左右的彩票发行费。但这种资金构成结构，即便那些长期买彩票的人可能也未必知晓。一方面，外界很难监督彩票的发行成本，留下暗箱操作的余地，比如此前媒体报道，福彩中心黄山培训基地奢华惊人；另一方面，本该用于公益项目的公益金，常常处于高度不透明的状态，就容易滋生出腐败和黑幕。

依据《彩票管理条例》，未按规定向社会公告相关信息的，轻者由财政部门责令改正，重者处分直接负责的主管人员和其他直接责任人员，但目前为止，因为没有尽到披露责任而被处分者少之又少。不仅如此，福利彩票制度创立于1987年，但直到2012年才启动第一次全国范围内的彩票资金审计，而2015年公开的审计结果显示，在658.15亿元的抽查彩票资金中，查出虚报套取、挤占挪用、违规购建楼堂馆所等违法违规问题金额就达到169.32亿元。

随着各项规定落实，加上政府信息公开的观念深入人心，福彩资金披露状况有所好转，民政部每年都会公开公益金的使用年报，但目前的公开程度，依旧停留在粗枝大叶的局面。

而且，公益金因为资金使用途经明确，成为监督重点，对外公示更彻底，但相比之下像彩票发行费，属于发行和销售部门的管理成本部分，并没受到严格监督，导致有些地方的福彩管理部门虚构支出项目，违建楼堂馆所，套取彩票发行费。

另外，福彩资金三大构成中的奖金部分，也缺少足够的透明

度，以至于"大奖被内部人领走了"之类的猜疑，一直很有市场。在这点上有必要提一下美国，为了保证公众的知情权，一些州还要求公开中奖者的部分个人信息，打消内部领奖的疑虑。这种做法虽局限在少数州，但它足以说明，取之于民、用之于民的福彩资金，在信息公开上可以透明到何种程度。

在互联网彩票井喷的 2014 年，因为可能存在的管理混乱，三部委果断出手，明确叫停网络售彩，可以看出规范彩票事业的决心。彩票事业要回归公益本质，需要的改革显然不止于此，所谓公益公用，福彩就得全方位透明。2018 年年初，国务院又印发了《关于推进社会公益事业建设领域政府信息公开的意见》，明确了相关领域的政府信息公开，使得社会公益事业能更透明、健康、有序发展。

王素英具体触犯了哪些法纪法规，有待进一步的调查，不过一个福利彩票发行管理中心原主任的落马，本身也对福彩管理者提了个醒，它所引发的"钱去哪了"的网友之问，也需要被正视、被回答。此外，本着公众知情权考虑，届时案件也该有详尽的公开，并借此机会重新梳理福彩行业的管理积弊，让它全面回归公益初心。

（2018 年 9 月 12 日）

酒店带污运营，暴露监管失职"失明"

于 平

2018 年 11 月 14 日晚间，新浪微博用户"花总丢了金箍棒"在微博发出一则视频，曝光其入住过的国内众多五星级酒店严重卫生问题，事涉万豪、喜来登、香格里拉、希尔顿等知名五星级酒店，甚至丽思卡尔顿、宝格丽、文华东方、四季酒店等顶级酒店也被曝出同样的卫生丑闻。这些卫生乱象包括：服务员用抹布擦完马桶后再擦口杯，一次性杯盖被服务员从垃圾桶里捡回后继续供酒店客人使用。这一消息在网络引发震动。

当晚，有媒体联系了部分涉事酒店，除个别酒店工作人员表示正在查，后续公关部会尽快给出回应外，大多数酒店员工表示：公关部已经下班，明天由公关部做出回复。面对如此严重的行业危机却一片淡定，从酒店的反应看，显然，这种事情对他们而言不算什么大事，不值得上心。大不了，就像以前一样，让保洁来"背锅"，一开了之。

在网络上，有不少声音把卫生丑闻归咎于保洁人员素质。仿佛只要保洁人员素质提高，类似问题就能迎刃而解。但酒店卫生丑闻不断在发生，却从未改善，不分天南海北，不同档次的酒店纷纷沦陷，这显然不是一句"保洁人员素质"就可一笔概括。把行业共同的问题，归咎于个体，无助于问题的解决。

实际上，保洁人员的违规操作，一定程度上也是"不得已为之"。许多酒店，把大笔的钱投在装修，投在营造奢华的环境"面子"上，对于保洁这一块"里子"，重视却不够。不少酒店的保洁，都外包给外面的劳务公司，保洁的人手也极为匮乏。而作为酒店，又非常重视房间的周转速度，为此对于保洁工作连催带赶。没有足够的时间对房间进行清理，保洁人员偷工减料，违规操作也就难以避免。

其实，国外也出现过类似的酒店卫生丑闻。例如几年前，加拿大广播公司的一项调查显示，包括速8、喜来登以及假日酒店在内的六大连锁酒店，清洁后仍是污染"重灾区"，如床上用品、遥控器等都有细菌，威胁住客健康。这些酒店为啥这么脏？加拿大广播公司给出了答案——保洁人员人少活儿多。一位在喜来登工作的酒店服务员就表示，打扫每个房间，清洁人员有一系列的工作要做，却没有足够的时间完成。

所以，卫生丑闻说到底还是酒店自身的责任，需要反思的，是酒店运营和管理模式。一方面，酒店不能为了周转效率而牺牲卫生品质，而应给保洁人员充裕的时间完成清洁工作。另一方面，对于保洁的投入要大幅度增加，不仅要增加人手，减轻保洁人员压力，也要完善相关流程。例如设立专门监督人员对保洁工作进行监督和抽查，为保洁人员配备视频记录装置等。

对于监管部门而言，面对酒店发生的卫生丑闻，不能置身事外。一些酒店对于保洁人员违规做法，其实是心知肚明的，他们之所以敢包庇纵容，很大原因是违法成本太低。酒店卫生丑闻一波又一波，被严厉调查和处理的，又有几个？这么多酒店卫生丑闻，有哪个是监管部门在暗访调查中发现的？酒店卫生，俨然成为公共卫生的死角，暴露出监管部门的失职渎职。

对于酒店卫生的监管，标准更亟须明确。马桶刷洗杯子等违规操作之所以成为潜规则，一个重要原因是事后难以察觉。酒店本身对于房间保洁的标准就很粗糙，整个行业，也没有建立有明晰的卫生标准，这一块空白应当尽快补上。酒店用品，应当有相应卫生指标，例如菌落数等，建立了可监督可检测的卫生标准，才能确保保洁不敢图省事，酒店不敢带病运营。

酒店浮华外表之下如果是一片烂污，这将是中国酒店业的悲哀，也是消费者健康不能承受之重。面对这样的行业乱象，不流于道德批判，而是找对症，下对药，在制度上扎紧篱笆，才能彻底终结乱象，还消费者一个健康安全的居住环境。

（2018 年 11 月 16 日）

国企频现"娃娃高管",实为名实不副的形式主义

西　坡

继"西安千亿国企 80 后任董事长"事件之后,近日又有地方出现国企娃娃高管。

据媒体报道,淄博市临淄区公有资产经营有限公司(简称临淄公有资产公司)总资产达 121.31 亿元,9 名"董监高"人员中最大年龄是 34 岁,最小的 26 岁。

先来回顾一下"千亿国企"西安高新控股的后续。引发舆论关注后,西安高新区陆续发布多份通报,措辞不断调整,最终的定性是:高新区财政局违反管委会国有企业管理人员任用的相关规定,擅自变更企业法人代表及董事,对高新区财政局局长职务给予免职处理。之后,西安高新控股召开股东会和临时董事会,对把原来有争议的几位高管免去,新任董事长为 1971 年生人。

与西安相比,淄博要有定力得多,坚持认为这些年轻高管没问题。

2018 年 12 月 11 日,临淄公有资产公司相关负责人回应称,该公司管理层的确是比较年轻,但是这些人的相关任用程序符合规定,管理层"年轻化"有特殊的历史背景。12 月 12 日,临淄区国有资产管理局负责人对媒体提供了临淄公有资产公司管理团队的人员选拔、薪资报酬和社会关系等原始档案材料。

　　档案资料显示，临淄公有资产公司委托临淄区人社局组织考试，公开招聘员工。包括1988年出生的董事长张海港在内的高管团队，最低月薪2903.40元，最高月薪5387.16元。

　　而且五千月薪的这位高管还不是董事长，董事长张海港月薪3388.44元。此外，这几个人的父母多为农民、退休教师和医院职工等。也就是说，他们没有背景也没有高薪。

　　值得肯定的是，淄博市回应争议的态度还是比较好的，用档案资料说话，不遮遮掩掩。当地一位政府官员说："其实80后已经不年轻了，他们到了可以承担一定责任的年龄。"这也有一定的道理。

　　但是新问题又出现了。掌管百亿资产的董事长，工资只有三千多，这是认真的吗？人们的直觉是，肯定有哪里不对。

　　当地可能会觉得冤枉，高薪不对，低薪也不对，舆论到底要怎么样？其实不是舆论刁难，而是当地的回应有自相矛盾之处。

　　如果说要让80后"承担一定责任"，那么首先要择优录取。在市场经济中，优秀的人才应该有自己的价码，公众完全可以理解。

　　为什么这些年轻化的国企高管"位高钱少"呢？当地回应中有一个说法可以解答疑惑：鉴于该公司为国有独资公司，为使"年轻化"的管理层更好地履职，临淄区国资局建立了"公有资产决策委员会"，对重大投融资项目、重大财务支出等事项进行集体决策。

　　翻译一下：放心好了，这些"娃娃兵"闯不了大祸，因为大事他们做不了主。

　　这就可以理解了。此董事长非彼董事长，此高管非彼高管。他们是有名无实的，拿三五千的工资，可能干的也是三五千的活。

　　据了解，多个地方出现国企高层轮换，把80后、90后的年轻人推向前台，是源自中央关于国企市场化变革的硬性要求。党政领

导干部不被允许在企业兼职（任职），绝大多数人选择回到政府部门，于是通过招聘填补空缺。

西安高新控股"80后高管"的实情可能也是这样的，只不过连内部流程都没有走好，所以仓促纠正。新换上的来70后董事长，扮演的角色可能与80后董事长没有区别。

可是"年轻化"的高管团队如果只负责在前台表演，真正的管理仍由幕后的"老人"负责，那么这种国企改革有什么意义呢？

地方上的很多国企是公益性的，承担着公共服务职能，但这并不意味着这些国企的掌舵人是无关紧要的。如果真的无关紧要，这些企业就没有存在的必要了。

国企改革的方向一直都是明确的：实现政企分开，让国企成为市场主体。但一切都得是真格的，不能是假装的。一味做表面文章，既是对改革事业的亵渎，又会不断引发公众的猜疑。长此以往，改革将越来越难以凝聚共识。

（2018 年 12 月 13 日）

任性"限行"政策背后是懒政思维

任 君

岁末年终，石家庄的市民本来还在庆幸，今年或许不用再单双号限行了。然而，2018年12月8日来自朋友圈的一则消息则打破了市民们的幻想："注意啦！石家庄市于12月9日0时起启动重污染天气一级应急响应，12月10日起，全市限行区域内实行单双号限行，届时城市公交车免费"。

限行期间，石家庄空气质量出奇地好，基本上每天都是蓝天白云，人们有些不明白：这个"重污染天气一级应急响应"，究竟是从何而来。

无独有偶，距石家庄二百多公里以外的郑州，也在前不久实行了限行。

据新京报报道，2018年11月19日，郑州市政府发布通告，要求2018年11月21日至12月31日的每天7时至21时，郑州市四环以内（不含四环）的所有道路，单号机动车单日行驶，双号机动车双日行驶。

对此，有当地人说，"眨巴眼儿就过去了"。这与其说这是一种达观，还不如说是一种无可奈何的自嘲。

然而，老百姓能够自嘲，并不意味着地方政府可以把单双号限行作为治理常态，更不意味着可以无视民众合法权益、恣意行政。

无论是治污，还是治堵，单双号限行当然"疗效显著"。来自环保部门的信息显示，机动车已经是大城市 PM2.5 本地污染排放的最大来源。通过限行达到减少尾气排放的目的，并非不能理解，但这里边的问题也是显而易见的。

首先，单双号限行"疗效"越显著，对民众生活生产可能带来的"搅扰"也会越严重。半数车辆被限，不仅影响到老百姓正常的出行，也有侵权之嫌。既然车辆是合法车辆，也正常缴纳了各种税费，地方政府突然对路权划分重新安排，自然需要提供一个解释。

再者，即便是以治污治堵的名义，也应该是综合施治。雾霾很严重，呼吸很困难，但污染的来源并非仅仅机动车一项。政府治理应该尽量避免"一刀切"的思维，先搞清污染源，然后有针对性地介入。

事实上，环境治理从来不能从整个施政中剥离出来。地方主导产业的培育，基础设施的建设，民用汽车的普及等，均与环境紧密相关。

如果政府一边鼓励民众消费，一边却又以治理之名随意限行；一边大上项目，一边却为了减排搞单双号限行；一边存在巨大的公共设施缺陷，一边却限制私车，就显得不够厚道了。

作为一项行政强制措施，限行与否，应当履行相应的程序。根据《法治政府建设实施纲要（2015—2020年）》等文件规定，重大行政决策的出台，须经过公众参与听证、专家论证、合法性审查、分析评估、集体讨论决定等五个法定程序。然而，现实问题在于，不仅何为"重大行政决策"缺乏明晰规定，即便有所谓"听证"环节，往往也会沦为形式，缺乏公开性和透明度。

国外的限行政策并非"任性而为"。美国环保部门无权限制车辆数量，无权限制谁可否上路，只能全力减少排放。意大利的罗马和米兰在 2015 年最后几天实施"单双号"。为治霾，意大利环境部长和各大城市市长在 2015 年的最后一天讨论应对措施，最后决定：只要环境污染指数超标持续七天，公交车免费；市区内车辆限速下降到每小时 20 公里。2016 年新年伊始，印度首都新德里开始两周的单双号限行试验。结果显示，空气改善不明显，倒是缓解了拥堵状况。

恣意的单双号限行，已经成为民生之痛。而目前，似乎还看不到缓解痛点的办法，倒是各种奇葩的政策、办法、行为层出不穷。而当所有的治理都成为限制民众权利的绊索时，破解之策只能从政府改革着手。

是官意多一点，还是民意多一点；是恣意多一点，还是监督多一点，是一个亟待被解决的问题。

（2018 年 12 月 28 日）

三、经世济国策

释放经济活力，需从制度上消除不安全感

刘晓忠

当前国内基于简政放权的"放管服"改革正在稳步推进。2018年 12 月 24 日，李克强总理在国务院常务会议上做出进一步部署，要求加大对民营经济和中小企业的支持，增强市场主体活力和发展信心，决定取消企业银行账户开户许可，压缩商标专利审查周期，全面实施"双随机、一公开"市场监管。

此次国常会落实中央经济工作会议精神，基于竞争中性原则，提出对各类所有制企业一视同仁，对民间投资开禁市场准入，明确更大力度的减税降费，取消企业银行账户开户许可，进一步降低商标注册平均审查周期等，无疑将进一步为市场主体营造便捷的营商环境。

竞争中性（Competitive Neutrality），是指市场经济、国家一视同仁地对待各种不同性质、不同类型的企业。澳大利亚政府理事会1994 年提出此项概念，1996 年开始实施，经由经合组织的推广逐渐成为发达国家所倡导的国际标准。经合组织对竞争中性设定 8 项原则，涵盖经营范围划分、成本监管、回报率要求、补贴监管、税收中性、监管中性、信贷中性和政府采购中性。

简言之，只要是市场主体，不管身份如何，在市场准入和资源等方面，都享受公平待遇，一碗水端平。

这些年来中央政府的系列举措，其合目的性就是提高经济社会主体的信心，激发经济社会的活力。不过，目前的改革尚处于数量上的积累阶段，要真正增强经济社会活力，提高经济社会主体的信心，还需要进一步解放思想，打开妨碍进一步突破的心结。

当前经济社会主体在信心上出现一些松动，不仅源自经济下行压力下对市场不确定性的担忧，更源自对许多经济社会主体缺乏安全感和方向感。

如果只是面对市场的不确定性，基于负面清单管理的、简政放权的"放管服"改革，确实为经济社会主体提供了比过往更大的休养生息空间，而且随着这种空间的不断拓展，足可以能起到放水养鱼的效果。而若大量经济社会主体缺乏安全感和方向感，就容易出现纵有满桌的美味佳肴，也没有人敢贸然动筷子，是为近年来国内经济金融体系出现的"宽货币、紧信用"现象的深层原因之一。

从制度经济学角度解析，制度之于受众的作用主要依赖于是否能为民众提供合宜的防护型保障和透明性担保体系，且能让经济社会主体感受到其防护型保障和透明性担保体系具有稳定的可预期性，而不会是一种权宜之计。

目前，一些人确实担心，当前启动的这一系列简政放权，是否只是权宜之计，如大幅度减税降费，很多人认为既然能降也就能再次提高，而且简单地减税降费，而没有有效改革税前抵扣标准，过去的减税降费改革在某种程度上不仅没有让企业感受到减税的实惠，反而给人一种减税降费的背景下自身实际税负增加的困惑等。

近年来减少了大量冗杂的行政审批事项，但由于政府与市场的边界依然缺乏明晰的界定，如何发挥权力的积极作用，如何发挥市场对资源配置的决定作用等，对民众来说依然存在边界的模糊性。

站在改革开放 40 周年的今天，审视改革开放以来的伟大成就，最为根本的一大因素就是通过思想解放，经济社会主体感受到了改革开放政策的稳定性和可持续性，以及由于思想解放对经济社会熵值的极大提升。为此，当前要真正放活经济社会活力，提高经济社会主体信心，就须从制度上消除人们的不安全感，增强人们的方向共识感。

这首先要求笃定政府与市场的边界，且使经济社会主体坚信权力不能决定、左右和直接影响市场对资源的配置，以从法律和制度的稳定性保障市场在资源配置中的决定性作用。唯有如此，才能增强经济社会主体的安全感，消除人们的担心。毕竟，近年来早已明确了市场在资源配置中的决定性作用，但一些时候又用辩证的思路和方法论冲销了这个确定性的定义，为权力直接影响市场资源配置提供了后门，进而影响"竞争中性"的可信度。

其次，重实质内容轻程序正义的改革，不利于民众信心的聚集。简政放权改革卓有成效，然而经济社会主体普遍认为这种成效的实现主要是基于更大权力的护航，在权力的护航下，改革得到落地，一旦权力减少护航的力度，简政放权的改革是否还能保持持续性和稳定性，通过行政救济、司法救济整固简政放权成果的可行性有多大等，是值得进一步思考的深层次问题，即如何将改革安放在程序正义的框架体系下，让人们感觉到改革的允诺是足信的。

最后，需要坚持改革在逻辑上的一致性。当前在所有制问题上，我们主要强调竞争中性，而如何理解这个竞争中性，确实需要的是一系列制度的约束，如国企作为国家所有制企业，被称为第二财政，如何避免政府利用规则制定权向国企倾斜，进而冲销竞争中性，国企是继续在竞争性领域和公共性领域加强布局，做大做优，

还是要有退有进，国企逐渐退出竞争性领域，专注于公共性领域等，这些直接关系到竞争中性对经济社会主体的足信度。

总之，基于负面清单管理的简政放权，在现有空间下已取得突出成效。接下来需要深化各领域的改革，进一步扎实负面清单管理，为简政放权的行政体制改革腾挪更大空间，为放活经济社会活力，提高经济社会主体的信心提供更加强有力的支持。

（2018 年 12 月 25 日）

为创投企业减负，就是为创新力松绑

刘 英

2018 年 12 月 12 日的国务院常务会议，把关注点放在了创投发展上。为加大对创业创新的支持力度，本次国常会决定实施所得税优惠促进创业投资发展。李克强总理提出要让创投企业个人合伙人税负有所下降、只减不增。

此次减税举措进一步细化和"精准滴灌"，直接为推动创新的创投企业和个人减税松绑，这将有力地激发创投企业的积极性，进而促进中国的创新与创业，对于提升中国的科技创新力，增强中国的综合竞争实力具有积极意义。

当前世界正处于第四次工业浪潮的关键时期，新经济业态在经济总量中的占比不断攀升，以数字经济为例，美国数字经济占GDP 的比重接近六成，而我国数字经济占 GDP 的比重也超过三成。谁在创新中领先，谁就掌握了经济的未来。创投作为推动新经济、新业态发展的天使，为创新发展提供种子资金，为创投减税就是从根本上激发创投的积极性，进而促进和推动创新，开启中国经济增长的新引擎。

此前，我国已经实施对创投企业向种子期、初创期科技型企业的投资按投资额 70% 抵扣应纳税所得额的优惠政策。在此基础上，本次会议决定从 2019 年 1 月 1 日起，对依法备案的创投企业，可

选择按单一投资基金核算，其个人合伙人从该基金取得的股权转让和股息红利所得，按 20%税率缴纳个人所得税；或选择按创投企业年度所得整体核算，其个人合伙人从企业所得，按 5%—35%超额累进税率计算个人所得税。

这意味着，创投企业在获得企业所得税优惠的基础上，进一步获得了更低的个人所得税优惠，企业所得税与个人所得税的减税优惠力度更大，可以更大激发创投企业投资创新的积极性，有助于激发创新活力。

科技创新和科技型企业亟待创投的大力支持，但同时，创投企业投资种子期、成长期的小企业，失败的风险也比较高，如果按照传统的中小企业税收政策，将降低创投企业的风险承受能力，不利于创投企业发展。世界各国对于创投都有不同程度的政策扶持和税收优惠，国常会此次对创投的税收优惠政策不仅有助于鼓励创新，也是在税收政策上与国际接轨的举措。

特朗普上台以来，在美国发起了对企业和个人的减税计划，引发全球减税潮，通过减税降负吸引投资、促进贸易成为各国的共识。近年来，为激发市场主体的活力，中国通过实施营改增每年为企业减税超过万亿元。尤其是针对中国的创新和创业，中国先后颁布了数十份文件，从降低创新企业的税费上下功夫。

截至 2017 年 7 月，我国针对创业就业主要环节和关键领域推出了 83 项税收优惠措施，尤其是 2013 年以来新出台税收优惠政策73 项，覆盖了企业整个生命周期。2018 年以来更是先后多次降低创投企业的税负，鼓励创新的政策也越来越细致和精准，激发了创新企业的积极性。

2017 年 4 月 25 日国常会一次性推出 7 项减税措施，支持创业创新和小微企业发展。此后，国务院办公厅发文，把在 8 个全面创新改革试验地区和苏州工业园区试点的创业投资企业和天使投资个人投向种子期、初创期科技型企业按投资额 70% 抵扣应纳税所得额的优惠政策推广到了全国。企业所得税、个人所得税有关优惠政策也陆续执行。2018 年 9 月 6 日的国常会在广泛听取社会意见的基础上，做出了降低创投基金税负的决定。

创新也离不开对外开放。为实施高水平对外开放，推动高质量发展，降低企业成本，我国不仅针对创投实施减税，也积极推进对进口商品的减税。2018 年以来我国降低了 3000 多种进口商品的关税。从 11 月 1 日起，我国降低了 1585 个税目的工业品等商品进口关税税率。2018 年已出台的降关税措施将减轻企业和消费者税负 600 亿元，而我国关税的总水平将由 2017 年的 9.8% 下降到 7.5%。

创投企业的减税举措多头并举，涉及企业所得税、个人所得税及印花税等多个方面。这些减税举措成为一系列减税减费、优化营商环境的重要部分，是引导鼓励创新，降低实体经济负担的重要举措。通过这些软硬件方面的积极举措，在世界银行全球营商环境报告中，中国的营商环境在过去一年的全球排名提升了 30 多位。

作为专利申请第一大国，创投减税有助于进一步激发我国的创新活力，开启创新源泉。目前，我国经济增长已经由出口导向型、要素投入型转到了创新驱动型经济增长方式，减轻创新型企业的税负，就是为创新松绑。这将从根本上激发创新活力，推动自主创新，为经济插上腾飞的翅膀，推动我国经济高质量发展。

（2018 年 12 月 14 日）

凿开金融通往实体的"最后一公里"

刘晓忠

面对当前经济下行压力加大风险，决策层正在多管齐下稳增长、防风险。2019年1月4日，国务院总理李克强到中行、工行、建行考察，并在银保监会主持召开座谈会，强调提高金融服务实体经济水平，有效缓解企业融资难、融资贵等问题。

兵贵神速。座谈会刚结束，央行就吹响了全面降准的号角，加强宏观政策逆周期调节，贯彻稳健的货币松紧适度、流动性合理宽裕等精神。结合中央经济工作会议提出的"实施更大规模的减税降费"，近年来矢志不渝的"放管服"改革，以及坚持"竞争中性"原则支持发展壮大民企发展的精神等，显示出决策层正以更大的决心拆除资金到达实体经济的"最后一公里"围墙。

这些多管齐下的政策调整和改革，将有助于降低实体经济的融资成本，缓解融资难、融资贵问题，为打通这一"最后一公里"围墙具有相当积极的作用和意义。当然，要充实、巩固、提升打通"最后一公里"的成效，还需进行一场伐毛洗髓、通彻通悟的普惠制改革与开放，从根本上为市场主体注入稳固的安全感，以提振市场主体的信心，使其安心、舒心和有信心，而这需要顿悟当前真正妨碍金融到实体"最后一公里"的深层原因。

近年来国内经济金融市场面临的"最后一公里"问题，最突出地表现为"宽货币"与"紧信用"。这种宽货币、紧信用问题导致了货币政策传导通道不畅，央行释放的货币流动性主要淤积于货币市场，压低货币市场利率，但却由于市场风险溢价实质性上行，而致使实体经济与金融市场出现结构性宽松与紧缩并存现象。

更确切地讲，导致当下资金通往实体经济"最后一公里"问题的原因，表面上是企业融资难、融资贵的问题，实质上则是经济金融体系内风险溢价上行，市场主体普遍出现安全担忧，全局性产能过剩未能得到有效舒缓的供给水平不高，以及总需求面临分配制度不协调和外部不确定性等问题。这也是自 2015 年以来，国内执行的稳健货币政策不可谓不宽松，但始终无法用释放流动性融通到实体经济的根本原因。

显然，单纯的降准、降息只是为缓解融资难、融资贵提供了粮草，但马儿是否能吃得下粮草，是政府的有形之手难以决定和左右的。近年来的实践已经证明，虽然我们坚守住了不"大水漫灌"的底线，但即便是定点灌溉，依然面对资金局限于金融市场的盲目游弋束手无策，反而增加了房地产价格泡沫，使"住房不炒"的警示在市场和社会未能产生足够的威慑，并进一步增加了防范不发生系统性金融危机的难度，以及增加了经济的进一步下行压力。

当前经济金融系统出现持续信用紧缩问题，从经济领域的角度上看，一是房地产领域持续走高的资产泡沫，正在加重整体经济的运行成本，严重压缩国内市场的总需求。二是 2015 年下半年出现了一轮 PPI 价格的上涨，在全局性产能过剩未发生改变的情况下，事实上的效果是在实体经济的上下游进行的一场剪羊毛，反而进一步压低了下游消费市场的需求，加剧了其他市场主体的风险和压力。

显然，资产价格泡沫和 PPI 有违常识的一轮上涨，导致了整个内部需求的羸弱，抬高了市场的风险溢价，加剧了市场内生性信用紧缩问题。此外，外需市场的紧缩压力也不容小觑。这种内外需求的不确定性风险，更加剧了中国实体经济体系的信用紧缩。

从制度方面看，非公有制经济缺乏安全感也是市场信用紧缩的深层次原因。为此，去年以来，中央决策层审时度势，积极应对，稳定了民心。不过，诸如竞争中性等概念的提出，尚处于原则性宣示，实操上尚未有效缓解人们的疑虑，进而一定程度上增加了市场信用紧缩的风险。

窃以为，要真正打通金融通往实体经济的"最后一公里"，就需凝聚起不破不立的果敢与勇气，合理有效地挤破资产泡沫的脓包，降低整体经济的运行成本，降低市场风险溢价。唯有市场风险溢价得到切实的下降，降准降息才能转化成改善融资难、融资贵问题的粮草，货币政策的传导才能有效疏通。还可适度启动新的解放思想、实事求是的浪潮，聚敛共识和凝聚力，以便有效向市场传递言必行、行必果的竞争中性允诺，为非公市场主体注入安全感。

总之，如果降准降息减税降费等是为改善信用紧缩，疏通货币政策传导渠道提供粮草的话，那么进一步沿着市场化的方向深化改革、促进对内对外开放，营造一个公平、公正、有序的经济社会环境，并为此建构出有效护航的透明性担保和防护型保障的制度体系，将为中国发展安装上功率更强大的引擎。

（2019 年 1 月 5 日）

绿色物流让"剁手"更环保

蒋南青

2018年11月21日召开的国务院常务会议，决定延续和完善跨境电子商务零售进口政策并扩大适用范围，扩大开放更大激发消费潜力；部署推进物流枢纽布局建设，促进提高国民经济运行质量和效率。

会议指出，要瞄准国际先进水平，多措并举发展"通道+枢纽+网络"的现代物流体系，确保全社会物流总费用与国内生产总值比率明显降低，提高经济运行效率，促进高质量发展。要大力培育供应链物流、快递和电商物流等新模式，促进物流体系智能绿色、高效便捷发展，提升国际竞争力。

刚过去的"双十一"，又是一个"剁手"的节日。从数据上看，2013年—2017年，中国的电子商务从10.28万亿元增长到29.16万亿，年均增长接近30%，网络零售交易额从1.85万亿增长到7.18万亿，已连续五年位居全球网络零售市场第一。

而与此同时，另外的数据显示，整个2015年，中国快递业包装物至少消耗了30多亿条编织袋、99.22亿个包装箱、169.85亿米胶带，仅胶带就可以绕地球赤道425圈。

从各种媒体、新闻报道里传出的声音：如果这样下去，再过几十年海洋里的塑料袋会比鱼还多，减塑呼声越来越高。

  中国作为废塑料最大的生产和消费国家之一，网购、物流带来的包装废弃物，成为公众关注焦点。物流中产生的能源和资源消费，都是对资源巨大的挑战。2017 年 7 月底，国办印发《关于禁止洋垃圾入境推进固体废物进口管理制度改革实施方案》，提出了规范洋垃圾入境与固体废物管理的十八条要求。资源更加成为绕不过去的一个最根本的制约经济发展的因素。

  各部委和中国邮政出台了鼓励绿色包装、物流的政策，工信部、商务部也都发出指导意见，推动包装的减量化、复用化及精细化包装设计。相关的仓储配送与包装绿色发展指引，鼓励电商与供应商合作，充分利用原厂包装，减少二次包装浪费，鼓励合并客户订单，减少包裹数量和配送次数。中国电商平台也各自发起公益环保行动。

  垃圾问题已经超越了环境、固废管理的范畴，迅速得到国际关注，更多的商业、金融眼光落到塑料和废弃物市场。2018 年 8 月，花旗银行的市场研究人员发布题为《重新思考一次性塑料》的报告，指出全球大约一半的消费品包装由塑料制成，化学公司生产的三分之一以上的树脂进入包装终端市场。现在已经进入高分子时代，塑料已成为现代世界日常生活的重要内容，而新聚合物材料的发明，也改进了制造和运输效率。

  世界迫切需要重新思考制造、使用和管理塑料的方式，全球在寻找从根本上解决这些问题的对策。而常规的经济发展模式，一直是线性的，从原料到生产、消费，越快越好，越方便越好，从来没有考虑废弃问题。2017 年，英国艾伦·麦肯阿瑟基金会（Ellen-MacArthur Foundation）出版《新塑料经济：重新思考塑料的未来》，用循环经济的眼光看待塑料回收的根本解决路径，让塑料的供应链形成闭环。2018 年 1 月，欧盟出台战略，全面开展塑料回收，采用生产者责任延伸制（EPR）。G7 国家中的五国 2018 年签署《海洋塑料宪章》，呼吁"向更资源高效和可持续管理塑料迈进"。

2018 年 10 月 31 日，巴厘岛"我们的海洋"大会上，中国塑料循环利用分会作为唯一参会的中国行业机构，签署了联合国环境署和艾伦·麦肯阿瑟基金会联合发起的"新塑料经济全球承诺"。

回收行业正在面临多种挑战。需要继续推动中国政策层面推进建立垃圾分类体系以及生产者责任延伸制，做到谁污染谁负责，进而提升设备、技术水平，并建立相关的市场机制。中国也在不断推动循环工业园区建设，已有塑料回收企业建立起国内回收体系，采用先进技术生产出食品级的塑料，以及利用废纤维制造成衣的完整绿色供应链。

国际上，德国、日本已经成功建立起生产者责任延伸制，以及一次性塑料处理的循环模式。

中国强大的物流供应链网络，需要建立起闭环的商业模式，使得包装能够从卖家到消费者，再从消费者回到生产商。除了电商平台发挥社会责任和网络作用，还需要更多的专业和行业第三方机构，搭建新的逆向物流网络，在地理区域发展地方合规的回收循环企业，行业协会给予企业法律法规的指导，以及回收再生技术和标准方面的支持。最终，体系建立还需要成功的商业模式才能得以可持续地发展下去，还需要更多的基础研究和价格保障制度，搭建企业上下游平台，才能真正地让物流循环起来。

（2018 年 11 月 22 日）

波音交付中国民航第 2000 架飞机，
背后是中国航空业发展的缩影

陈鸣默

2018 年 12 月 1 日，注册编号 B-2868 的波音 757 客机执行上海虹桥飞往厦门的 MF8515 次航班，这是波音 757 在中国民航的最后一次商业航班。随着它在厦门高崎机场的落地，此后，中国大陆再无执行载客任务的波音 757。

就在同一天，波音向厦航交付了一架具有特殊意义的新飞机，这架飞机的涂装特别增加了 "2000th BOEING AIRCRAFT to CHINA" 的纪念标识，以彰显它的特殊身份——波音交付中国民航第 2000 架飞机。

斗转星移，从 757 退役到 737MAX8 的不断入列，新老交替的背后，见证的是中国民航事业的飞速发展。波音 757，对于中国民航，对于厦门航空，都有着不可言说的意义。

改革开放初期，为了适应改革开放以及党的工作重心转移的新形势，1980 年邓小平同志提出 "民航一定要企业化"，拉开了民航行政管理体制以 "军转民和企业化" 为核心的改革序幕。而在此之前的三十年，中国民航总体上是一个以军队领导为主、政企合一、半军事化的行业。当年 3 月 15 日，民航总局脱离空军建制，成为国务院的直属局。同时，民航总局以中国民航名义直接从事航空业务，在各省（区、市）局逐步建立了独立经济核算制度，走上了企业化发展道路。

源于 1980 年的民航体制改革，开始释放了民航发展潜力，但这期间的中国民航业仍旧实行的是"政企合一"的管理体制，这样的制度机构显然还是无法适应市场发展的需要。因此，1987 年 3 月，第二轮民航行政管理体制改革拉开序幕，这一举动奠定了中国民航业现今的繁荣的局面。

在 1987 改革中，原来由民航局直接运营的中国民航被拆分为 6 大航空公司，民航局不再直接经营航空公司，只实施行业管理。"政企分家"就使得航空公司成为民航市场的直接参与者，也让航空公司拥有了更多自主权。而正是在这一时期，更多的外国民航客机得以进入中国，航空公司也能够根据自身定位选择适合的机型来精准地投入民航市场服务中来。

波音客机，正是在这一背景下，被引入中国市场。资料显示，作为最早进入中国市场的美国企业之一，波音和中国的合作关系已经持续了 40 多年。1972 年，中国民航向波音订购 10 架 707 客机，由此拉开双方合作的序幕。

作为中国最大的纯波音机队，正是因为波音 757 的到来，使得厦门航空得以将自己的国内航点扩展到中国的每个角落，也使得厦航能够在重大救援事件中履行好企业责任。这一型飞机属于中远程机型，其航程较长，载货量大，可更高效地运输人员与物资，比如汶川地震后，厦航立即派出 757 飞机执行绵阳、成都航班，第一时间最大限度地运送救灾人员和物资到震中地区。比如也曾执行福州直飞乌鲁木齐，这一从东南到西北横贯中国大陆的长距离航线。

回溯这些历史，其实都离不开改革开放，也都得益于改革开放。

改革开放 40 年来，中国社会、中国经济、中国的方方面面因改革开放的变化，是为众人所见的，故而其产生的积极意义自然也就不言而喻。改革开放使得中国拥有了充满生机和活力的社会主义市场经济体制，也带动了中国民众生活从温饱转向小康。当人民吃饱穿暖后，提升生活品质需求自然提上日程。

有一组数据可以例证。伴随着改革开放带来的经济崛起，中国民航成为发展最快的产业之一，取得了举世瞩目的成绩。1978 年，中国民航旅客运输量 230 万人次，在国家综合交通体系中的比重仅为 1.6%。2017 年中国民航旅客运输量 5.5 亿人次，是 1978 年的 239 倍，在国家综合交通体系占比上升到 29%。从 230 万人次到 5.5 亿人次，数字的差值是民众出行需求提升的最直观体现。

民众需求上来了，自然就需要更多更好的新飞机了。波音公司作为中美经贸互利合作的典范，在中国的改革开放进程中，留下了诸多印记。得益于中国改革开放带来的巨大机遇，波音 1972 年进入中国，直到 2013 年向中国民航交付了第 1000 架波音飞机。从第 1 架到第 1000 架飞机用了 40 多年，而第 1000 架到 2000 架只用了五年。2015 年 9 月 23 日，国家主席习近平在西雅图参观波音工厂时指出，波音公司是中美经贸合作的支持者、参与者、推动者，为两国关系发展发挥了重要作用，波音同中国的合作是中美经贸互利合作的典范。

中国是波音在全球最重要的海外市场，而厦航是波音在中国最优质的合作伙伴。将波音公司交付中国民航的第 2000 架飞机交付给厦门航空，除了如上背景，还蕴含了另一层因素。在改革开放大潮中应运而生的厦门航空，是中国首家按现代企业制度运行的航空公司，在改革开放 40 周年之际将这样有特殊含义的飞机交付厦航，也是对改革开放的纪念。而伴随着波音飞机的升级换代，厦航也从一家名不见经传的地方航空公司，发展成为航线网络遍布全球的航空集团。这正如习近平主席在美国西雅图参观即将交付给厦航的波音 787 后的致辞所言，"这就是中国航空业发展的缩影"。

今天，中国进入了新时代、开启了伟大的新征程。在改革开放 40 年后的今天，坚持改革开放不动摇，把改革开放这项长期的、艰巨的、繁重的事业一代又一代接力干下去，应该是每个中国人所应坚守的。具体到航空企业而言，则是不断提升航空服务及企业运营，加快国际化步伐，实现飞得更高、飞得更远。

国际化的航空公司，不仅仅是一个交通运输企业，更是一张国家对外交流的名片。这就要求中国的民航业发展，不能满足于现有的成就，要走出舒适区，坚持改革开放，努力变革跻身于世界一流航空公司。中国有经济特区，航空公司自然也有改革开放的先行者。要敢闯敢试，将自身打造成民航业的标杆、国家形象的代表，这理应是每个中国民航从业者所坚持的梦想。

中国的改革开放，还需要探索更多的可复制可推广经验。摸着石头过河，是富有中国特色、符合中国国情的改革方法。改革开放 40 年来，厦航的探索实践，印证了摸着石头过河与加强顶层设计相结合的正确方向。

在刚刚结束的中国国际航空航天博览会上，波音预测未来 20 年的中国市场还有将近 7690 架的民用飞机需求量，价值总额将达 1.2 万亿美元。这意味着中国民航业，还将有着巨大的发展空间。中国的改革开放还将继续。

（2018 年 12 月 3 日）

专利法生威，让侵权者"偷鸡不成蚀把米"

何　菁

　　面对侵害知识产权行为时，不少中小科技企业和民众因取证难、执法难等问题，只好选择忍气吞声。即便打官司，往往持续好几年，赔偿额还比较低。但是，也有人因恶意侵犯他人知识产权，使自己不仅需支付大额违约赔偿金，还身陷囹圄，"偷鸡不成蚀把米"。

　　2018年12月5日，国务院常务会议通过《中华人民共和国专利法修正案（草案）》，意味着专利法修改进入新轨道。根据之前公布的草案版本和最新的媒体报道，新的专利法修订当中预期将加入惩罚性赔偿条款，提高法定赔偿的标准，而且还会明确侵权人必须配合提供相关资料，网络服务提供者未及时阻止侵权行为也须承担连带责任。所有这些措施的目的都是在于增加侵权成本，震慑违法行为，有利于专利权人行使权利。

　　上述专利法修改举措的大背景，是中国知识产权审判领域正在进行深刻的改革创新。

　　2018年2月，中共中央办公厅、国务院办公厅印发了《关于加强知识产权审判领域改革创新若干问题的意见》（以下简称《意见》），其中明确提到知识产权保护是激励创新的基本手段，是创新原动力的基本保障，是国际竞争力的核心要素。《意见》提出，人民法院知识产权审判工作，事关创新驱动和经济社会文化发展繁荣，事关国内国际两个大局。《意见》提出一系列举措，破解制约知识产权审判发展的体制机制障碍。

2018年10月26日，第十三届全国人民代表大会常务委员会第六次会议通过决定，将专利等民事和行政案件的二审审理权限集中到最高人民法院新设的知识产权法庭。这按期实现了《意见》当中的有关建立国家层面知识产权案件上诉审理机制的提议，并在知识产权案件审理管辖的集中度以及知识产权裁判尺度的统一性方面，实现了突破。

本次专利法的修改，将进一步推动专利审判机制改革，提升司法公信力和司法权威，应对迅速增长的案件数量。

2017年，我国专利权案件大幅增长，全国各级法院新收一审专利权案件达到16010件，同比增长29.56%。其中以广东省为例，广东法院新收一审专利权案件为6268件，同比增长高达48%。2018年设立的天津知识产权法庭，对全市范围内有关专利、植物新品种、集成电路布图设计、技术秘密、计算机软件、涉及驰名商标认定及垄断纠纷的一审知识产权民事和行政案件实行集中管辖。此举可以大大提高知识产权侵权案件的审查效率。

专利领域的新类型案件不断涌现，案件审理难度不断增大，对于知识产权案件的审理是机遇，也是挑战。

下一步的知识产权审判司法改革可能要继续借鉴国际做法，探索建立中国特色知识产权案例指导制度，建立社会公众意见表达机制，公开诉讼文书，提高透明度，推动专利审判在裁判理念、尺度和标准方面的统一，也促进专利诉讼律师水准的转变。尤其是在具有产业影响的重大案件当中，法院可以鼓励国内外行业和学界提交

意见，在案件当中由中国法官通盘考量，让中国法院的判决真正具有行业和国际影响，彰显中国法院的权威和国际角色作用。

另外，也需冷静面对案件数量增长带来的压力。一个改革方向是起诉制度的创新和完善。现有诉讼费用设置较低，立案要求的证据要求较低，虽然旨在为民众提供"低廉、便捷、可负担"的诉讼解决机制，但对于需要大量司法审理资源的专利诉讼而言，并不合时宜。一旦专利诉讼继续快速增长，专利权人的前期工作缺乏细致准备，法院不得不花费大量精力安排司法鉴定或者技术调查，会严重影响审判效率，无谓地拉长了审判周期，极大耗费法院资源。

因此，极其有必要深化专利审判机制改革，防止专利权人的"举证惰性"，让知识产权审判人员有充沛精力审理好专利案件，充分发挥知识产权司法保护的主导作用，优化良好的营商环境与创新氛围，为推动实施创新驱动发展战略提供强有力的司法保障。

（2018 年 12 月 10 日）

政府创造零压力的市场环境，
让企业"不知有之"

聂辉华

在市场经济的建设过程中，如何厘清政府和市场的边界一直是一个难题。对于发展中国家而言尤其如此，因为发展中国家面临市场和法治不完善、政府直接参与经济活动等现实。在 2018 年 12 月 21 日闭幕的中央经济工作会议上，中央提出加快经济体制改革，"要切实转变政府职能，大幅减少政府对资源的直接配置，强化事中事后监管，凡是市场能自主调节的就让市场来调节，凡是企业能干的就让企业干"。这一会议精神为进一步理清政府和市场的边界、切实改善营商环境指明了正确的方向。

当前和过去一段时期，改善营商环境和构建新型政商关系的最大梗阻之一，就是政府过多干预微观经济活动。一些民营企业家反映，虽然企业的产权是自己的，但是企业的注册、开张、运营和管理，无一不受到工商、消防、卫生、安监、环保乃至街道等无数个部门的严格管制。企业得罪任何一个有关部门，都将难以生存。

在一个政府管制太多、权力又缺乏有效制约的环境下，企业只能贴近政府，商人只能投靠官员，这就不可避免地产生了政企合谋乃至政企伤害现象，从而扭曲了政商关系，恶化了营商环境，也阻碍了经济发展。

因此，这次中央经济工作会议强调，"凡是市场能自主调节的

就让市场来调节，凡是企业能干的就让企业干"，其实就是强调政府要放手让企业成为市场主体。打个比方，政府就是国际奥委会，协会就是各大专项体育组织，企业就是运动员。

一方面，运动员是比赛的参与者，政府不能代替运动员参赛，更不能既当裁判员又当运动员，否则就无法保证公平的竞争。另一方面，政府是比赛规则的制订者和维护者，但政府未必需要制订所有比赛规则。很多专业性赛事的比赛规则，可以由各大专项体育组织（例如国际田联或国际足联）来制订，政府只要进行监督和认可就行。因此，在简政放权的过程中，不要只看到政府和企业的角色，还要高度重视社会中介组织的角色。

1992 年，中国正式决定以建立社会主义市场经济体制作为经济体制改革的目标。经过了二十年多的发展历程，中国已经确立了市场经济的基本框架，基本形成了比较完善的法律体系，培养了一批具有世界竞争力的民营企业，逐步构建了宏观经济调控体系和政府监管体系。

因此，在改革开放 40 周年的当下，政府应该有决心、有定力、有信心进一步做好"放管服"工作，让企业的归企业，让市场的归市场，让政府的归政府，从而为"改革开放再出发"奠定良好的制度环境。具体来说，可以在如下几个方面推进。

第一，政府要继续减少不必要的审批。中央推行"放管服"改革以来，减少了一大批审批事项，要再接再厉。所有的审批都是管制行为，都意味着较大的权力，都可能产生一定的寻租空间。要审查审批的必要性，凡是企业自己能做好的事情，或者市场能够规范的事情，政府就没必要审批。例如，一些地方规定民营企业的项目也要公开招标，这是完全没有道理的。民营企业作为市场主体，自负盈亏，自己有动力去减少成本和提高利润，何须政府操心具体的项目管理？

第二，政府要减少对各类标准的制订。虽然政府取消和下放了一批审批项目，但是一些部门仍然掌握着大量的行业标准的制订权限。企业不符合标准就不能正常运营，这实际上是一种变相审批。由于政府部门考虑的目标是风险最小化，而不是成本最小化，因此政府部门直接制订行业标准的结果，就是本来应该是企业最低门槛的行业标准变成了最高门槛。正确的做法应该是让行业协会主导标准制订，政府部门予以认证认可。

第三，政府要减少对企业的各类补贴。企业的大部分生产和投资活动都是追求市场利润的，除非涉及明显的正外部性，否则不需要政府补贴。大量的政府补贴政策不仅扭曲了企业的市场激励，产生了不公平竞争，而且为权钱交易和利益输送创造了腐败机会，不利于形成清白的政商关系。

政府要为企业创造一种"零压力"的市场环境，让企业不需要政府的时候感觉不到政府的存在，当企业遇到困难时政府随时都在身边。因此，好的政商关系应该类似于饭店和顾客的关系。顾客想在家里吃就在家里吃，想去饭店吃就去饭店吃，但是要文明用餐。政府要相信企业能吃好自己的饭、端好自己的碗，没必要规定企业吃多少饭、吃什么菜。

总之，政府为企业提供良好的服务，要按照习近平总书记在民营企业家座谈会上所说，要打破各种各样的"卷帘门""玻璃门""旋转门"，在市场准入、审批许可、经营运行、招投标、军民融合等方面，为民营企业打造公平竞争环境，给民营企业发展创造充足市场空间。

（2018 年 12 月 22 日）

行政区划调整，溢出性的公共服务要跟上

马　亮

　　近日，国务院同意了山东省调整济南市和莱芜市的行政区划的申请，决定撤销莱芜市，将其所辖区域划归济南市管辖，分别设立两个市辖区。此次行政区划调整后的济南市将辖 10 个区和 2 个县，面积达 1.02 万平方公里，总人口达 870 万人。

　　济南和莱芜在地域上相连，文化风俗相近，此次"济莱联姻"将有利于进一步推进济莱协作区建设，并优化区域融合发展格局。此次行政区划调整可以从根本上强化济莱区域的协同力度，提升济南市作为省会城市的首位度。与此同时，行政区划调整将有利于发挥规模经济效应，使该地区可以共建共享各类基本公共服务，并提升该地区的整体竞争力。

　　此次山东省的行政区划调整并非孤例，其他城市也有过类似操作，表明城市"扩容"是一个值得关注的发展趋势。2011 年 7 月，安徽省撤销巢湖的地级市级别，设立县级市，由安徽省直辖、合肥市代管。

　　在合肥市代管巢湖市之前，由于合肥市的辐射带动力度不够，许多安徽人都将南京市视为"省会"。合并巢湖市以后，合肥市的综合实力得到大幅提升，大有"大合肥"后来居上的势头。

　　无独有偶，一些地级市也在行政区划调整方面做文章。比如，

2012 年 9 月国务院批准江苏省撤销县级吴江市，设立苏州市吴江区，使苏州市的版图得以大幅拓展。可以预见的是，类似的行政区划调整还会继续，并在很大程度上改变中国城市版图。

城镇化的一个必然趋势之一就是大城市化，即会出现一些规模庞大的超大或特大城市。这些城市作为区域中心，会像磁铁一样吸引周边地区的人才、产业和物资。在避免大城市病的同时，也应认识到大城市化本身是不可逆的发展趋势，大城市化本身也有其地理区划和经济社会的综合功能。

从全球情况来看，城市之间的合并也是过去几十年的不变潮流，因为城市合并可以产生诸多好处。

比如，瑞士等欧洲国家的很多地方政府都在过去二十年进行了大规模的区域合并，希望借此降低各个城市单独提供各类公共服务的成本，并希望通过合并而实现做大做强。美国的许多城市和区县也都通过跨辖区合作协议的形式进行不同程度的合并，使邻近辖区可以共享一些带有溢出性的公共服务。

上海交通大学的陆铭教授在《大国大城》等著作中多次提出，中国的城市规模还不够大，与中国的大国地位不相匹配。如果按照发达国家的发展经验，中国还需要崛起更多的准一线城市，它们作为区域中心城市将发挥更大的区域协调带动作用。

城市之间的竞争有利于优化资源配置和增强城市活力，而同一省内的"同城德比"则更加凸显。中国有五个省份在省会城市以外设有非省会的计划单列市，如辽宁省的沈阳市和大连市，浙江省的杭州市和宁波市，而山东省则是济南市和青岛市。同一省份的副省级城市之间往往上演"同城德比"，因为城市之间会在经济发展等方面展开激烈竞争。

作为山东省的两大首位城市，济南市与青岛市长期以来都存在强竞争态势。但是，由于青岛市的傍海优势，济南市作为省会城市的首位度一直难以得到巩固。此次济南市合并莱芜市，将极大地提升济南市的区域辐射力，并使山东省的"同城德比"更加精彩。

大城市合并周边区县乃至地级市的一个重要作用，就在于促进区域协同效应的发挥，使大城市在统筹协调区域重大问题方面发挥更大作用。对于两个旗鼓相当且势均力敌的辖区而言，是否能够心平气和地合作，取决于许多因素。如果通过行政区划调整而将辖区之间的合作问题内部化，就相当于大家都在"一个锅里"，许多跨域合作难题就迎刃而解了。

此次济南合并莱芜，将使"大济南"呼之欲出，对于提升济南市的区域辐射带动能力大有裨益。值得注意的是，强扭的瓜不甜，拉郎配有可能未必是美满的婚姻。济南和莱芜的合并，不应只是简单的 1+1=2，而应使合并发挥 1+1>2 的倍增效应。

至关重要的，要使合并后的"大济南"能够很好地发挥两地的优势，提升政府的行政效率并优化营商环境，真正实现辖区合并的初衷。

与此同时，也要认识到行政区划调整的成本较高，涉及政府运作和社会适应的各个方面。许多跨域合作议题可以通过其他途径解决，而行政区划调整不应成为政府频繁操作的工具箱。

（2019 年 1 月 9 日）

力避水泥森林和玻璃幕墙，城市才有气质

张天才

《国务院关于河北雄安新区总体规划（2018—2035 年）的批复》第七条称：原则上不建高楼大厦，不能到处是水泥森林和玻璃幕墙。

美国著名城市理论家刘易斯·芒福德说过："城市是文化的容器""城市的意义在于贮存文化、流传文化和创造文化"。

一座城市往往镌刻着历史印迹，承载着文化传统，表现着艺术气质，体现着生活习俗，展现着人性特征，反映着技术革新。城市风貌特色是人们认识一座城市的开始，是城市物质形态的外部显现所给人的总体印象，是城市的社会、经济、历史、地理、文化、建筑技术与地域艺术、生态环境等内涵所综合显现出的外在形象的个性特征。

但在中国城市化进程飞速发展的三十多年中，由于一味追求快速发展和快餐经济，不少城市经营者、开发商为了短平快的经济利益和假大空的"城市形象"，不顾当地的历史特征、文化传统、生活习俗、建筑特色、独特的景观园林等，凭着喜好到处看到处抄，造成了今天中国城市特色面貌建设平庸无奇，千城一面，似曾相识，城市风貌特色不明显，缺乏个性，城市的历史印迹、地域特征和城市风貌特色正逐渐丧失。

如何彰显中国不同地域城市的风貌特色，形成千城千景的璀璨形象，是城市经营者、管理者、开发商、城市规划部门、建筑设计单位、景观园林管理部门、设计单位共同的责任。

批复给出了如何塑造新区风貌特色的方向。但具体怎么来落实，笔者从如下几个方面来探讨：

首先，要从城市历史发展印迹和流传下来的文化中寻找能够唤醒记忆的东西，研读好地方志，提炼出能引起当地人回忆和唤醒当地人精神的东西。比如中国目前保存完好的历史文化名城古城阆中，就有"风水之都""中国（保宁）醋城""三国文化重镇""乡试之城""皮革之乡"等称号。

其次，需要了解本地域的特色建筑材料、建筑技术和施工工艺、传统艺术表现手法等。

再次，需要在研究好当地历史印迹、文化传统、生活习俗、建筑材料、建筑技术、建筑的表现艺术、特色的景观树种和园艺手段的前提下，再在总规里做专项专题研究，在详规阶段做专项规划、并成立相应的课题研究组。

城市特色风貌是衡量一个城市社会发展水平和城市功能水平的重要标志之一。可通过规划给当地城市居民创造优美的生活环境、舒适的工作环境、完善的城市功能和难忘的景观感知；提高城市知名度，扩大其影响，赋予市民以归属感、认同感、激发市民的自豪感、恋乡情；提炼出城市名片、城市标签和城市精神。

只有把握住了上述三个总的方面，在塑造新区风貌特色上才能找到感觉和节奏，把历史、文化、生活、地理特征融于规划之中，在城市设计导则中根据总结的特征、尺度、艺术表现风格上来引导和指导并控制下一步的建筑设计、景观园林设计。

当然，提倡中华风范、塑造体现中华传统经典建筑元素，原则上不建高楼大厦，不能到处是水泥森林和玻璃幕墙，这并不是拒绝新材料、新技术、新工艺的运用，而是要利用好新材料、新技术、新工艺来体现和保护利用好当地的历史文化遗产。

日本建筑师长岛孝一说过："建筑师的一个重要任务就是用物质的表现形式去体现文化。"

比如，上海的石窟门里弄作为近代建筑的一种符号，弥漫着怀旧的气息，在保护和改造过程中除了对结构过于老化的必须拆除重建外，能保留的尽量保留，对保存的旧建筑进行全面清理、修补和仿制大量装饰构件，甚至弄堂地面铺的青砖都是从拆除的旧建筑中保留下来，目的就是通过这些符号延续人文历史脉络，使建筑的历史感和新生活形态结合在一起，使文化享受达到新的境界。

唯有真正地尊重当地的历史文脉、继承优秀传统，做到有继承、有发展，城市的地域风貌特征才能百花齐放、千城争鸣。

（2019 年 1 月 10 日）

多管齐下，力促经济平稳运行

缪一知

2019 年新年伊始，中央政府多管齐下，夯实内功：降准、降税、发专项债，多管齐下促一季度平稳运行。中国人民银行决定下调金融机构存款准备金率 1 个百分点，引发了市场的热烈反应。1 月 9 日，国务院总理李克强主持召开国务院常务会议，会上又有大动作，除了部署加快发行和用好地方政府专项债券外，又决定再推出一批针对小微企业的普惠性减税措施，其意义同样深远。

保障小微企业的生存发展，是重中之重。小微企业可谓是中国经济格局的"根系"，其数量众多、扎根基层，虽然不显眼，但与民生商品与服务的提供、与大众就业息息相关。在个体上，小微企业是未来的大企业的萌芽。集合起来，小微企业为中国的税收、生产总值、技术创新等作了相当分量的贡献。

不过，随着中国经济进入新常态，以及国际经贸形势的严峻化，小微企业面临着更多"惊涛骇浪"。在这种情况下，国家有必要通过积极作为、维护社会与经济的平稳发展。

这种积极作为并不是指违反市场经济规律的个别扶持、定向输血，而是对市场运行整体环境的改善，减税就是其中突出的一项。基本的财税改革思路，是让有能力交税者少交税，属于"多能多减"的正向激励办法。

国务院常务会议决定再推出一批针对小微企业的普惠性减税措施，内容形式多样：

大幅放宽可享受企业所得税优惠的小型微利企业标准；同时加大所得税优惠力度，对小型微利企业年应纳税所得额不超过 100 万元、100 万元到 300 万元的部分，分别减按 25%、50%计入应纳税所得额，使税负降至 5%和 10%。调整后优惠政策将覆盖 95%以上的纳税企业，其中 98%为民营企业。

对小型微利企业年应纳税所得额不超过 100 万元、100 万元到 300 万元的部分，分别减按 25%、50%计入应纳税所得额，使税负降至 5%和 10%。调整后优惠政策将覆盖 95%以上的纳税企业，其中 98%为民营企业。

对主要包括小微企业、个体工商户和其他个人的小规模纳税人，将增值税起征点由月销售额 3 万元提高到 10 万元，即销售额 10 万元以下的都可算小规模纳税人，适用较低的 3%税率和各种税收减免。

同时，允许各省（区、市）政府对增值税小规模纳税人，在 50%幅度内减征资源税、城市维护建设税、印花税、城镇土地使用税、耕地占用税等地方税种及教育费附加、地方教育附加。这是本轮减税的一大亮点，尊重了地方因地制宜的灵活性。

扩展投资初创科技型企业享受优惠政策的范围，使投向这类企业的创投企业和天使投资个人有更多税收优惠。此举增加市场投资者对初创科技型企业"输血"的动因。

上述减税政策可追溯至 2019 年 1 月 1 日，实施期限暂定三年，预计每年可再为小微企业减负约 2000 亿元。而且，国务院还统筹规划了减税的综合影响。虽然减税在中长期内是"放水养鱼"，亦

有利于地方财政收入的增长，但在短期内可能会因大规模减税降费形成地方财力缺口，故中央财政将加大对地方一般性转移支付，以提高地方减税的积极性。

横向比较看，美国自从本轮 15000 亿美元的减税以来，美国企业税后利润规模在 2018 年 1、2 季度增速均提升 11 个百分点左右。美国居民可支配收入规模在 1、2、3 季度的增速，分别提升 0.44、0.52、0.47 个百分点。美企从海外汇回本土资金在 2018 年上半年度超过前 3 年总和。

相比之下，中国的产业仍处在结构升级的关键期，中小微企业家群体此前又出现了一定的悲观情绪。因此，通过减税提供实实在在的"甜头"，让利于民，不仅可以稳定就业，更可以促进民间力量的正面释放，使地方债资金的大规模使用有一个可以依靠的实体经济源泉。

（2019 年 1 月 10 日）

以政策连续稳定增强市场信心

相均泳

无论是 2019 年 1 月 15 日主持召开座谈会，还是 1 月 14 日主持召开国务院第二次全体会议，国务院总理李克强都提到了"信心"二字。

在 1 月 15 日召开的专家学者和企业界人士座谈会上，有企业界人士建议，政府工作报告应强调"增强投资信心"，给市场明确预期。总理认真倾听刺耳建议，也希望专家学者和企业家们向社会释放坚定信心和良好预期。

面对错综复杂的国内外形势，保持中国经济合理稳定增长至关重要，而坚定信心、稳定预期则是稳增长的关键。

只有保持政策的连续性和稳定性，才能形成良好的市场预期，提振市场信心。制度具有稳定性、可预期性，在经济发展中具有稳定器的作用。正如 1993 年诺贝尔经济学奖的获得者道格拉斯·诺斯所言："制度提供了人类相互影响的框架，它们建立了构成一个社会，或更确切地说一种经济秩序的合作与竞争关系。"

制度通过确立明确的规则，增加资源的可得性，提高信息的透明度，进而减少经济活动的不确定性和风险，降低信息成本和交易成本，形成稳定的可预期性，保证市场经济有序运行。要让市场感受到政策连续性与稳定性，需坚持地方政府与中央政府政策的一贯

性。进一步明确服务型政府的理念，落实政府问责机制，加大信息公开力度和监督力量，确保地方政府政策的连续性，使中央政策能够惠及基层企业和民众。

稳定民营企业信心对于经济稳定发展也至关重要。要真正激发民营经济活力，首先建立完善的制度保障。

民营经济最大的疑惑是对产权保护制度稳定性的忧虑。新制度经济学鼻祖罗纳德·哈里·科斯提出，一切经济交往活动的前提是制度安排，这种制度实质上是一种人们之间行使一定行为的权力，必须首先界定产权，明确规定当事人可以做什么，通过权利的交易达到社会总产品的最大化。制度通过明确界定产权，促使个人的经济努力转化成私人收益率接近于社会收益率的活动，从而为经济发展提供更强动力。因此，须做好产权制度安排，消除民营经济疑惑。

在加紧完善产权保护立法工作的同时，不断提高执法层面的公平效率，缓解民营企业的后顾之忧，防止无法可依和有法乱依现象发生。只有完善产权保护制度、公平公正执法，充分保护民营企业和民营企业家的权益，帮助民营经济解决发展中的困难，支持民营企业改革发展，变压力为动力，让民营经济创新源泉充分涌流，让民营经济创造活力充分迸发，才能最大限度发挥民营企业对中国经济的重要推动作用。

营商环境是企业生存发展的土壤，体现着我国对外开放的核心竞争力。营商环境的改善源自社会秩序的变革。诺斯曾把人类社会分为三种不同的社会秩序：原始社会秩序、有限准入秩序、开放准入秩序。有限准入秩序通过限制进入产生租金，并由此来维持社会的稳定和秩序。开放准入秩序通过政治和经济上的相互竞争以创设租金来维持社会秩序。

改革开放以来，我国不断社会改革、扩大开放，使得中国由有限准入秩序逐步转向开放准入秩序。

近年来，我国坚持继续放宽市场准入，全面实施准入前国民待遇加负面清单管理制度，保护外商在华合法权益特别是知识产权，允许更多领域实行独资经营。不断削减各种制度性成本，完善外资相关法律，推动由商品和要素流动型开放向规则等制度型开放转变。

全方位对外开放将进一步建成开放准入秩序，形成国际一流的营商环境和市场环境，进而吸引更多的外资企业到中国投资兴业，为经济发展注入新动力、增添新活力、拓展新空间。

更加公平、透明、便利的市场软环境，增强了外企深耕中国市场的意愿和信心。特别是在全球经济风云变幻之际，大型跨国企业纷纷投资中国，建设新工厂、建立全球研发中心，成为一道亮眼的经济风景。

面对经济下行的压力，信心比黄金重要。

只要以政策连续稳定市场信心，以体制保障稳定民企信心，以深化开放稳定外企信心，用刚性的制度呵护好柔性的信心，就能不断强化合力，打开新空间，推动经济合理平稳发展。

（2019 年 1 月 17 日）

"融而不同"，粤港澳大湾区按下快进键

张 建

推进粤港澳大湾区建设，是以习近平同志为核心的党中央作出的重大决策，是习近平总书记亲自谋划、亲自部署、亲自推动的国家战略。

作为五大国家级区域发展战略之一，粤港澳大湾区一直是各方高频提及的热词。2019年2月18日，备受期待的《粤港澳大湾区发展规划纲要》（以下简称《纲要》）甫一出台，便吸引各界关注的目光。

《纲要》作为大湾区发展的纲领性指导文件，对大湾区的战略定位、发展目标、空间布局和机制建设等进行了全面设计，是未来粤港澳大湾区发展的图谱。

粤港澳大湾区作为中国打造的第一个湾区经济圈，其目标在于打造成与纽约湾区、东京湾区和旧金山湾区齐名的世界级湾区经济圈。湾区经济已成为带动世界经济发展的重要增长极，引领技术变革的领头羊，彰显国际竞争力的新载体。

据世界银行统计，全球60%的经济总量集中在入海口区域，世界75%的大城市、70%的工业资本和人口集中在距海岸100公里的地区。世界范围内形成了三大公认的成熟湾区，包括日本的东京湾区、美国的纽约湾区和旧金山湾区。

粤港澳大湾区面积约 5.6 万平方公里，总人口约 7000 万人。尽管大湾区占全国土地面积不足 1%，而区内人口数量不足全国总人口的 5%，但经济总量 GDP 占全国 12%。以 2017 年的数据为例，粤港澳大湾区的许多经济指标与三大湾区大体相当：GDP1.6 万亿美元，超过旧金山湾的 0.82 万亿美元，接近纽约湾区的 1.7 万亿美元和东京湾区的 1.9 万亿美元；GDP 增速 7.9%，高于东京湾区的 3.6%、纽约湾区的 3.5%、旧金山湾区的 2.7%；拥有世界 500 强企业总部 16 家，接近纽约湾区的 22 家、旧金山湾区的 26 家，与东京湾区的 70 家有较大差距。

但在人均 GDP 方面，粤港澳大湾区为 2.3 万美元，与旧金山湾区的 10.2 万美元、纽约湾区的 8.2 万美元和东京湾区的 4.2 万还有很大差距。

中央对粤港澳大湾区的战略定位有五个：一是充满活力的世界级城市群；二是具有全球影响力的国际科技创新中心；三是"一带一路"建设的重要支撑；四是内地与港澳深度合作示范区；五是宜居宜业宜游的优质生活圈。

在粤港澳大湾区庞大的城市群中，香港、澳门、广州、深圳可以叫作中心城市，它们要发挥辐射带动周边地区的引擎作用。同时，它们在功能定位上又各有分工、各有侧重。"一国两制"框架下的粤港澳大湾区发展模式必然不同于一国一制的纽约、旧金山和东京湾区的发展模式。粤港澳大湾区的发展方式应是"融而不同"，在相互融入发展的同时，保持各自的"性格"，而非要同质化。

2018 年 8 月，推进粤港澳大湾区发展领导小组成立，这是中央层面的决策议事协调机构。这是首次将香港、澳门两地的行政首长纳入中央层面的决策机构，也是从制度上确立了港澳行政长官参

与中央决策的基础。粤港澳大湾区领导小组的成立，是中央打破大湾区发展障碍的顶层设计。

《纲要》是一个方向性文件，需粤港澳三地政府及中央相关部委一起落实。《纲要》指出，要加强对规划实施的统筹协调，设立粤港澳大湾区建设领导小组，研究解决大湾区建设中政策实施、项目安排、体制机制创新、平台建设等方面的重大问题。

实际上，此前广东省（广东省推进粤港澳大湾区建设领导小组）及大湾区范围内的 9 个城市和香港、澳门已都成立了相应的推进大湾区发展领导机制。这样，中央层面和地方层面"上下合力"，中央有顶层设计，地方有"基层"执行，共同推动大湾区朝着世界一流湾区的目标建设发展。

一个国家、两种制度、三个关税区、三种货币、四个核心城市，粤港澳大湾区的"一二三四"格局一直是其强调的独特性和最大的特点和优势，但在某种程度上也是大湾区流动性的制约性因素，这也正是建设粤港澳大湾区的最大障碍。

粤港澳大湾区相比其他世界级湾区（三大湾区不存在制度性障碍和流动性障碍），最大的制约因素就是人的流动（这里不是单指自然人，而是包括与"人的发展"的各相关要素，包括物质、福利、社交、参与、权利等）。

粤港澳处于"一国、两制、三关区"体制机制框架下，极易出现礼节客套繁缛、务实推动乏力、整合机制缺失等局面。随着《纲要》的出台，这种局面和存在的问题将得以改进。《纲要》对各城市都进行了定位，广东省以及其 9 个湾区城市和港、澳地区将按照《纲要》的要求，发挥主观能动性，打造有利的发展环境。这种安排看似非常"分散"，但其实是"分而不散"。

以香港金融为例，香港服务国家的主要方向是在金融方面。香港的国际级水平金融体系、健全法治、没有外汇管制等优势，都不是内地任何一个城市可以替代的。

2017 年香港交易所上市公司的企业，本地及海外企业 1067 家，内地企业 1051 家。受惠于内地金融改革，推出金融领域多项互联互通措施，包括 2014 年沪港通、2015 年两地基金互认、2016 年深港通、2017 年债券通。2009—2017 年，香港 IPO 有 5 年全球排名第一。2018 年也排全球第一。

以香港贸易为例，根据香港特区政府的统计数据，2017 年国家进口额达到 18410 亿美元，其中通过香港处理的比例约为 15%。香港依然在国家的外贸领域扮演着不可或缺的门户和枢纽角色。因此，各个城市的分散分工，整合起来就是粤港澳大湾区的巨大优势。

（2019 年 2 月 19 日）

就业优先，让更多人分享经济增长的福祉

刘晓忠

2019 年的政府工作报告明确指出，多管齐下稳定和扩大就业，2019 年城镇新增就业人口 1100 万人以上。

就业是民生之本，只有尽可能地为适龄劳动力创造更多的就业机会，才能让更多的人分享到经济增长的福祉，并稳住民心，才能有效降低经济社会的不稳定系数，才能更好地推动经济提质增效。这也是为何 2018 年 7 月的中央政治局会议上提出稳就业、稳金融等六稳目标，且将"稳就业"放置在首位。

尽管 2019 年的新增就业目标低于 2018 年实现的 1361 万人的规模，但考虑到 2019 年国内生产总值实现 6%～6.5% 的区间目标，2019 年要实现 1100 万以上的新增就业的难度依然不小。

目前就业问题包含了多种情况，具体表现是岗位减少，就业供需不足，这种情况很大程度是源于经济增长的放缓。当前中国经济面临着高度不确定的内外环境，这使得中国经济增速存在持续放缓的现象，尤其是随着中国经济增长由数量规模型向质量效益型转型升级，单位 GDP 带来的新增就业岗位呈现出边际递减态势，如 2 月份中国制造业 PMI 数据看，从业人数指数跌至 47.5%，为连续三个月下降。

经济稳健增长是新增就业岗位的源泉，缺乏稳健的经济增长，

单纯依靠政府的就业激励政策，抑或单纯依靠政府投资拉动经济以增加新增就业，都治标不治本。而要实现经济的稳健增长，就需要正确厘清政府与市场的边界，让市场在资源配置中真正发挥决定性作用，政府矢志于构建和完善透明性担保和防护型保障体系等公共服务，帮助市场更好地发挥决定性作用。

随着中国经济增长由数量规模型向质量效益型转型升级，这种升级必然带来的是经济结构的调整，劳动素质要求的提升，导致出现就业岗位的结构性错配，也就是存在岗位需求，但是满足需求的求职者供给不够。结构性错配需要一定的时间过渡，同时需要求职者自身能力储备和提升。对于结构性失业，政府需要做好就业服务。

具体到就业方面的公共服务，需要政府构建和完善就业保障服务体系，具体就是一方面不断充实失业保险制度，使暂时失业的居民能够通过失业保险而不降低自己的生活水平；另一方面就是构建和完善再就业培训制度体系，使更多暂时失业的人们，能够通过参加各种免费的公共就业再培训活动，拓展自身的就业渠道和机会，找到合适的工作。不久前，上海市召开了2019年人力资源和社会保障工作会议，要新增就业岗位50万个，帮扶引领成功创业1万人，帮助8000名长期失业青年就业创业，继续相应提高最低工资标准。

在2019年的政府工作报告中还提到，坚决防止和纠正就业中的性别和身份歧视。两会前，人力资源社会保障部等九部门印发通知，要求招聘时不得询问妇女的婚育情况，以此确保女性会获得公平的就业环境。

在经过2018年所谓"就业寒冬"的讨论之后，春节之后，各

企业的相关招聘又重新启动了。数据显示，2019 年春节后两周内，发布职位的企业数、在线职位数比去年同期分别提升了 13% 和 14%。随着一系列促增长，促就业政策的出台，企业的招聘需求将会恢复。

与此同时，新产业、新经济、新业态的发展，也提供了新的岗位需求，不同行业之间不同的就业景气也会促使求职者的流动。由于劳动力人口的减少，劳动力成本上升，许多年轻的劳动力从制造业领域流动到了收入更高的互联网新经济领域，比如外卖员、快递员成为吸纳新增就业的重要渠道。美团外卖发布的《城市新青年：2018 外卖骑手就业报告》显示，2018 年超过 270 万骑手在美团外卖获得收入，其中来自国家级贫困县的骑手达 67 万。（据《新京报》报道）另外，随着互联网招聘平台的发展，求职的便利性，岗位的匹配度将会快速提升，这也会减少求职者求职时间。

劳动既是权利也是义务，稳就业因此也是政府施政的重要目标。只要中国经济还在稳定增长，只要政府能提供公平的就业环境，完善的就业服务，充足的失业保障，就业问题也就不是问题了。

（2019 年 3 月 9 日）

如何理解数字经济中的 "新旧动能接续转换"

刘远举

2019 年的政府工作报告，对数字经济非常关注，提出要深化大数据、人工智能等研发应用，培育新一代信息技术、高端装备、生物医药、新能源汽车、新材料等新兴产业集群，壮大数字经济。坚持包容审慎监管，支持新业态新模式发展，促进平台经济、共享经济健康成长。加快在各行业各领域推进"互联网＋"。

从 1998 年美国商务部发布的《新兴数字经济》报告首次提出数字经济的概念开始，经过 20 年的发展，数字经济在全球经济发展中变得越来越重要。根据工信部旗下中国信息通信研究院的初步测算，2018 年上半年中国数字经济规模为 16 万亿元人民币，占GDP 比重达到 38.2%。《2018 中国数字经济指数白皮书》指出，随着居民消费升级以及信息通信技术与传统产业的加速融合，我国数字经济未来整体上仍然会呈现加速增长态势。预计 2020 年我国数字经济规模将达到 6.4 万亿美元，同比增速达到 19.4%。

2017 年，数字经济首次写入全国两会政府工作报告，明确提出"促进数字经济加快成长"；此后，连续三年，数字经济都写入了政府工作报告，2019 年则更是浓墨重彩地加以强调，要"壮大数字经济"。全国两会之前，有 27 个省份在 2019 年政府工作任务中明确表示，要大力发展数字化和数字经济。在被视为风向标的庆

祝改革开放 40 周年的表彰大会上，马云的头衔就是数字经济的创新者。

在 2019 年的政府工作报告中，数字经济的内容与"促进新旧动能接续转换"放在了一起，从这个角度可以说，数字经济的很大一个作用与目的就是"新旧动能接续转换"。

数字经济中新旧动能的转换一直在进行，新的趋势从旧业态中孕育，"新动能"源于"旧势能"。比如，边远山区做电商，路途遥远，一单水果的运费远大于农产品本身价值，这就阻断了传统电商的可能性。如果能积聚订单，摊薄成本，就可以直接包大货车，从山区运到城镇，然后再分发快递出去。但是，这种模式要求快速而低成本的汇集大量的订单。随后，社交电商模式率先出现在中国，利用其低成本聚集订单的优势，显现出在消费扶贫方面的天然优势。

数字经济的"新旧动能接续转换"，本质上是一个创新再创新的过程，智慧物流、智慧工厂、数字化技术、机器人等技术的兴起，很大可能成为未来的经济之星。不过，另一类虚拟数字创意经济，也变得越来越重要。

2016 年 11 月，国务院发布《"十三五"国家战略性新兴产业发展规划》，新增了数字创意产业。截至 2018 年年底，中国游戏市场实际销售收入已超过 2100 亿元，达 2144.4 亿元，同比增长 5.3%，占同期全球市场比例约为 23.6%。与此同时，根据《中国互联网络发展状况统计报告》显示，截至 2018 年 6 月，中国网络直播用户规模达 4.25 亿。高盛分析师预测，中国网络直播市场规模预计在 2020 年达到 150 亿美元，在世界范围内遥遥领先。

有这样一个经济学笑话，一个卖烧饼的和一个卖烤红薯的，如果他们吃了自己出售的实物，则不计入 GDP，如果他们相互购买对方的产品，则计入 GDP。其实，这并非笑话。人们劳动、消费，本身就是经济活动。在数字经济时代，这个笑话的内容会变成：程序员花钱看网络主播的直播，网络主播花钱买程序员做的游戏产品，然后，促进了经济发展。这种模式，会在整个经济中变得越来越重要，与烧饼与烤红薯的故事一样，这也是真实的经济活动。

只有认清某些形态的数字经济的本质，才能理顺逻辑，给其相应的地位，在此基础之上，正确的政策才有了逻辑基础。只有把短视频、自媒体、信息流、各种游戏看作一个"人民群众美好生活的需求"，看作一个"实在的经济活动"，才能把"主播发一段视频""作者写一篇文章""粉丝观看一段直播"和"纺织女工织一段布""群众买一件衣服"视为同等的，也是必然的、必需的生产与消费活动，而不是视为一种"不产生、或仅产生很少的使用价值，因而没有太大价值的娱乐活动"，然后，才能给予这些新业态以适当的经济地位，并制订与之相关的、合理的数字经济政策，比如版号限制、内容审核等政策才能向着更审慎、包容的方向发展。

数字经济对于中国经济的重要性不言而喻。上海社科院发布的一项报告指出，数字经济正在席卷全球，全球经济向数字经济迁移已经势在必然，数字经济已成为国家的核心竞争力。世界经济论坛则给出过一个研究数据：数字化程度每提高 10%，人均 GDP 增长 0.5% 至 0.26%。更重要的是，数字经济"接续转换"的连续过程，也是一个国家经济飞速发展，技术弯道超车的过程。在数字经济领域的一些方面，中国已经领先于世界，把这个优势保持并扩大，是接下来的历史重任。

（2019 年 3 月 11 日）

高质量城镇化，根治城市病和乡村病

王 伟

自2012年党的十八大提出新型城镇化方略，到2019年政府工作报告提出"促进区域协调发展，提高新型城镇化质量"，新型城镇化的发展路径愈发清晰。

政府工作报告中提出，新型城镇化要处处体现以人为核心，提高柔性化治理、精细化服务水平，让城市更加宜居，更具包容和人文关怀。

新型城镇化，首先是人的升级，关键是关注城市中生活的人的各种福利与全面发展，让民众分享发展红利，故提出要抓好农业转移人口落户，推动城镇基本公共服务覆盖常住人口。其次是城市的升级，报告中提出城镇老旧小区量大面广，要大力进行改造提升，更新水电路气等配套设施，支持加装电梯，健全便民市场、便利店、步行街、停车场、无障碍通道等生活服务设施。

产业结构调整是高质量城镇化的核心动力。从国际经验看，城镇化率达到50%以后是服务业大发展的时期。我国服务业比重长期徘徊在40%左右，原因之一就在于长期过度注重劳动力的城镇化，只注重生产性消费而忽视人的消费需求，服务业发展滞后于人口城镇化发展的需求，进而也导致人口城镇化的严重滞后。

　　高质量城镇化满足人们生活方式改变，推动消费结构和消费方式升级，公共服务、消费型服务业和生产型服务业等第三产业都将成为城镇化的最大受益部门。同时，对促进工业转型升级也提出了迫切要求，推进工业发展模式、工业技术和产品及市场结构的转型升级。

　　要素配置优化是高质量城镇化的突破路径。政府工作报告对东、中、西、东北四大区域，京津冀、粤港澳大湾区、长三角区域、长江经济带四大国家战略区域，以及资源型地区、革命老区、民族地区、边疆地区、贫困地区等薄弱地区提出了协调发展要求，明确以中心城市引领城市群发展的路径，本质就是要追求协调共赢。

　　当前我国城市病和乡村病在城乡两端的并行凸显，一面是人口拥挤、交通拥堵、环境污染、住房困难等城市病；另一面是三留（留守儿童、留守妇女和留守老人）、三空（耕地空置、乡村空巢、产业空心）等乡村病。为此，高质量城镇化要进一步突破城乡二元分割、协调城乡与区域发展，调整释放错配的资源要素价值，促进资源要素的有效供给和合理配置，实现资源、要素良性流动、交换、再配置。

　　体制机制创新是高质量城镇化的根本保障。城镇化是进一步深化改革的助推器，是一个资源按照市场机制的决定性作用重新配置的大调整过程，是一个对经济社会叮持续发展有着决定性意义的系统工程。

　　体制机制创新的目标包括：高效性，通过消除阻碍要素资源优化配置的因素来提高效率；包容性，为人们提供分享城镇化成果的均等机会，促进农业转移人口融入城市，为他们提供与城市居民

同等的社会服务，确保农村地区获得同质同量的公共服务；可持续性，建立符合生态文明要求的政策制度。

城镇化是一种经济、社会、空间的结构性演变，体现为土地、劳动力和资金要素的重新组合。推进高质量城镇化发展的关键在于实现土地、人口和资金三大要素的自由流动与高效匹配。

2018年年末中国常住人口城镇化率为59.58%，户籍人口城镇化率为43.37%，两者相差16.21%，这意味着，能否为已进城的"1个亿"与未来潜在进城的"2个亿"人口的城市生活提供充足的保障，让他们和市民一样享有公平的教育、医疗、养老、住房和就业保障权利，检验着城镇化的"含金量"。

高质量城镇化不再是简单的造城运动，而要更加注重土地集约化使用，要通过土地制度改革推进城乡土地在确权的基础上建立统一规范的要素市场，合理流转，推动城乡发展机会的均等化。

"土地财政"一度是中国地方政府推进城市建设资金的主要来源，但这不可持续。较发达国家近80%的城镇化平均水平，我国城镇化仍有较大增长空间。

按照国际经验，城镇化率每提升1个百分点，对应的是数以万亿元计的投资和消费。高质量城镇化注重城市品质与服务能力水平的提高，注重城市基础设施建设和公共服务的投入，这必然会造成资金需求迅猛增加。过去城镇化的欠账和未来城镇化的资金需求是地方政府所要面临的难题，需要建设多元化投资机制，找到平衡、健康、可持续的投融资之路。

综上，建立"人、地、财"全国一盘棋的统筹格局，全面提升包括劳动力、土地、资本、技术和制度在内的各类要素的整体素质与配置效率，是下一步高质量城镇化发展的重中之重。

而强化政府职能转变，推进行政管理体制改革，打破束缚市场功能发挥或导致结构扭曲的体制机制，形成整体协调、实施有序、相互促进的政策制度体系，从宏观、中观、微观层面为城镇化提供高质量的制度性与体制性供给，才是长久根本所在。

（2019 年 3 月 16 日）

破除"以罚代教"执念，
保护民众创业热忱

缪因知

"打造法治化、国际化、便利化的营商环境，让各类市场主体更加活跃……"2019年的政府工作报告，先后5次提及营商环境，提出了一系列优化营商环境、激发市场主体活力的重大举措。

中央也敦促各地摸索新思路。2018年8月，国务院办公厅专门通报部分地方优化营商环境典型做法，其中就有上海探索对新产业实行包容审慎监管的案例。

如今，上海又走出一条新路，既契合国务院"放管服"的精神，又展现了相关部门决策者的理念与担当。上海市司法局、上海市市场监督管理局、上海市应急管理局3月18日共同发布的《市场轻微违法违规经营行为免罚清单》，连日来引发多方关注。《免罚清单》旨在根据法律规定，细化可免予处罚的轻微行为，改善营商环境，减轻企业负担，也可避免基层执法人员的滥权。

当前，我国在工商登记、产品质量、广告发布、消防等方面已经有相当翔实的监管体系，对很多细致的事项也"有法可依"，但随之而来的一个问题是：企业（特别是"新手上路"的小微企业）有时会无意中违反规定，那是否一定要予以处罚？例如核发的营业执照是3月2日起算，企业在3月1日开张，是否要按"无照经营"处罚？

其实，基本行政法典如《行政处罚法》第27条规定：违法行为轻微并及时纠正，没有造成危害后果的，不予处罚。但各个监管领域的法律法规对轻微违法行为的界定却不够明晰。

实践中，多数执法人员选择机械执法，有的人则"宁枉勿纵"，对于轻微违法行为"不敢"轻易放过，以免产生"行政不作为"之咎，还有少数人则视之为拿捏企业的"小辫子"与寻租机会，不肯放手。此举对所谓的违法违规企业是不公平的。

在目前的不良记录联网通用的制度环境下，一次处罚还会给企业带来连锁性的不利结果。对于刚开业的"菜鸟"们而言，起步不顺，可能导致步步不顺。不必要的处罚有时甚至会给中小企业带来毁灭性打击。

一项值得注意的统计显示，美国中小企业的平均寿命为 8 年左右，日本的中小企业平均寿命为 12 年，中国中小企业的平均寿命为 3 年左右。这自然不能全部归咎于营商环境的恶劣，但良好的营商环境、包容的执法氛围，显然有助于中小企业更好地成长。

上海《市场轻微违法违规经营行为免罚清单》乃是通过以列举的方式将规则细化，明确划定不予处罚的行为，根据调研结果回馈，目前计有两类 34 项。

一类是已及时纠正、没有造成危害结果（包括不具有造成危害结果的现实危险）的轻微违法行为，而且一般限于初次违法，具体包括"实质合法，但未充分标明"的行为，如取得产品或专利批准文号、但发布广告时未标明文号的，消费者辨明为广告、但未标注"广告"字样的，违反消防法的轻微行为（如消火栓箱内配件缺损不超过 1 处、又能当场整改）且不影响系统功能、不涉及人员密集场所和易燃易爆危险品场所的。

另一类是未及时履行行政报备登记等程序的行为，如未将格式

合同报送备案、又及时改正的。

显而易见的是，行政执法的初心，是要实现预防违法的效用，而非"为罚而罚"。

营商相关法律法规的细化，是为了保障企业的有序经营、实现基业长青，而非密织法阱、诱人落网。地方主管部门通过分类分情况、避免了一刀切；依法制定的、高度明晰化的成文规则既约束了行政裁量权，也发挥了行政管理者对市场主体的良性导引作用，体现了预防为先、教育与处罚相结合的态度；既克制了公权力的运用，也减少了执法人员的困扰；既给了企业经营者更多摸索适应的机会，也没有伤害相关竞争者与消费者。

特别是，在当前的经济形势和"大众创业、万众创新"的政策指引下，会有大量经验缺乏的新人在基层摸索从事企业经营。政府部门虽然不可能一路手把手地指导他们，也不能一味"以罚代教"，否则会给民众投身实业的热情浇上冷水。

具有"温度"的免罚清单及其背后的包容性思路，可复制、可推广，值得各地结合实际予以借鉴。

（2019 年 3 月 21 日）

减税降费如何才能行稳致远

刘晓忠

2019 年两会之后，国务院于 3 月 20 日召开首次常务会议，将减税降费作为专门议题。

会议明确了减税降费的配套举措，希望通过扩大进项税抵扣范围等举措，使这轮减税降费让所有市场主体都能获得实惠。

减税降费对经济的提振作用，不论是基于理论还是实务，都是非常明显的。人们耳熟能详的经典案例就是里根政府的减税政策，尽管其减税政策在里根执政时期的作用存在一定争议，但其对美国经济的助推作用非常强劲，影响也非常长远。美国能在 1990 年代后再次引领全球科技革命，基本得益于里根时期的政治作为。

当然，简单讲，减税会带来政府财政赤字，这也是关于里根政府减税政策的争议之处，一些经济学家固执地认为共和党政府从来就是与赤字共舞。

但是，减税对经济的助推作用，既源自减税也超然于减税。减税会带来政府职能的调整，推动政府主动减少不必要的监管，增加市场自由驰骋空间，极大激活市场活力。

轻税薄赋、适度监管、充分自由，是美国 1990 年代引领世界科技革命的重要制度支撑。进而言之，即便从减税与增加财政赤字的角度分析，减税带来的赤字增加也并非不可容忍。

相反，在一定条件下，减税意味着政府将更多的资源留给市场主体，扩大高收益的资本规模，然后用政府低成本发债来填补支出缺口，进而在整个宏观层面产生股权与债权的置换。毕竟，用高信用、低成本的国债代替相对较高成本的企业债，带来的不单是整个经济财务成本的降低，更重要的是经济整体效率的提升。

当前我国政府将减税降费作为推动积极财政政策的重要举措，无疑是在正确地做事，这相比政府通过发债搞集中大建设的传导效应更大、更深远。因此，当务之急是如何对减税降费强本固基，行稳致远。

正如李克强总理在两会总理记者会上所言，要使减税降费具有普惠性，政府就要过紧日子。显然，这次国务院常务会议，明确落实进一步扩大进项税抵扣范围等规范，凸显出这次政府推动的减税降费是经过深思熟虑的。

同时，在两会总理记者会上，李克强总理表示，政府要过紧日子就需要加快简政放权的"放管服"改革，明确"政府要围绕市场做文章，不是老给市场下指令，让市场做什么，而是要把市场的活力激发出来"，凸显出减税降费正在助推政府职能的转变，正在进一步推进政府与市场边界的清晰划定，这显然是减税降费所带来的更深层次的变革。

一旦简政放权的"放管服"改革与减税降费政策形成合力以及良性循环，市场的活力将会得到极大的释放，政府职能的转型将会更有市场根基。因此，深化"放管服"的行政体制改革，摆正政府与市场的位置，既是减税降费引发的连锁效应，也反过来助推改革的不断深入，为减税降费强本固基。

与此同时，当前要助推减税降费行稳致远，还需要通过立法手段固化减税降费的成果，通过全国人大的立法使减税降费长期化、法治化和具有稳定预期化。

毕竟，单纯的行政式减税降费，对市场主体来说并不具有稳定性。人们会认为行政式减税降费可能是政府的权宜之计，政府过紧日子也是权宜之计，一旦时势变化，这些减的税费都会成为未来的负担。

因此，若能通过今后的全国人大立法固化减税降费成果，那么给市场主体带来的信心将更加稳固，更有利于激励企业进行长期投资、资本支出投资，而非简单的存货投资，进而有助于缓解当前国内不容易克服的"宽货币、紧信用"困境，提高金融服务实体经济的能力，通畅货币政策的传导效应。

当前中国整体的税负相对较高，通过减税降费切实有效地降低市场的整体税负，通过简政放权的改革让"政府过紧日子"常态化，市场的活力才能得到有效的释放。

政府能常态化过紧日子，最终所有人才能过上好日子。

（2019 年 3 月 21 日）

响水"3·21"事故，安全基本盘是如何失守的

夏保成

两个苯罐、一个甲醛罐，近4500立方米的物料瞬间燃烧；每个化工厂原料、生产物料各不相同，燃烧的危化品液体、气体迅速蔓延；事故现场的视频显示，爆炸形成巨大蘑菇云，冲击波撼动附近大楼，地上遍布瓦砾和裸露的钢筋……

2019年3月21日14时48分许，江苏盐城市响水县陈家港镇天嘉宜化工有限公司化学储罐发生爆炸事故。中共中央总书记、国家主席、中央军委主席习近平立即作出重要指示，要求江苏省和有关部门全力抢险救援，搜救被困人员，及时救治伤员，做好善后工作，切实维护社会稳定。国务院总理李克强作出批示，要科学有效做好搜救工作，全力以赴救治受伤人员，最大程度减少伤亡，采取有力措施控制危险源，注意防止发生次生事故。

日前，国务院安委会发出紧急通知，要求认真贯彻落实习近平总书记对江苏响水天嘉宜化工有限公司"3·21"爆炸事故重要指示精神，就进一步做好当前安全生产工作，坚决防范遏制重特大事故作出部署。通知强调，要敢于动真碰硬，持续加大安全执法力度。正确处理严格执法与"放管服"改革、督查检查的关系，既避免大呼隆、一阵风，又防止监管执法宽松软。真正让执法"长牙齿"，对漠视法规、罔顾生命的企业及其负责人依法严惩不贷。

如此事故，是如何发生的、责任又在谁？若不能理清曲直，明辨真相，就难以亡羊补牢，恐怕此后此类事故还会发生。国人为追求处事公正，愿意说"以事实为依据，以法律为准绳"，我们依此来论一论该事故的前因后果，究竟谁该承责。

从 2016 年到 2018 年，天嘉宜化工有限公司因为违法处置有毒固体废物和排放有害气体受到 6 次处罚（分别是 2016 年 7 月两次、2017 年 6 月 1 次、2017 年 9 月 1 次、2018 年 5 月两次），罚金超过百万；并且据（2016）苏 0281 刑初 305 号判决书显示，原法定代表人张勤岳犯污染环境罪，被判处有期徒刑一年六个月，缓刑两年，并处罚金 30 万元；供应科科长吴国忠犯污染环境罪，判处有期徒刑一年三个月，缓刑一年六个月，并处罚金 20 万元。

《中华人民共和国安全生产法》第五条规定："生产经营单位的主要负责人对本单位的安全生产工作全面负责。"一个视国法如儿戏，屡屡置公众的生命健康于不顾的企业和法人代表，还能够真正为企业的安全生产负责吗？为什么一个没有社会责任感和违法乱纪的人能够长期占据企业的最高管理岗位呢？

另外，早在 2008 年 1 月，为了吸取江苏省连云港聚鑫生物科技有限公司"12·9"重大事故的教训，原国家安监总局组织督导组对江苏省 5 个市危化品生产厂家举行专项督导，其中就包括江苏响水天嘉宜化工有限公司。2018 年 2 月 8 日，原国家安监总局专门对江苏省安监局发了《国家安全监管总局办公厅关于督促整改安全隐患问题的函》，附件中列举了江苏天嘉宜化工有限公司的 13 项安全方面的问题。

13 条隐患，基本是属于生产安全问题和管理问题的。然而，2018 年 8 月响水县人民政府网站上发布《响水生态化工园区停产

整治企业申请复产公示》，包括江苏天嘉宜化工有限公司在内的8家企业提交复产环保问题评估暨整改报告（《江苏天嘉宜化工有限公司环保设施效能评估及复产整治报告》），似乎是聚焦于环保问题。这次爆炸，虽然最终的调查结果尚未给出，但显然不是固体废物倾倒或有害气体排放的问题。

《中华人民共和国安全生产法》第十八条规定，生产经营单位的主要负责人对本单位安全生产工作负有下列职责：建立、健全本单位安全生产责任制；组织制定本单位安全生产规章制度和操作规程；保证本单位安全生产投入的有效实施；督促、检查本单位的安全生产工作，及时消除生产安全事故隐患等等。第二十四条规定，"生产经营单位的主要负责人和安全生产管理人员必须具备与本单位所从事的生产经营活动相应的安全生产知识和管理能力"，并要求在主管部门的"安全生产知识和管理能力考核合格"。

结合3月21日的惨烈事故，人们可以断定：该公司没有认真整改，很可能是"走过场"，糊弄主管部门，贻害企业职工。

2019年2月发布的《2018年全国化工事故分析报告》显示，2018年全国一共发生化工事故176起、死亡223人。依照海恩法则，每起严重事故的背后，会有29次轻微事故和300起未遂先兆以及1000起事故隐患。

鉴于化工企业的原材料、生产设备、生产工艺、原料和产品的储存与运输，都具有相当的危险性，因而，企业安全隐患的治理和验收，显然不能由企业自己说了算。涉及安全的重大问题，应该由主管部门组织的专家组根据整改要求来验收。国家可以考虑建立专职的安全生产检查督导队伍。

《地方党政领导干部安全生产责任制规定》，要求县级以上各级政府"组织开展分管行业（领域）、部门（单位）安全生产专项整治、目标管理、应急管理、查处违法违规生产经营行为等工作，推动构建安全风险分级管控和隐患排查治理预防工作机制"。抓好安全生产，堵住安全漏洞，不发生安全事故，应该是领导干部追求的目标，而不是敷衍安全生产，出了事拼命捂盖子、保面子、护形象。

领导干部要严格落实《地方党政领导干部安全生产责任制规定》，扎下身子，深入企业，调研和解决安全生产中的问题，牢牢守住安全生产基本盘基本面；而不是蜻蜓点水，视察巡游，听听汇报，走走车间，自欺欺人。

（2019 年 3 月 26 日）

谨防"总部经济"只开花不结果

陈 升

2019 年步入 2 月和 3 月，总部经济，在全国多个地方升腾为"高频词"。

3 月初，一条信息引发关注：上海正在徐汇滨江建设"西岸智慧谷"，打造人工智能总部基地。3 月 26 日，三亚市总部经济及中央商务区建设东岸片区首批 5 个地块在海口进行拍卖。

作为城市发展总部经济的重要空间载体，总部经济聚集区以其高端性、知识性、强关联性等特征，成为推动城市经济加快发展的新动力。纽约、曼哈顿等世界经济中心，正是因为总部经济的虹吸效应，才始终活跃在全球经济链的塔尖。

由于总部经济的"税收贡献效应""产业乘数效应""消费带动效应""劳动就业效应"以及"社会资本效应"，武汉、成都、西安、重庆、南京、郑州等新一线城市也加入"抢总部"的竞争之中，奖钱送地"下血本"争总部。争总部之战越演越烈，甚至出现几十个中西部城市争抢世界 500 强总部中心的做法。

试问，新一线城市"一窝蜂"发展总部经济一定"政治正确"？

未必如此。总部经济是一个区域利用特有的资源优势，吸引企业将总部（包括决策、管理、研发等）在该区域集群布局，从而出现众多高端资源大规模聚合的一种特殊的经济模式。总部经济的发展是要具备条件的，在不具备发展总部经济条件的情况下盲目跟进，一哄而上提出所谓的总部经济发展战略，导致总部经济遍地开花而结果甚少。

2007年，一家外企的中国总部坐落中部某省会城市。但近年来，该市很少再有能引起轰动效应的大型企业总部入驻。是什么原因使得原本如此受青睐的城市，如今却处于全国主要城市总部经济发展第Ⅳ能级城市（最末能级）？

其实公司总部的核心职能是促进公司各项经营资源之间的整合和创新。可一方面，该市符合现代市场竞争要求的经营管理人才和技术研发人才较为稀缺；另一方面，信息通信基础设施发展仍不完善，难以满足外企总部的巨大信息交换量的需要，且该市传统的低成本优势对总部经济并无吸引力。

纵观国内外总部经济现状及未来趋势，其良性发展需要具备一些条件。

一是良好的区位优势和基础设施。新加坡之所以能够吸引大量跨国公司来这里设立全球总部或地区总部，很大程度上也是得益于其本身良好的区位条件和完善的城市基础设施，如接近消费者、接近本地企业、商业服务质量和低商务成本等。

二是高素质的人力资源和科研教育资源。一个好的科研教育环境，能够使公司总部以较低的成本进行知识密集性价值活动的创造。中国香港之所以能成为众多跨国公司亚太地区总部办事处首选，一个重要原因就是充足的教育投入保证了该地区能源源不断地为企业输送高素质的人才。

三是宽松健全的法律法规环境。总部经济聚集区或其所在的中心城市应当拥有比较规范的市场制度，以便使企业对未来有较稳定

的预期。同时，公平公正、透明法治的营商环境，将自然而然地吸引投资。

四是高度发达集中的高端产业。城市总部经济的发展在很大程度上取决于市场功能的发挥。纽约的曼哈顿 CBD，在曼哈顿的华尔街，虽面积不足 1 平方公里，但却集中了几十家大银行、保险公司、交易所的总部以及上百家大公司总部和几十万就业人口，成为世界上就业密度最高和总部最集中的地区。

以上几方面的条件政府需要下"大功夫"去培育，如果离开了这些条件，总部经济发展可能受挫乃至失败。

特别是当前地方政府在总部经济之间的无序竞争会导致不少问题：一是地方政府间的过度竞争，造成地区间基础设施的过度投资和重复性建设；二是过度的财税优惠不仅造成地方国有资产严重流失、影响地方政府财政收入，而且使得本地的中小企业处于不利地位，破坏了当地良好的经济秩序和区域内企业的公平竞争；三是技术、人才、信息等战略资源向中心城市聚集，从而使得欠发达地区，尤其是中西部地区面临着吸引人才等战略资源在本地区聚集的压力。

假若具备了上述条件，政府即使不刻意发展总部经济，也有可能达到无心插柳柳成荫的效果。杭州作为浙江省会，民营经济发展迅速，民营企业实力强大，有着"民营经济热土"之称，2018 年在中国民营企业 500 强榜单上，杭州市有 36 家企业入围，连续 16 次蝉联全国第一。有了宽松的营商环境，加之总部经济基础条件成熟，杭州发展总部经济将占很大优势。

当下发展总部经济，政府最应该做的，一是加强总部经济发展的顶层设计，建立错位竞争和联动发展机制。出台国家或区域层面总部经济发展纲要，从顶层设计入手，引导各省分类发展与本地产业基础相关的总部经济。二是为企业提供更好的营商环境，让企业成为真正的市场主体。三是重视发挥政府的服务职能，提供更好的教育科研等公共服务配套支撑；做好总部聚集区的建设规划，加强城市基础设施建设打造一流的宜居环境。

同时，还要建立健全法律法规体系，降低市场准入门槛，给市场主体稳定的收益预期和信心。这样，总部经济良性发展就会可期。

（2019 年 4 月 4 日）

如何摆脱"城市像欧美、农村像非洲"魔咒

王　旭

近年来，每逢春节，农村就频出"新闻"。个中缘由是，返乡时大家才更加深切地体会到城乡差异。

我国现有的以市管县体制为标志的城乡二元化结构导致巨大的城乡差异，城市超前发展，郊区严重滞后，县域经济的发展空间窒碍难行，以致被揶揄为"欧美的城市、非洲的农村"。

可以说，当前我国最大的发展不平衡，就是城乡发展不平衡。城乡发展不协调的短板，亟待补齐。党的十九大报告提出"以城市群为主体构建大中小城市和小城镇协调发展的城镇格局"，就是因应之策。

城市化是现代化的必经阶段。20 世纪世界城市发展进程中一个重要的阶段性现象，是从传统城市化向新城市化过渡。传统城市化大致相当于城市发展的初期和中期，其主要特征是：人口和经济活动由农村向城市集中；城市规模由小到大，逐级递进；城市的空间布局以单核或单中心为主；城市周边地区发展迟缓，郊区完全处于依附地位，且往往是城市兼并、扩充辖区的预留空间。这是我们比较熟悉的城市发展阶段，因此可称之为传统城市化，也是城市发展的必经阶段。

新城市化是与传统城市化相对而言的。在新城市化时期，人口

流动从向城市集中改为向郊区扩散；中心城市的集聚和辐射效应依然存在，但在区域经济中的主导地位有所下降，在制造业、零售业等方面的优势让位于郊区；城市空间发展的方式也不再仅仅是扩大城市辖区，而是城市和周边地区联动发展，形成分散化、多中心的城市化区域（一般称大都市区）。区域经济由此得到重组和优化，大都市区取代城市，成为城市化空间结构的主要形式。这个走向标志着世界范围内城市发展重心的转变，从单纯的人口转移型向结构转换型过渡，从城市的集中型发展转向相对分散的城乡一体化统筹发展，可视为城市化的高级发展阶段。

在这个新阶段，城市与农村的界定越来越模糊，"城""乡"这两个传统的地域概念已不能准确概括新的人口分布趋向了。鉴于传统的城市概念无法解释这种新的城市化现象，很难有区别地反映城市发展的实际，很多国家相继出台新的概念。美国、英国、法国、德国、澳大利亚、加拿大和日本等国出台了"大都市区""大都市郡""城市化区域""城市区域""都市化地区""统计大区""人口统计大都市区""都市圈"等新概念。我国台湾地区也于 2007 年起正式采用"都会区"概念，以促成市与县的合并。

各国家和地区对大都市区的定义尽管有所不同，但对大都市区空间结构的认识是统一的，都包括核心区和边缘区两部分，或称中心城市和郊区县域，而且都是以城市的实际影响范围即功能区域为依据，不受行政区划的限制，差别主要反映在指标范围的选取上。在人们的实际生活中，城市，抑或大都市区，已经不仅仅是概念问题，而成为某种思维定势。

这种现象的出现是城市发展的一个必然走势。在城市化初期和中期阶段，制造业、服务业与居住等功能在城市中心及其附近高度

集中，同类企业的集中带动相关产业发展和城市经济整体水平的提升，由此产生巨大的聚集经济效益。

但城市发展空间和容纳能力毕竟是有限的。随着城市化的推进，城市人口及资源的大规模集聚，负面问题集中出现。其一，城市土地价格上涨，服务费用提高，外在成本增加，进而影响到企业的利润，抵消了聚集所带来的经济效益。其二，城市地域的扩张，必然使交通线延长，交通总量增加，城市生活成本增长，质量下降。其三，城市居民成分日趋复杂，社会矛盾叠加，需要更高层次、范围更广的城市服务和社会福利，这既加重了纳税人的负担，提高了城市的管理成本和居民的居住成本，也增加了企业的间接成本。

在这种情况下，城市住房紧缺、环境污染、交通拥堵、社会冲突等"城市病"凸显，这无形中增加了城市发展的额外成本，城市的规模成本逐渐大于规模效益，有限的城市空间出现饱和现象。相形之下，郊区开阔的空间和宜居环境、便利的交通条件，构成明显的比较优势，房地产开发商自然将注意力转向郊区。而各国政府的鼓励私有住房政策和基础设施建设都便利了郊区的扩展。至于交通工具的改善，居民生活水平的提高更增加了这一变化的速度。故此，城市和郊区之间"推力"和"拉力"此消彼长，其结果是经济活动和人口向外迁移，城市出现结构性变化。

这个结构性变化的临界点是城市人口占总人口半数以上、即传统城市化完成时期。我国城市化在经历了近30年的快速增长后，到2011年年底，城镇人口达69,079万，占总人口的比例为51.27%。这个数字标示着，我国城市化已到达新的发展阶段的临界点，城市化转型已成非常紧迫的战略抉择。

目前，高度集中的传统城市发展模式已面临尖锐挑战，城市病高发。但我们仍倚重城市的集中效益，资源和资本高度集中，一味求大求快，我国城市化近30年来的发展速度已远超过其他国家城市快速增长期的速度。同时，大城市过多，中小城市偏少。全国660个城市，有119个百万人口大城市（市辖区人口，不包括市辖县），其中36个人口更在200万以上，而拥有2万多城市的美国仅有9个百万人口大城市。

我国大城市人口密度也远远超过世界大城市平均水平，个别城市已接近人口密度的极限。而绝大多数城市仍在沿袭传统城市化的老路，不断扩大城市辖区，改县为区，大搞土地城市化。至于城市之间的联动程度还很低，依然处于单中心发展阶段，北京就是最极端的例子。如果论及城市化与农村的关系，问题更严重。

但是，我国学术界仍沿袭传统城市化理论解读城市化的新变化。

传统城市化理论的缺陷在于：其一，过于强调人口的集中和城市规模的扩大，机械地看待城市和郊区，也未深入城市与区域关系的层次；其二，忽略了城市空间结构的变化，即使偶有论及，也是关注城市辖区的扩大，而没有看到它与郊区的内在联系，郊区成了被遗忘的"另类"。

这个理论，主要适用于阐释从城市发展的初期到中期即城市化由发生发展到初步完成阶段的基本规律和问题，对于城市发展高级阶段的很多问题无法解读。我国已有的国外城市化研究成果多孤立地探讨城市或郊区，甚至简单地把新城市化现象归结为郊区化，有的仍把出发点放在城市，高调主张同城化。实际上还是没有理解新城市化时期城乡统筹发展的本质，只是放大版的城市，即"城市+

城市"，而不是城乡一体化的"城市＋郊区"。最近热议的城市群，也有类似的问题。

总之，无论是从城市化转型的客观实际还是从学术界理论认识来看，都有理由说，传统城市化模式亟待调整；尽早摆脱传统城市化的藩篱、构建新型城市化的理论也成为日益紧迫的任务。

（2018 年 2 月 20 日）

要警惕"资本有罪论"卷土重来

刘远举

最近很多社会热点事件之后，舆论中有一种归咎资本的倾向。这种倾向聚集、发酵之后，一篇名为《中国私营经济已完成协助公有经济发展的任务，应逐渐离场》的文章，终于捅破了很多人担心的那一层纸，引发社会热议。

这篇文章中所说的"私营企业，有其优势，有其劣根"，实际上，当人们这么说的时候，更多的是强调私营资本的劣根性。这种言论并不少见，不过是"资本有罪论"的重现。

中国有着长期的计划经济历史，人们在传统观念的影响下，对资本的认识难免有偏颇之处，敌视资本与企业家。在社会转型时期，面对各种社会现象、各种突发事件时，就会把一些问题错误归因，归咎于资本。

比如滴滴事件之后，人们往往说，资本嗜血。但是，他们忘记了资本、市场都离不开社会环境，需要以公共服务为基础。比如快速的接警、出警以及政府部门提供相关数据以进行背景筛查等。

另一个经常被用来论证资本家黑心的，恐怕就是社保问题。社保问题是一个非常复杂的问题。中国的社保体系是 1992 年之后才逐步建立的，有历史欠账；而且，中国企业的总体负担一直处于全球较高水平，一直以来，企业通过各种灰色手段躲避了征收。某种

程度上，这也是员工与企业的共谋。所以，当技术发展造成政府征收力度加大，企业实际负担猛然上升，就会造成一系列问题。这些问题需要仔细研究、公开讨论、政策上做进一步调整，但是，很多人却仅仅将之归咎于"狠心的资本""黑心的资本家"。

某种程度上，归咎于资本，是一个中国式的"智慧"。中国人在维权的时候，倾向于有钱人、大平台承担更多的责任。比如在时下新兴的共享汽车中，当发生车祸时，受害人往往是直接的、明显的放过有过错的驾驶者，而要求共享汽车平台赔偿。这是一种基于中国当下法治不完善的变通的中国式处世哲学。

遗憾的是，这种中国老百姓的生存智慧，也成为媒体的生存智慧。当下的中国媒体进行舆论监督，的确有着现实的困难，以至于有地方政府出台文件，要求媒体进行媒体监督。但是，媒体是天然需要追逐热点的，需要阅读量。于是，诸多热点发生之后，媒体所有的火力都集中于"可批评"对象——资本。

当传统的观念、现实的中国式智慧被媒体放大之后，中国社会中就出现了敌视资本的风气与言论，于是，在享受了资本带来的40年繁荣之后，"资本有罪论"却沉渣泛起。

这种趋势，对中国的损害会很大。

在当下很多中国人的社会观念中，不同性质的资本，是不一样的。国有资本是大国实力，而私营资本，则更多地体现了劣根性。然而，国有资本有其优势，也有弱点，其目标是多导向、多约束的，经济效率更低。那么，民资与国资的融合，就会降低中国经济的效率。

当效率降低，就会长期损害创新。

更错误的是，顺着这一思路，当下很多中国人认为，为了鼓励创新，呼唤创新，就要限制资本，认为资本短视，会因为眼前的利益而放弃创新。

但是，当下世界的创新高地美国的哪一项创新，是因为打击资本得到的呢？恰好相反，企业家精神，是创新的源泉，是经济增长的原初动力。索尼的盛田昭夫、迪士尼的沃尔特·迪士尼、微软的比尔·盖茨，沃尔玛的萨姆·沃尔顿，华为的任正非，SpaceX、特斯拉的马斯克，都是企业家。他们推动着一个国家的技术与经济的发展。雷神公司、波音公司、洛克希德—马丁公司这些全球顶级的军工创新，体现大国力量，是不折不扣的资本产物。从第一个晶体管诞生，到仙童公司八个天才的叛逆的出走，开枝散叶塑造出硅谷，这背后都是资本，都是人性逐利，都是企业家精神。

从这个角度，"资本有罪论"的沉渣泛起，实际上就认为人们追求幸福生活的愿望是有罪的，让人们重回限制依靠诚实劳动致富的时代。所以，当下对中国社会中对资本、企业家的误解与错误归因，不但无助于社会向好的方向转变，却往往会因为朴素的、传统的观念而导向恶性循环，损害经济，损害创新。

某种程度上，对资本的认识，对企业家的认识，对企业家精神的认识，是价值观的不同侧面。

近年来，政府多次提到"企业家精神""企业家作用""企业家才能"等关键词，反映出对企业家群体的高度重视。2014 年 11 月，国家主席习近平在亚太经合组织工商领导人峰会开幕式上的演讲中指出："我们全面深化改革，就是要激发市场蕴藏的活力。市场活力来自于人，特别来自于企业家，来自于企业家精神。"2017 年 4 月 18 日，他又在中央全面深化改革领导小组第三十四次会议上指出："企业家是经济活动的重要主体，要深度挖掘优秀企业家精神特质

和典型案例，弘扬企业家精神，发挥企业家示范作用，造就优秀企业家队伍。"

值得注意的是，企业家精神，并不是"苦干实干精神""雷锋精神"这样一个形容品质、毅力的词，而是一个专有名词。"企业家精神"指企业家在精神、技巧、性格方面的一系列特质、技能的集合，比如决心、判断、风险偏好、进取心、计算能力、商业分析能力、说服能力甚至偏执度。在这些技能基础上，企业家组织建立和经营管理企业。在西方经济学中，它被认为是一种独立于资本、土地、劳动之外的，重要而特殊的无形生产要素，参与企业创造的价值的分配。而在政治经济学中，是没有"企业家精神"这一要素的，这一部分价值，大致对应于剩余价值。

所以，当下的一些奇谈怪论，或许看了一些表面迹象，就做投机之举，但却对中国当下深化改革的迹象视而不见。

改革开放给了中国人经济自由，释放了资本的巨大力量。但本质上，这激活了中国人的企业家精神，释放了中国人勤劳、聪明的特质，从而让中国在短短四十年内成为第二大经济体。当下，在经济发展新常态的时代背景下，转变经济结构、发展经济，促进创新，我们同样甚至比以往更加需要资本与企业家精神的存在，更加需要警惕这种"资本有罪论"，为企业成长创造更好的社会环境。

（2018 年 9 月 12 日）

四、促进民生计

"流动的中国"需要开放的异地教育

任　君

近日，中共中央、国务院印发《中国教育现代化 2035》，提出到 2035 年，建成服务全民终身学习的现代教育体系、普及有质量的学前教育、实现优质均衡的义务教育、全面普及高中阶段教育、职业教育服务能力显著提升、高等教育竞争力明显提升、残疾儿童少年享有适合的教育、形成全社会共同参与的教育治理新格局。中办、国办同日印发的《加快推进教育现代化实施方案（2018—2022年）》对此作出了详细部署。

尤其引人瞩目的是，新规给出了随迁子女教育的解决方案。《中国教育现代化 2035》要求，进一步提升义务教育均等化水平，推进城乡义务教育均衡发展，推进随迁子女入学待遇同城化，有序扩大城镇学位供给，完善流动人口子女异地升学考试制度。同时《实施方案》提出，将进城务工人员随迁子女义务教育纳入城镇发展规划，加强对留守儿童的关爱保护，组织实施特殊教育提升计划。

中国正在推动的城市化进程是前所未有的。早在 2014 年年初，中央就明确提出了"3 个 1 亿人"的新型城镇化目标，"促进约 1亿农业转移人口落户城镇，改造约 1 亿人居住的城镇棚户区和城中村，引导约 1 亿人在中西部地区就近城镇化"。

事实上，激动人心的数字之外，流动的生活带来的种种困惑、

障碍与心酸，也成为很多中国人的人生经验。或者说，即使你暂时缺乏切身体感，但一天天在长大的儿女则会不断提醒你，异地教育究竟该怎么办？我在大城市工作、生活，"诗意的栖居"，我的孩子能够顺顺当当找到幼儿园、小学并参加当地的"小升初""中考""高考"吗？

过去几年，多地曝出外来人口入园难、入学难问题，而因为户口问题，很多父母在大城市生活的外地户口子女，往往不得不回原籍参加中考、高考，由此造成的生活困扰与人生创痛，难以言喻。此外，一些城市虽然明确许可农民工子女就地入学，但在相应的配套制度上，却少有作为，这也导致很多随迁子女的权利往往虚置。

此番中央文件明确规定，有序扩大城镇学位供给，将进城务工人员随迁子女义务教育纳入城镇发展规划。与以往相比，这一表述意味着巨大的责任"换肩"。以往涉及义务教育，更多强调户籍地政府的责任，"一个都不能少"，多指本该在本乡本土接受义务教育的中小学生。而对于流入地政府而言，则更多是一种道义上的责任。现在明文规定将随迁子女义务教育纳入城镇发展规划，等于是把责任转给城市政府了。

这样的转变无疑是革命性的。毕竟，教育支出是各地政府财政的重大刚性支出。一旦将随迁子女义务教育纳入城镇发展规划，必然会给流入地政府带来巨大的负担。不仅如此，顾虑还在于，一些试图控制人口的城市，或许不会计较新增的那部分教育投入，但更担心由此会引来更多的人口流入不确定性，从而给公共资源的规划与配置带来困难。

但无论如何，这样的变革都是值得期待的。其一，在流动已成常态，外来人口数字日益庞大的语境下，要求流入地政府负担起随迁子女的教育责任，本来就是一种对既成事实的追认。任何城市，都不应该只想着利用人力资源而不承担任何培养责任。让孩子们能够跟随父母在城市接受教育，不仅是一种人道的表现，也符合一个国家的人才战略。

其二，外来人口在流入地付出劳动，创造财富，置业缴税，本身也是在参与当地的经济建设，其子女在流入地接受教育，顺理成章，不仅不存在任何"揩油"的嫌疑，反而是城市发展的有功之人。对此，大可不必戴着有色眼镜去看待他们，更不能驱散了事。

还有，此前之所以出现本地人与外来人口的教育争执，并不是外来人口挤占了本地人的份额，也不是外来人口搭了便车，根本原因在于，流入地政府在教育资源配置上没有考虑外来人口，其在布局学校、安排学位时，主要依据的还是陈旧的户籍人口信息。这样推导出来的学位也好，师生比也好，当然是失调的，即便是在舆论压力之下开始接受外来子女入学，也无非是让学校变得更挤，从而激发本地人与外地人的互掐。

当下的中国，早已进入了流动状态。这个流动的中国，若想持续保持活力，必须要安排好教育资源的无缝对接。不管户籍在哪里，只要孩子在哪里，教育就应该在哪里。孩子到学校的距离，应该是世界上最近的距离。地区之间的教育，不应该自高门槛，而是应该体现最大的包容性。

可以预测，如果随迁子女教育同城化的设定能够真正落实到位，则城市之间的教育高差相比会逐渐拉平，教育均衡的目标，也将有望实现。到那时候，城乡之间、城市之间，流动会更便利，人们也会更少顾虑。

当然，在财政属地化还很严重的情况下，同城化的实现并不容

易。这不仅需要有顶层设计、制度规划，也需要相应的财政、税收、转移支付等配套措施。同时，城市政府也应该适应不断增长的人口与多元的诉求，并以精准思维提供现代化的社会治理。

无论如何，流动的时代已经来临，是自设篱笆，各自隔离，还是热情地拥抱新时代，拥抱开放与流动，不难选择。

（2019 年 2 月 26 日）

对于农民工的尊重，要能匹配他们的贡献

于　平

瓦房变身大厦，天堑变为通途……一系列的华丽转身，离不开中国特殊的群体——农民工。

2018 年 11 月 29 日，李克强总理考察江苏南通罗莱生活科技股份有限公司。获知该公司有 1.5 万名员工，70% 以上是农民工，他问大家来自哪里，过年回不回家，并叮嘱企业负责人一定要按时足额发放工资。总理说，农民工这个称号值得所有中国人乃至全世界尊重。中国改革开放 40 年取得举世瞩目的成就，这是中国人民奋斗出来的，是广大农民工起早贪黑、千辛万苦干出来的！

正是因为千千万万农民背井离乡进城打拼，流血流汗为城市发展添砖加瓦，正是因为许多走出去的农民工回流乡村，带回了宝贵的资金和技术，才推动了城乡巨变，造就了中国工业化、城镇化的奇迹。从这意义上说，农民工值得整个国家尊重，值得世界尊重。

早在 2013 年 2 月，李克强在内蒙古包头火车站看望返乡农民工时就说："你们为了过上好日子，在外打工不容易。我也当过农民，懂得你们的辛劳。我在政府工作，也是给你们打工。"此后，他曾在多个场合喊话，"决不能让农民工的辛勤付出得不到回报"，"决不能让农民工背井离乡流汗再流泪"。

"同工不同酬，同城不同命。"这一度是农民工心中的酸楚。

对于农民工权益的保护，中央政府近几年出台了一系列政策。包括，建立和完善工程建设领域农民工工资保证金制度，支持农民工返乡创业政策，落实和完善农民工随迁子女在当地就学和升学考试政策，等等。这些政策，都表达了对农民工的生存状况关切，努力改善农民工的处境，给了农民工群体以实实在在的获得感。

也要看到的是，尊重农民工虽然已成为上下共识，农民工群体也受惠于改革开放，分享到经济发展的红利。但总体而言，农民工所获得的回报，依然与其贡献不能相称，农民工所得到的尊重，依然与他们的历史地位不能完全匹配。更多时候，农民工只是作为弱势群体的一个标签。

而农民工群体目前面临的最突出也是最紧迫的问题，是如何融入城市。农民工群体虽然身在城市，但大多对于城市没有归属感。他们为城市付出了最好的青春年华，却遭遇着种种歧视性的待遇。其中，身份焦虑最为强烈的，是二代乃至三代农民工，这些新生代农民工长期生活于城市，对土地、对农村没有情结，属于踏入城市的大门、不愿再返乡的一群人。他们异常迫切地渴望融入城市，但许多城市并不愿意接纳他们。

农民工难以融入城市，这是中国许多社会问题的症结所在。如留守儿童、留守妇女；如农民工子女入园难、入学难；如企业用工荒，高素质产业工人缺乏；如城市贫富差距；如春运洪潮；等等。这些问题背后的社会代价无一不是沉重的。以留守儿童为例，影响了一两代人的心灵健康，而用工荒，高素质技工的缺乏，则成为中国未来经济发展的一大瓶颈。帮助农民工融入城市，无疑是破解这一系列问题的钥匙。

让农民工融入城市，最重要的一点是加快户籍制度改革，让更多农民工享受与户籍居民平等的市民待遇，从而无障碍地融入城市。得承认，现在许多城市户籍制度改革正在加快，但其中，大多数大中型城市，户籍制度改革相对落后。这些大中型城市虽然降低了户籍门槛，但却有着种种严格的前提，包括学历、购房等，这些对于普通农民工而言，实在高不可攀。加快大中型城市的户籍改革已是人心所向，刻不容缓。

让农民工融入城市，还需完善公共服务。农民工在城市中遭遇的种种困境，直接原因其实是城市公共服务的缺位。以农民工子女上学难为例，背后是城市教育资源的严重匮乏。

2018年9月，国务院督查组在湖北鄂州花湖开发区调查发现，这个7万常住人口的省级开发区，设立20多年来，房地产开发红红火火，居然没有新建一所中小学。公共服务应当人人平等享有，中国的城市化只有走出"土地的城市化"窠臼，全面拥抱"人的城市化"，农民工才能摆脱城市异乡人的境遇。

显然，尊重农民工，目前做得还不够。面对农民工的权利诉求，更多政府部门，更多地方，需要拿出"我给你们打工"的态度，拿出更多真金白银的政策举措，解决农民工的实际困难。让农民工生活得更加有尊严，他们才能得到真正的尊重。

（2018年11月30日）

正视"屏幕改变命运"背后的真问题

杨三喜

248 所贫困地区的中学，通过直播，全天候跟随号称"中国最前列的高中"的成都七中同步上课、作业、考试。16 年来，7.2 万名学生跟随成都七中走完了高中三年。其中 88 人考上了清华北大，有的学校本科升学率涨了几倍甚至十几倍。

这个技术改变教育、改变命运的故事在朋友圈刷屏，让人鼻头发酸，就像记者所形容，"那种感觉就像，往井下打了光，丢下绳子，井里的人看到了天空，才会拼命向上爬"。

这是一个关于技术、公平与梦想的故事。优质教育资源不均衡，区域、城乡、校际教育水平差距较大的今天，偏远贫困地区孩子的名校之路越来越难，寒门难出贵子、阶层固化成为一时之叹。

优质教育资源分布不均是不容回避的问题，依靠中西部地区自身力量，很难在短时间内完全消除差距。但是通过技术的力量，一根网线、一块屏幕，优质资源得以共享，教育的时空差距被打破，喊了那么多年的教育公平便以这种形式实现了，无数人的命运也因此改变。改变发生得有些让人难以置信，但却真真切切的存在。

对于贫困地区学校的孩子来说，与成都七中同步，首先给他们带来的是心理上的冲击与压力。云南禄劝的很多学生至今没出过县城，他们是听着七中学生的课堂发言"游览"了英国、美国。屏幕的另一端成都七中学生的目标，这一端学生都不敢想。

差距的形成，并不是农村孩子天然比城里孩子差，也不是农村孩子没有志向，而是环境、资源所限。通过引入优质教育资源，他们在追梦的路上得以享受同城里孩子一样的"起点公平"，虽然这个"起点"未免有点晚。但三年的直播课，不仅让他们在知识学习上有了很大的进步，而且让他们找回了自信，找到了梦想，开始去探索自己的更多可能。一个高三学生坚定地说，"要比七中的同学更强"。

透过故事，我们也深刻感受到了教育的力量。扶贫必扶智，让贫困地区的孩子接受良好教育，是阻断贫困代际传递的重要途径，教育是实现社会公平的"最伟大的工具"，更是帮助弱者树立信心、坚定人生信念的伟大工具。

技术改变教育，带来的也不仅仅是个人命运的改变，还有对地方教育生态甚至地方经济生态的改变。

在与成都七中的课堂同步之前，当地优秀学源都往省会城市跑。当地学校因此陷入生源差、录取率低，录取率低、生源更差的恶性循环之中。可以想象，这种状况对当地教育生态的伤害以及教育信心的影响。而直播课之后，这种恶性循环被扭转，很多贫困县都迎来了生源回流，跟着学生出去的家长也回来了，整个县城更有了人气。

当然，技术推动教育公平并没有我们想象的顺遂，并不会那么轻易地发生。就像报道中所提到的，在一些学校，一开始引入直播课程时，就遇到过老师撕书抗议的情况，有些老师自感被瞧不起，于是消极应对，甚至整周请假，让学生自己看屏幕。从技术上来讲，共享优质教育资源已经没有任何障碍。

　　笔者采访所见，在甘肃的贫困县，只有几个学生的乡村教学点也可与县里其他学校实现同步课程。当地教师在谈到办学困难时，坦陈最大的困难是如何用好这些设备。关键还是在人，能否用好优质课程资源，是比链接优质课程资源更为关键的问题。如何实现这些优质课程资源的本地化，与当地学生实际情况进行融合，如何引导和提高学生的学习兴趣，提高学生学习效率，帮助学生找到自身的差距，找回信心、找准目标，都对教师提出了更高的要求。

　　2018年，李克强总理在宁夏考察"互联网＋教育"发展状况时，谈到"互联网＋教育"是促进起点公平的有效手段，让偏远地区的孩子也能"走进"名校名师课堂，大大拓宽了他们的视野。

　　现在刷屏的这个故事，无疑是对"互联网＋教育"促进教育公平、社会公平的最好注脚。地方政府应该加大投入，解决网速慢、信息化基础设施落后等困难，为优质教育资源共享架设高速公路，并着力提升教师信息素养，实现信息技术与教育教学的深度融合。借助"互联网＋教育"的力量，教育公平之路必能事半功倍。

　　这些贫困地区中学孩子逆袭的故事，告诉我们一个简单而又朴素的道理：教育的水平线并不是难以逾越的天堑，技术的手段能够有力地缩小这种差距；命运的改变并非遥不可及，那些连想都不敢想的梦想，也能变成现实，只需要为他们插上一双翅膀足矣。

（2018 年 12 月 13 日）

联合惩戒给涉医违法犯罪者
再套"紧箍咒"

罗志华

医闹问题是困扰社会秩序已久的一大顽疾，小到挂照片、扯横幅、摆灵堂、烧纸钱，大到打砸医院、逼迫医生下跪甚至暴力伤医杀医……由于医患信息不对称，以及专业医疗知识匮乏，在沟通和调解上稍有不畅，极易导致双方的矛盾冲突升级。又因为，"大闹大解决"的处理方式，不仅形成了恶性循环，还催生了专业医闹。

在一个时时担忧尊严被辱和人身得不到保障的环境下，医生和护士如何给予患者充分的治疗和关怀？面对日益恶劣的执业环境，之前有关部门也出台了一系列打击举措，无论是医闹入刑，还是出台打击涉医违法犯罪的专项行动方案，问题依然没有得到完全有效的遏制。

今后，伤医、医闹、倒卖医院号源、当"医托"等6类涉医违法犯罪行为一旦发生，别再指望只受到拘留、罚款等司法处罚就可了事，在较长的时间内，还得承担在社会上处处受限的严重后果，联合惩戒将给涉医违法犯罪者再套上一顶"紧箍咒"。

2018年10月16日，国家发展改革委、人民银行、卫生健康委、中组部、中宣部等28个部门联合发布《关于对严重危害正常医疗秩序的失信行为责任人实施联合惩戒合作备忘录》，将对实施或参与涉医违法犯罪活动，被公安机关处以行政拘留以上处罚，或

被司法机关追究刑事责任的严重危害正常医疗秩序的自然人实施联合惩戒。

医者仁心，医生护士本应是受人尊敬的职业。若医务人员得不到应有的尊重，这个职业就会失去吸引力，社会终将面临"谁来看病"等困扰。目前医学院校报考趋冷、医务人员转行增多、部分科室医生紧缺甚至只能关门等，无不说明，涉医违法犯罪动摇了"病有所医"的根基，严惩这类行为、维护良好的医疗秩序，已显得十分紧迫。

对包括伤医、医闹等在内的涉医违法犯罪零容忍，首先体现在对个案的司法处置上。从医闹入刑，到近两年对于伤医事件的快速处置等来看，司法对于涉医违法犯罪的处罚还算严厉，有些甚至达到了在法律允许的范围内顶格惩戒的程度，且这些惩戒也具备较强的震慑力，近年来涉医违法犯罪总体呈现下降趋势，与司法的刚性介入不无关系。

然而，涉医违法犯罪多发势头仍没有得到根本扭转，恶性伤医等事件仍时有发生，对医疗秩序的干扰还很大。在司法的零容忍面前，一些人仍然敢于出手，与司法手段属于单项惩戒有关，违法犯罪者被拘留和罚款之后，若没有其他惩戒措施跟进，"一过性"（医学术语，指症状持续时间较短而消失）的惩戒对当事人的影响就比较有限，难以形成持久的震慑力。近期，北大医院产妇家属伤医事件发生之后，引发了社会的广泛关注，对当事人的处理虽然较为严厉，但仅仅过了几天，兰州市一名男子以更加粗暴、更为直接、更加无理的方式殴打医生，就说明了这一点。

向救治自己的医务人员下手、粗暴扰乱医疗秩序、倒卖医院号源、骗取患者的救命钱等，除了涉嫌违法犯罪外，还突破了为人处世的基本道德底线，当事人在社会的其他方面也可能是非不分、不讲诚信。在较小的失信行为都得记入社会征信系统的背景下，对社会危害性更大的涉医违法犯罪，理应得到包括记入征信系统在内的联合惩戒。

28 部门联合惩戒，意味着至少在 28 个领域要对涉医违法犯罪者进行限权，包括限制乘坐飞机、列车软卧、G 字头动车组列车、其他动车组列车一等以上座位等交通工具，限制报考公务员或事业单位工作人员，限制登记成为法定代表人，限制贷款、评选先进、职务晋升等，甚至在证券、基金、期货等方面的审查也更为严格。多领域的限制措施将形成一张涵盖面很广的惩戒网络，使涉医违法犯罪者在社会上寸步难行，只有满足 5 年不再发生类似行为等条件后，方能退出联合惩戒。

我国有尊医重卫的优良传统，历史上医患之间也涌现许多互敬互爱的感人故事。后来医闹与伤医等行为成为一部分人表达诉求和发泄情绪的方式，并形成破窗效应，使类似行为越来越普遍，问题才变得严重起来。扭转这一趋势的最好办法，是通过严厉的综合惩戒，让这类行为在短时间内得到全面遏制，让医务人员找回本属于他们的尊严和体面。

一个不尊重医务人员的人，没有资格得到社会的尊重。给医生和其他患者增加痛苦与麻烦的人，社会应该"以牙还牙"地让他们尝到苦头，如此方能尽快修复这个"破窗"，让尊医重卫重新成为人人遵守的行为准则。

（2018 年 10 月 17 日）

休假政策不能成为悬置的福利

斯　远

山西省政府办公厅近日发文提出，对于父母年满 60 周岁的计划生育家庭，父母患病住院期间，用人单位应当支持子女照料陪护，并给予每年不超过 15 天的照料假。

梳理发现，2018 年以来，包括山西在内，河北、江西、浙江、甘肃等多个省份都明确了给予子女"灵活休假"以照料家庭老年人的福利政策，而北京市则于 2016 年提出了员工"孝老假"的政策。

"多回家看看""家是你永远的港湾"。长久以来，这些温情的呼唤，一直撕扯着游子们的心。不管你回还是不回，家就在那里；可只要你回去了，家就是一个完整的世界。然而，在外打拼不易，兼以时代走得太快很难稍稍停歇，很多在外的人始终保持着奔跑的姿势。

而今，随着社会的发展，政策的边界也越来越温润，很多地方都开始出台包括探亲假在内的法定休假政策。父母长辈的深情呼唤从来没有现在这样嘹亮，社会公众也从来没有现在这样渴望多些在父母身边的闲暇时光。

这样充满人情人性色彩的休假政策，也注定会在社会各个层面泛起层层涟漪。透过那水花四溅的灿烂，或许可以看见政府的关心，工作与生活的协调，乃至渐行渐近的个体自由。而这一切，均与时代的进步密不可分。

只是，任何事情不可流于空泛，更不能成为一项悬置的福利。美善则美善矣，可惜在落地上仍存在很大问题。

设定子女陪护老人假，政策出发点当然毫无问题，特别是在独生子女已经成为赡养老人主力的背景下，一定期限的"照料假"，并非仅仅是陪伴那么诗情画意，更有着迫切的现实必要性。但在"带薪休假"尚难以落实的情况下，"照料假"能否落地仍待观察。

据人社部此前的调查，目前各企事业单位中带薪休假落实率约为50%，而落实带薪休假比较好的单位，主要集中在党政机关、事业单位、大型国有企业，像一些民营企业、中小企业、外资企业落实的相对较差。

为什么党政机关、事业单位、国企等落实较好？除了这些地方的领导者法律意识强，也能够充分认识带薪休假对国计民生的重要意义之外，也与这些地方"不计成本"有很大关系。

民营企业、中小企业为什么落实职工休假的热情不高？很简单，这关系到这一政策的成本以及成本由谁来承担的问题。根据现行法律，实施带薪休假制度，用人单位不仅要支付休假职工休假期间正常的福利待遇，还要支付因弥补劳动者休假造成的岗位空缺费用。

不仅如此，职工休假往往无法预期，很可能会呈现无序的"布朗运动"，这也使得用人企业会额外增加很大一块管理成本。严重的话，甚至会打乱企业的正常运行。

此外，在就业压力很大的情况下，员工恐怕也很难冒着失去岗位的风险，贸然主张自己的休假权利。这也是一个很现实的问题。

而这些成本，在政府制定政策的时候，均未有更多涉及。这也

可以解释为什么机关单位等更容易落实休假政策。时至今日，对于政府机关而言，尽管也会有效率方面的要求，但从来不是一项重要指标。早在 1991 年 6 月，有关部门下发的《关于职工休假问题的通知》就规定，各级党政机关、人民团体和企事业单位，在确保完成工作、生产任务，不另增加编制和定员的前提下，可以安排职工的年休假。可见，现在党政机关休假制度执行较好，应该是有着清晰的脉络的。

这也表明，各地各部门在制定相关休假政策时，理应充分考虑到企业的实际，既要肯定休假政策在刺激消费、呵护亲情等方面的意义，也要明确成本分担机制。比如，如何通过切实减轻企业负担，减轻请假的社会成本等配套措施，释放出休假制度的红利，以兼顾民众、企业、社会等几方面的利益？如何实现权利法定而不是只是止于政策规定？

当然，既然涉及多方面、不同主体的利益调处，则不妨适时制定相关法律，对此作出强制性规定，任何主体不得违反，以此厘清各方的权利和义务。这不仅关系到劳动者的生命健康基本福祉，也关系到政府治理的现代化。

休假权是劳动者的基本权利，但这一权利不能高悬在空中，而是应该有具体的细则，体现可操作性。企业不能否定劳动者的休假请求，劳动者也不应放弃该项权利，这才是真正的以人为本。

政府制定政策，应该充分考虑落实的可能，不能习惯性提一个要求，然后就没事了，特别要警惕那种"自己做好人，企业做坏人，员工里外不是人"的政策导向。

（2018 年 10 月 24 日）

扶贫攻关驻村第一书记眼中的基层"无谓"事务

李　靖　刘光远

2018年11月26日，习近平总书记在中共中央政治局第十次集体学习时强调，要把干部从一些无谓的事务中解脱出来，这句话真是说到了基层干部的心坎里。十天前，一纸任前公示让"80后白发书记"李忠凯在网络上火了，也把基层干部承受的压力展现在全国人民面前。"上面千条线，下面一根针"，基层干部的工作压力本来就大，而当上面每根线都要求留痕留迹时，基层干部更是为了这些形式主义的东西苦不堪言，基层"减负"刻不容缓。

以近两年的重点工作扶贫攻关为例，这本来是件利国利民的实事好事，但在具体落实过程中却被形式主义害得走了样：一是样样工作留痕，造成表多本多。网上有一个笑话，说是基层扶贫干部为了完成扶贫工作，要填写上百个表，一户贫困户填的表要用掉一箱打印纸。这虽然有点儿夸张，但也反映了基层的一些实际情况。

笔者作为扶贫攻关驻村第一书记，手头上仅文字记录本就有二十多个，包括村干部值班记录、包村干部工作记录、第一书记代言情况记录、电商工作记录、重大活动记录、文体活动记录、领办代办约办情况记录等。

二是工作标准不停变动，反复推倒重来。从扶贫工作开始到现

在，笔者已经反复填写了五次扶贫手册。其中一次重填的原因，是新标准要求把原有的贫困户属性填写为一般贫困户，而之前的标准是要求填写为一般户，仅仅加了两个字，就要把所有贫困户的整个手册完全重新填一遍。

全村200多户贫困户，村档案里每一户存一本贫困户手册，贫困户自己手里留一本，到现在已经用掉了2000多本贫困户手册。更有甚者，另外一个地方的扶贫干部曾经在5天内把所有扶贫手册重写了三次。这种现象不仅严重消磨了基层干部的耐心，也使得贫困户不胜其扰。

三是工作重形式不重实效，贫困户参与度不高。笔者所在市为创建全国卫生城市，所有机关企事业单位都要参与，有的单位全体出动，到贫困户家里帮忙擦玻璃、扫院子。这对脱贫显然没有实质意义，于是出现了贫困户坐着打麻将、帮扶干部忙着搞卫生的搞笑场面。

四是对基层干部一味强调严格要求，加重干部心理负担。笔者所在镇，从十月一日开始到十一月中旬，没有休过一天。即使周末或者法定假日，只要有上级检查组、督导组、暗访组到来，全体镇干部、村干部、驻村工作队都不能休息。

安徽省全椒县"4分钟不接电话被处分"这一事件可能只是个例，但是这种现象却很普遍。有的督查组甚至会在半夜打电话检查第一书记、驻村工作队是否在岗，这远远超出了对扶贫干部正常的工作要求。基层干部心理时刻紧绷，身心俱疲。

造成以上现象的原因，一方面是对工作的数量和形式进行考察比较方便，而对工作的质量进行考察则比较困难，另一方面是一些干部视野对上不对下，习惯搞层层加码。

习近平总书记在集体学习会上也强调，要把干部干了什么事、干了多少事、干的事组织和群众认不认可作为选拔干部的根本依据，这里"干了什么事""干了多少事"都很容易确定，但是"干的事组织和群众认不认可"就不易评判了。

所以，各级干部就会选择尽可能多干事，然后把自己做的每一件事都说成组织和群众高度认可。比如帮贫困户打扫房子，形式上很好看，贫困户看到房子焕然一新也会很高兴，而且这和扶贫、创建卫生城市两项工作都联系在了一起，就可以说是一项重要的政绩了。

层层加码就更是一个顽疾了。省级政府为了确保自己实现发展目标，往往在制定市级政府考核标准时会超过省级自身的发展目标，市级给县级还会继续加码。比如省政府确定的 GDP 发展目标是增长 7%，给市级的考核标准就是增长 8%，市级给县级定的考核标准就是增长 9%，甚至县级还会给自己加码，自己制定目标要增长 10%，所有量化指标全都如此。

这一现象结合形式主义，就是层层提标准、层层形式创新。比如，国家建立了贫困户信息系统，省级为了创新建立一个新的系统，在涵盖了国家系统所有栏目的基础上增加了新的栏目，来确保掌握的信息更加丰富准确，市级又在省级的基础上继续搭建系统、增加新栏目，于是很多信息就要在三个系统里分别填写一遍，既浪费了财力，也浪费了干部的精力。

要给基层干部减负，不能只是开会部署压缩会议、发文要求减少文件，更要做一些实质性的改变，从根源上消灭形式主义滋生的土壤。一是完善干部评价体系，引导干部目光向下。让"群众认不认可"在干部考核和提拔过程中真正起到标杆作用，用群众的话语

权督促干部少做光鲜亮丽的"面子"、多做服务群众的"里子"。

二是减少过程控制，明晰基层权责，给基层干部更多自主权。对于真正用心服务群众的基层干部，哪怕不填一张表，也能把扶贫工作做得很好。要相信基层干部，在正确的激励下，他们能够自主地、有创造性地完成各项工作目标。

三是强化依法行政。各级政府发展目标应该由本级人民代表大会依法根据本地情况制定，要限制上级政府以绩效考核为名摊派发展任务，搞层层加码。严格限制加班次数和时间，正常工作时间外不应硬性要求干部必须在岗（个别值班人员除外），各类检查、督导、巡视等活动不得在法定假日和节假日进行，改变基层干部频繁"5+2""白＋黑"的局面，保障基层干部的合法权益，保护干部的身心健康。

（2018 年 11 月 28 日）

监管前置，根绝农民工讨薪问题

柯锦雄

每逢年末，不少农民工就被迫踏上讨薪的路。解决农民工讨薪问题，中央政府一直在不懈努力。

"农民工一年四季在外打工十分不易，对农民工欠薪不仅违背市场规则，更违背道德良心。各部门各地方必须把保障农民工工资及时足额发放作为大事要事来抓，决不让广大农民工空手回家过年。"李克强总理在 2019 年 1 月 9 日的国务院常务会议上强调。

当天会议听取保障农民工工资支付情况汇报，部署做好治欠保支工作。总理要求，要强化农民工欠薪治理，各地要优先清偿政府投资项目拖欠导致的欠薪。"政府投资项目拖欠导致的欠薪严重损害政府形象，必须下大决心进行清欠，今年要取得明显成效。对企业拖欠工资的，要责令限期解决，逾期不支付的依法从严处罚。"

临近春节，关于农民工工资的问题再次成为舆论焦点。中国之声《新闻纵横》1 月 14 日报道，吉林省四平市被指挪用 1.9 亿用于建设 203 国道的专项经费，导致施工单位工程款和农民工工资被拖欠一年多一事。随后，四平市作出回应，正与施工方沟通，统计拖欠农民工工资情况，统计完成后将马上足额预拨到项目账户，尽快发放。未来也将举一反三，进一步排查各种导致农民工欠薪的问题。

"农民工"一词，由社会学家张雨林教授 1983 年提出，随后被广泛采用。社会学家陆学艺教授在其主编的《当代中国社会流动》一书中，把"农民工"界定为："拥有农业户口、被人雇用去从事非农活动的农村人口"。

中国现有 2.8 亿农民工。在中国工业化、城镇化的进程中，农民工为中国城市经济发展作出了不可磨灭的贡献。然而，由于种种原因，他们在社会生活中处于弱势地位。

为了全面解决农民工工资拖欠问题，2016 年国务院办公厅印发《关于全面治理拖欠农民工工资问题的意见》（以下简称《意见》），要求到 2020 年，形成制度完备、责任落实、监管有力的治理格局，使拖欠农民工工资问题得到根本遏制，"努力实现基本无拖欠"。

在这个《意见》之前，2011 年颁布实施的《刑法修正案（八）》中，就增设拒不支付劳动报酬罪，针对的就是恶意拖欠农民工工资的现象。在《意见》之后，2017 年 2 月 3 日召开的国务院常务会议，部署建立解决农民工工资拖欠的长效机制。2017 年 9 月，人社部又制定印发《拖欠农民工工资"黑名单"管理暂行办法》。

不可否认，如此多相关政策的出台，以及多部门的强力打击，农民工欠薪现象得到了有效遏制。但当欠薪的主体变成地方政府时，所有这些防止欠薪的制度便像老虎遇上刺猬一般，出现无处下嘴之感。原本应该成为农民工权益的维护者的政府部门，反而成为农民工权益的侵犯者，甚至连国务院督查都未能解决。如果要实现2020 年之前对农民工工资基本无拖欠，就不能对四平市挪用农民工工资的行为轻轻放过。

此次挪用资金的四平市地处东北，而一段时期以来，东北地区经济下行压力高于其他地区。以四平市为例，2017 年一般公共预算全口径财政收入103亿元，而一般公共预算财政支出达303亿元。此次四平市挪用中央转移支付资金也是一个提醒：在地方经济下行压力增大的情况下，如何确保中央转移支付资金专款专用，以防失信于民？

拖欠农民工工资，不光在东北存在，全国其他地方亦有案例。拖欠他们的工资，是全社会不能容忍之痛。为他们的权益而战，也绝对不是年底的应景之动作，而须反复抓、抓到底，这也是政府必尽的责任。

不仅要让农民工过上好年，更要让他们过好每一天。唯有严肃处理，方能管住地方政府挪用中央资金的"小心思"。而加快建立长效机制，监管前置，既是根治农民工欠薪顽疾的有效"药方"，也能真正终结农民工讨薪问题。

（2019 年 1 月 15 日）

扶贫第一书记眼中的《啥是佩奇》

李　靖　刘光远

这几天，5分钟的短片《啥是佩奇》刷爆了朋友圈。尽管有批评声音认为这部作品有"城市精英主义"色彩，但是笔者以为，作品能够引发如此广泛的共鸣，恰恰反映了现实中横亘在家庭、亲情之中的城乡鸿沟。

笔者作为驻村扶贫第一书记，在农村工作已经三年。村里贫困户占了三分之一，大部分都是老弱病残。每年，除了过年前后那十多天，村子里几乎见不到年轻人，都是留守的老人和小孩。

有一些老人已经随着子女迁去外地，留在村里的要么不适应城里的生活，要么是子女尚未在城里立稳脚跟，有的甚至是无儿无女。其中一些年纪比较大的，已经渐渐失去劳动能力。他们，也许就是爷爷"李玉宝"的未来。

在驻村扶贫期间，我见过许多类似的案例。74岁的耿玉清老两口，育有一个儿子和两个女儿。可是，女儿长大成人后都已远嫁外地，唯一指望养老的儿子十多年前遇雷击意外身亡，儿媳也已改嫁，老两口的希望就只剩一个年幼的孙子。

如今，孙子也已经长大，进到城里打工，学会了理发。虽然挣的钱不多，但是很孝顺，时不时回来看看爷爷奶奶。老太太有糖尿病，每天都得吃药。"药费太贵，每年的低保金大部分都用来买药了。"老太太一说就激动，手直哆嗦，"我们老两口还能指望什么，活到哪天算哪天。"老头倒是很乐观，每天两顿饭、一顿二两酒，顿顿不落。

这两年，各级政府在扶贫攻坚方面的投入极大地改变了农村的面貌。家家户户都拆掉了矮土墙，修起了砖墙，免费安装上了铁大门；危房改造基本完成，贫困户都住进了六十平的水泥彩钢房；水泥路修到了家家户户门口；村里的主干路安上了太阳能路灯……这些，都让他们的生活环境渐渐有了现代农村的气息。

但是，村民的生活方式基本没有太大的变化，老一辈人接受不了智能手机、电脑这类高科技的新产品，依然是日出而起、日落而息。没事就是看看电视、打打牌、喝点酒。

那么，如果将来政府帮扶力度下降，需要自力更生了怎么办呢？村民们不知道，也想不了那么远，反正现在国家给钱，拿着花就行了。

笔者以为，要弥合城乡之间的鸿沟，关键要政府引导，转变农村的发展方式，推动"一人一亩三分地"的小农经济向规模化、机械化的现代农业转换。这就需要加快土地承包权的流转，使土地集中在专业化经营的农业企业或农业合作社手中。

同时，应当加强对农民的日常培训。农民不该再是以前面朝黄土背朝天的农民，而是熟练掌握大型农业机械操作方法的农业产业工人，工资能够达到甚至超过城镇平均工资。只有这样，才能吸引一部分年富力强、掌握现代科学技术的青壮年劳动力回归农业。

尽管国家已经多次出台关于促进土地流转的政策，如 2014 年出台的《关于引导农村土地经营权有序流转发展农业适度规模经营的意见》等。但是，目前农村的土地流转多数只是在农户与农户之

间流转，农业企业承包土地所占比例还非常低。

笔者认为，这其中的原因是多方面的：一是农业企业发展较晚，资金实力普遍不强；二是土地承包缺少规范，比如发展规模经营往往要把连续多年的租金一次付清，企业的资金压力非常大，国家补贴的归属问题也是导致土地承包事后纠纷的一个重要来源；三是农村土地承包权非常分散，一户的土地往往分布于几处，农业企业要承包整片土地必须要与多户农户进行谈判，谈判成本很高。

为此，笔者建议国家应该出台细化措施，进一步降低农业企业的融资约束，对购买大型农业机械进行补贴，明确土地流转过程中的一些规范。同时，村集体也应该在代表农户与农业企业集体谈判中发挥更大作用。

围绕土地流转，可以推出一些相关改革措施，推动小城镇化发展和农村生活方式的转变。比如，允许农民以土地承包权转让收入作为持续收入来源进行贷款，用来自建住房、购买城市住宅或者从事生产经营活动；对于失去劳动能力、无儿无女的空巢老人，在自愿的前提下，可以由村集体收回土地承包权和宅基地所有权，并且出资担保，让老人进入专业养老机构安度晚年。

此外，还应该打破有碍城乡之间迁移的限制，比如将城市和农村的医疗保险、养老保险并轨，建立医疗保险、养老保险跨区报销机制，降低老人随子女落户的门槛，等等。有了这些制度保障，才能让老人和家人能够时时团聚，尽享天伦。

（2019 年 1 月 25 日）

治理高价礼金，岂能靠一刀切的规定

马　亮

　　春节过年期间是人们团聚的好日子，也是婚丧嫁娶的密集期。随着人们生活水平的提高，人情礼节的筹码也水涨船高。在一些地区，人情礼节的支出负担较重，已经成为许多人不能承受之重。为此，各地政府部门都会出台一些政策，倡导勤俭节约和移风易俗。最近河南省濮阳市发布的一则《濮阳市治理高价彩礼推动移风易俗实施意见》（以下简称《意见》），则让人大跌眼镜。

　　《意见》明确规定了彩礼、礼金、酒宴等最高限额，指出农村婚嫁彩礼不得高于 6 万元，城区婚嫁彩礼不得高于 5 万元，村社党员干部本人及子女婚嫁彩礼不得高于 3 万元，公职人员本人及子女婚嫁彩礼不得高于 2 万元。与此同时，《意见》规定了在婚丧嫁娶时亲属随礼农村不超过 50 元、城区不超过 100 元；婚宴不超过 15 桌，每桌饭菜费用农村不超过 300 元、城区不超过 600 元；每瓶酒水农村不超过 30 元、城区不超过 60 元；每盒香烟农村不超过 10 元、城区不超过 20 元。

　　为了有效治理高价彩礼和持续推动移风易俗，这份《意见》可谓煞费苦心。与此同时，《意见》提出了全市倡导的婚嫁彩礼"限高"标准，并要求各县区和市直部门根据各自实际情况进一步细化标准，做到要求相对统一、内容量化具体、群众普遍接受。如果该

市下辖区县照此执行，那么我们又会看到更细致和更具体的婚嫁彩礼"限高"标准。

应该说，当地政府为民着想的初衷是好的，关注的问题也是突出的，但是所采取的方式和做法却值得商榷。人际关系讲究有来有往，所以人人都要送礼，人人都要操办，使婚丧嫁娶失去了原本的意义，变得扭曲和异化。与此同时，深陷其中的人们不堪重负，又不能冲破人际关系网络的束缚，成为政府值得关注的关键社会民生问题。

过去几年，特别是党的十八大以来，各地在治理高价彩礼和倡导移风易俗方面进行了大量探索。一些地区的做法取得了明显成效，使人们回归婚丧嫁娶的本意。但是也有不少地区"好心办坏事"，不仅未能有效遏制大操大办的恶习，反而导致愈演愈烈。

一些政府部门不去深入调查研究造成高价礼金和铺张浪费的深层次原因，而是采取"一刀切"或"一禁了之"的简单粗暴做法，致使此类问题得不到长期解决。有的地方执政者认为只要制定一套政策文件，规定各类活动的要求和标准，就可以约束人们的行为。但是，此类政策如果不切实际，往往最终成为一纸空文和一场笑话。

类似濮阳市的这种"限价"做法，往往无从执行。比如，政府部门是否要一一核查每份彩礼是否"达标"了？一些彩礼以汽车、电器、住房等方式提供，是否需要折价计算？各区县和各部门如何进一步设定更细致的标准？如果跨区县婚娶，应该采取谁的标准？随着物价攀升，是否标准也要随行就市地每年更新？

之所以会出现彩礼节节攀高的问题，同婚姻市场的性别不平衡有很大关系。特别是在许多中西部农村地区，由于男孩偏好、计划生育和外出务工等原因，适龄男性的数量远大于女性。在激烈的供需矛盾下，大龄未婚男性的求婚成本急剧攀升，也使女方可以在彩礼上漫天要价。

由此可见，婚姻市场失灵是诱发高价彩礼的主要诱因，而政府干预是否能够解决市场失灵，则取决于政策的适切性和对症性。人为规定彩礼、礼金、酒宴等最高限额，相当于政府给市场设定"指导价"，但却违背了市场规律。不去关注高价彩礼背后的深层次原因，而只是在表面上做文章，这无异于缘木求鱼。

此类政策也暴露了一些政府部门不作为和避责的心态。由于移风易俗是各地政府大力倡导的重点工作，所以很多政府部门为了规避因为工作不力而被问责的风险，刻意炮制这样的无效文件。

此事暴露的现象并非孤案，在其他地区和政策领域也普遍存在。比如，近日舆论热议的呼和浩特主干道两侧禁贴春联一事，就是拍脑袋决策，与春节传统文化相悖，严重伤害了民众感情。还有一些部门为了限制教育类违规 App 的应用，将审批权直接下放到毫无准备和相关能力的学校，要求学校对入校 App 进行审查。诸如此类的政策都是不作为和乱作为的突出表现，它们反映了一些政府部门机械照搬和硬性规定的一贯行事逻辑。

党的十九大报告提出要进一步促进国家治理体系和治理能力现代化，使之能够适应和满足人民对美好生活的需要。婚丧嫁娶这样的问题恰恰是社会治理领域十分突出的问题，也是亟待政府部门有效治理的领域。针对此类乱发文件的突出问题，政府部门应考虑在治理理念和治理能力方面下功夫。

一方面，要设立规范性文件的审查和纠错机制，有效遏制政府部门"乱伸手"，避免粗制滥造和毫无价值的文件频频"出笼"。另

一方面，在强调全面深化改革的顶层设计之际，也应考虑加强全国同类共性问题的集中研究，为各地政府制定和执行政策提供参考依据，使政策制定不至于如此"奇葩"。更为重要的是，要考虑端正政府部门的执政理念，并提高政府部门的治理能力，使之同日趋复杂的社会治理需求相适应。

（2019 年 2 月 5 日）

脱贫攻坚"最后一公里"应蹄疾步稳

谭智心

"久困于穷，冀以小康"。反贫困，是古今中外治国理政的大事。

6 年前的深秋，习近平总书记在湖南花垣县十八洞村首次提出"精准扶贫"要求。

"到 2020 年现行标准下农村贫困人口全部脱贫、贫困县全部摘帽，是我们党立下的军令状。"这是决心，也是承诺。

如今，扶贫开发工作最后冲刺的新起点业已来到。

2019 年 2 月 11 日，中国农历正月初七，国务院总理李克强主持召开国务院常务会议，要求狠抓 2019 年脱贫攻坚任务落实，为打赢脱贫攻坚战奠定坚实基础。

会议指出，2019 年要加大力度推进深度贫困地区攻坚，新增中央财政扶贫资金主要用于这些地区，"十三五"规划实施优先安排贫困地区补短板项目，加强扶贫协作和定点扶贫，坚持现行标准，提高扶贫质量，解决贫困人口"两不愁三保障"存在的问题。攻坚期内摘帽县和脱贫人口继续享受扶贫政策，对返贫和新出现贫困人口及时建档立卡予以帮扶，确保 2019 年再减贫 1000 万人以上。

按照 2017 年年底贫困人口数量推算，目前我国还剩余贫困人口 1660 万人，预计农村贫困发生率将降到 2% 以下，扶贫攻坚进

入"最后一公里"阶段。

"最后一公里"上的扶贫任务越来越艰巨，"三区三州"深度贫困地区整体脱贫压力依然较大，"两不愁三保障"面临的制度问题仍需继续深化改革。减数量和保质量的双重要求虽不矛盾，但要同时实现难免出现"数字脱贫""盆景典型""返贫陷阱"等突出问题。这就需要当前的扶贫工作从重点攻克、提升质量、加强保障三个方面同时推进，蹄疾步稳，久久为功。

深度贫困地区攻坚，是打赢脱贫攻坚战的难点重点。目前剩下的贫困人口大多是贫困程度深、脱贫难度大的"硬骨头"，脱贫攻坚战最为困难的战役已经到来。要实现这部分人口的成功脱贫，必须强化政府在脱贫攻坚中的主体责任。在能够引入市场的领域，须切实理顺政府和市场的关系。

应该看到，越是贫困地区，市场主体越脆弱。既要通过"看得见的手"来纠正和扭转先天资源配置不足和市场失灵现象，又要避免政府担心市场主体套取扶贫款、市场主体害怕政策变来变去的"麻杆子打狼——两头害怕"的难题。最后，要坚持精确瞄准、因地制宜、分类施策的基本原则，充分调动贫困地区干部群众积极性、主动性、创造性，必要时政府公共政策实行兜底。

提高扶贫质量，是打赢脱贫攻坚战的基本要求。"十三五"期间脱贫攻坚的质量目标是到 2020 年稳定实现农村贫困人口不愁吃、不愁穿，农村贫困人口义务教育、基本医疗、住房安全有保障。吃和穿的问题可通过产业帮扶、教育培训、政策兜底等加以解决，这是保障人的基本生存权；而义务教育、基本医疗、住房安全等涉及人的发展权利，属于制度层面的问题，需通过体制机制改革来解决，这涉及经济、政治、社会、文化等层面，不可能一蹴而就。

构建脱贫长效机制，是打赢脱贫攻坚战的重要保障。当前，一些通过政府帮扶实现了转移就业、出棚进楼，告别城中村、告别蜗居之后的贫困人口，因病致贫、因残致贫、因不可抗力致贫的现象客观存在；一些收入水平刚刚脱离贫困线的贫困家庭生活依然艰难。

贫困是世界性难题，反贫困是人类共同面临的历史任务。例如，16 世纪波旁王朝时期，国王亨利四世就提出"让每户农民周末餐桌上都能有一只炖鸡"的政策。在长期的反贫困实践中，世界各国积累了不少经验，具有一定的参考和借鉴价值。

1979 年，为让当地农民摆脱贫困，平松守彦在日本大分县发起"一村一品"运动。该运动以"立足本地、放眼世界，独立自主、锐意创新，培养人才、面向未来"为理念，引导农村居民发现自我，找到本地闪光点，开发具有本地特色的产品，打入国内外市场。这些年来，"一村一品"运动风靡亚洲、非洲、美洲。1983 年 8 月，平松守彦到访上海并演讲，随后数十次访华推介"一村一品"。

在中国政府支持和平松守彦的努力下，"一村一品"既珍视人品，又注重村品，重新唤醒了中国一些地区乡村的潜力和魅力，并为这些地区找到了开启致富之门的"金钥匙"。

此外，通过制定有关法律法规和进行体制机制建设，成为不少国家反贫困的重要经验。早在 1601 年，英国颁布《济贫法》，开反贫困制度化的先河。二战后英国又先后通过《国民保险法》和《国民救助法》，取代 1834 年《新济贫法》，逐步形成涵盖国民工伤保险、国民救济、家庭补助、社会保健、国民保险的社会保险和社会福利制度。

只有从制度层面加强设计、从法律层面加以保障，通过良好的

公共政策设计和体制机制保障构建脱贫长效机制，帮助这些刚刚脱贫但处于返贫边缘上的人口彻底摆脱贫困，这才是检验脱贫攻坚战成功与否的试金石。

（2019 年 2 月 12 日）

买房族将不再为公摊面积"黑洞"苦恼

缪一知

住房和城乡建设部 2019 年 2 月 18 日公布的《住宅项目规范(征求意见稿)》指出,"住宅建筑应以套内使用面积进行交易"。这意味着广大买房族将不再为建筑面积、公摊面积等原算法中的"黑洞"感到苦恼。

目前,中国住宅建筑主要以建筑面积进行交易和计算价格。根据 2000 年《房产测量规范》国家标准:房屋套内建筑面积由房屋套内使用面积、套内墙体面积、套内阳台建筑面积三部分组成。而目前我们买房时的建筑面积,除了房屋套内建筑面积之外,又包括了其他公摊面积。

"公摊面积"大致包括两大部分:一是楼内部分:电梯井、管道井、楼梯间、垃圾道、变电室、设备间、公共门厅、过道、地下室、值班警卫室等,以及为整幢服务的公共用房和管理用房的建筑面积等;二是楼外部分,包括楼宇(套)与公共空间的分隔,以及外墙(包括山墙)墙体水平投影面积的 50%。这些面积的费用会被摊入各住户的房产价格。有的小区还违规把楼外独立的地下室、车棚、车库、警卫室,甚至人防工程的地下室都计入公摊面积。

实践中,购房者自以为高价买了 100 平方米,但真实的室内面积却在 70 平方米,这类现象时有发生。不少纠纷也由此产生。而

且，这不只是"算斤，还是算千克"的计算尺度不同的问题。由于"公摊面积"的模糊性，同一层楼的套房，也可能会出现建筑面积相同而套内使用面积不同的情况，这就带来了不公平。比如甲乙的建筑面积相同，但甲的公摊面积大、室内面积大，乙的公摊面积小、室内面积大，一般人大概会觉得乙更划算。

更糟糕的是，所谓"公摊面积"的计算方式并无统一的法律标准，现行国家标准中甚至没有"公摊建筑面积"和"公摊系数"这两个术语。而由于涉及各种边角空间的特殊情形，住户自己要加以测量也很困难，只能听房产商说了算。"公摊面积"也成为房地产开发商实施种种猫腻行为、进行利益输送的利器：个别商品房公摊面积比例甚至超过50%。

在房价高企的今天，关于公摊面积不透明的做法增加了买房者的不满。在之后涉及以房产面积计量物业费、取暖费、装修费乃至房产税时，相关的争议与民怨又会"一路相随"。未来如果推行小区的半开放化，那承担了套外面积费用的住户的情绪还会继续上升。

媒体调研显示：发达国家通行的房屋交易计价基准多为"所见即所得"的套内面积。中国香港也已经在2013年取消了公摊面积。重庆则在这方面，开风气之先，2002年通过的《重庆市城镇房地产交易管理条例》要求：商品房现售和预售，以套内建筑面积作为计价依据，商品房买卖合同及商品房权证应当载明共用部位及设施，17年来相关制度运行良好。其他地方顺应潮流，取消特色，势在必行。

诚然，室外面积本身代表了必要的小区公共设施，并非越小越好。室外部分也终究还是要业主来"公摊"。但这应该是明摊而非暗摊，即由房产商通过"一房一价"等方式，通过改变套内面积来"明码标价"。购房者可根据套内面积、套外设施、价格等综合考虑，而不是懵懵懂懂地接受房产商自报的公摊面积"任务"。

现在的算法下，给你多算公摊面积，未必你就能真得多享受公共设施。所以，重要的不是每个人名义上分到的公摊面积有多少，而是从特定的购房者角度看（如楼层、区位），是否觉得整体公共设施"对得起这个价格"。

所以，买房改变面积计算标准，是一个积极的信号，这不只是一个计算技术事项，更在于增强国家标准和民众实际获得感的一致性。此举既能更有效地评估民众的实际福利水平，减少民众可能的不满情绪，也能减少信息不对称、提高行政治理的公平性。建筑面积号称是房地产市场"最不透明的一项指标"，随着这一块坚冰的融化，民众也期待房地产业和其他领域的国家标准变得更为透明和接地气。

（2019 年 2 月 23 日）

减税降费"红包雨"，或有超预期的效果

陈　升

2019 年政府工作报告提到，要实施更大规模的减税，做到普惠性减税与结构性减税并举，重点降低制造业和小微企业税收负担。具体而言，要深化增值税改革，2019 年将制造业等行业现行 16% 的税率降至 13%，将交通运输业、建筑业等行业现行 10% 的税率降至 9%；保持 6% 一档的税率不变，但通过采取对生产、生活性服务业增加税收抵扣等配套措施，确保所有行业税负只减不增。

在李克强总理对减税降费进行大约 1000 字的汇报时，会场上平均 100 字有一次掌声，可见减税降费是本次报告中最受人关注、也是最令人期待的新政之一。

关于减税降费，我国各朝各代都有实施。《管子》提及"取民有度"，把制定适当的税收标准作为治国安邦的根本政策。《史记》记载司马迁"善因论"的经济思想，他认为对于百姓的经济活动，政府的政策"善者因之，其次利道（导）之，其次教诲之，其次整齐之，最下者与之争"，与民争利是最不好的政策。在古人看来，制定优惠的税收政策，改善投资环境，吸引社会力量投资兴办实业，以扩大税基，可增加税源，增强政府财力，加快经济发展。

而在当下，在我国近年来已大规模进行减税降费的基础上，今

年又提出减税降费新政，可谓大发减税降费"红包雨"。现实意义主要体现在以下几个方面：

对企业来讲，合理降低其税费负担、有效降低融资成本，有助于切实降低实体经济企业成本，优化企业发展环境，从而助推企业转型升级。同时，大力清理和规范涉企收费，更加有助于营造良好的实体经济发展环境。

一方面，降低企业成本，有助于激活企业活力。企业是最重要的市场主体，也是经济的基石。企业活了，就业才稳定，居民的收入才能增加，税基也才能扩大。而成本过高一直是制约中国企业微观主体活力的重要原因。此轮减税降费着力于挤出无效、低效投资，促进有效投资增长，提升竞争力，推动产业转型升级，以实现劳动生产率的持续快速增长。

2016—2018 年，通过"营改增"、降低增值税税率、提高个税免征额、增加个税应纳税额抵扣项以及一系列针对小微企业、"双创"企业的税收优惠政策，结合"放管服"的简化行政程序、减少行政收费等普遍性降费措施，分别实现了 6196 亿元、1 万亿元以及 1.3 万亿元的减税规模。2019 年，全年计划减轻企业税收和社保缴费负担近 2 万亿元（超过前三年总量的三分之二），这无疑将极大地稳定并提振市场信心，提升市场活力，促进有效投资的快速增长。

另一方面，有助于企业借机增大研发投入，实现传统企业的转型升级。企业创新常常为巨额研发投入所制约。此次减税降费，确保所有行业税负只减不增。企业所交税费的下降，为企业节约了可观的生产成本。这对于条件较好的企业而言，正是借此"红包雨"增加研发投入的良机。此轮减税降费有可能成为中国企业未来集体

转型升级的起点。

对政府来讲，从长远来看，有助于形成"税费降低—企业发展—税基扩大—财政增收—经济增长"的良性循环。

根据拉弗曲线，当税率在一定的限度以下时，提高税率能增加政府税收收入，但超过这一限度时，再提高税率反而导致政府税收收入减少。因为较高的税率将抑制经济的增长，使税基减小，税收收入下降。因此，从长远来看，适当时机下的减税降费政策，无疑是利大于弊的，有助于未来税收总量的扩大。

与此同时，近期来看，减税降费也给中国政府财政带来压力。全年减轻企业税收和社保缴费负担近 2 万亿元，占 2018 年全年一般公共预算收入的 10% 左右。这将会给各级财政带来很大压力。

因此，为让市场主体特别是小微企业有明显减税降费感受，兑现对企业和社会的承诺，中央财政和各级政府要落实《关于全面实施预算绩效管理的意见》，构建全方位预算绩效管理格局、建立全过程预算绩效管理链条、完善全覆盖预算绩效管理体系，强化财政预算的硬约束，提高预算管理水平和政策实施效果，确保中央财政预算每年只降不增。各级政府也要主动挖潜，优化支出结构，多渠道盘活各类资金和资产，为减税降费和经济发展提供有力保障。

总体而言，在当下经济和社会转型时期，国家税收政策主动与时代的要求相适应，减税降费为市场主体减压、松绑，有利于激发中国经济活力、促进企业转型升级。短期内虽然中国财政压力不小，但从另外一个角度看，这也倒逼政府继续简政放权，完成更深层次的机构改革和职能转变。

（2019 年 3 月 5 日）

从管理到服务，方能真正为基层减负

李　靖

中共中央办公厅近日发出《关于解决形式主义突出问题为基层减负的通知》，明确提出将 2019 年作为"基层减负年"。

看到消息，笔者向几个基层干部询问了一下近况。他们纷纷表示，现在基层负担重的问题仍然很突出，其中一人开玩笑说："你写的评论文章也没发挥作用啊，现在材料还是堆成山。"

迎检工作最让基层干部头疼。一个基层干部告诉笔者他所在的乡镇发生的真实故事。该乡镇迎接市级扫黑除恶督导检查时，督导组简单听取工作汇报后，亮出了督导检查的考核标准：两张 A3 纸材料清单，正反面密密麻麻罗列了近百项内容——党委会记录、部署讲话稿、村级"三会一课"记录、工作方案、会议照片、工作台账、周报表、入户走访照片、宣传条幅、举报箱照片，可谓样样俱全。检查时也事无巨细，错别字词、病句、日期错误统统被列为需整改的内容。

近三个小时的督导检查时间，用于核对材料的就达到两个半小时。督导组给的整体评价就是工作细致，材料齐全，提出的整改措施还是继续补充完善材料。

而检查标准的不确定性，更是令基层干部感到疑惑迷茫。各项工作在年初都没有制定工作细则和完成标准，直到检查通知发出时

才附带了检查标准。很多检查的内容都是基层干部没有想到的，只能贪黑起早补材料，甚至为了验收得到好成绩，将本来真正工作的痕迹剔除，造假弄出符合上级验收标准的材料。比如脱贫工作年底检查前，突然要求乡镇领导要有遍访贫困户的影像资料，为了迎检，乡镇领导只能带着夏天的衣服去贫困户家里补照！

被检查的干部苦不堪言，来检查的干部也是身心俱疲。按一个乡镇检查时间三小时算，再加上交通时间，一天能检查三个乡镇就很不容易了。检查往往时间要求紧，督察干部也只能起早贪黑才能完成任务。为了解决这个问题，一些地区在组织督察检查工作时，都是组织多个督导组同时开展工作，因为人手不足，很多督导干部都是临时抽调的，业务不通，临时培训一下就派出检查，标准掌握的不精准不统一，只能边检查边学习，基层干部怨言也很大。

难怪中办有关负责人在回答记者问题时，说道："现在到了必须打一场力戒形式主义攻坚战的时候了！"

反对形式主义、官僚作风本来就是反"四风"的重要内容。2018年10月，中办印发《关于统筹规范督查检查考核工作的通知》。2018年年底，习近平总书记在一份材料上作出重要批示，强调2019年要解决一些困扰基层的形式主义问题，切实为基层减负。李克强总理在作2019年政府工作报告时说，各级政府要坚决反对和整治一切形式主义、官僚主义，让干部从文山会海、迎评迎检、材料报表中解脱出来。

笔者认为，问题的根源在于各级政府间责任不清、关系不均衡。上级政府作为管理者，可以任意向下级政府分派任务、制定完成标准，而下级政府基本没有话语权，哪怕在工作过程中发现问题，也只能迎合上级的要求完成任务，形式主义、官僚主义的防治就只能依赖各级领导干部个人的政治觉悟和领导作风。

例如，某市领导在危房改造工作中，要求辖区内消灭土房，而基层干部工作中发现，有的农户虽然住土房，但是家庭经济条件并不差，只是由于居住习惯等原因没有对房屋进行改建。按上级领导消灭土房的指示，这些农户都必须纳入贫困户，由扶贫基金出资改建砖瓦房，引发了其他群众不满，增加了本不应该发生的矛盾。

要彻底消灭这一顽疾，就要从制度上、法律上明确各级政府的责任，理顺上下级政府间的关系，彻底消灭形式主义、官僚主义滋生的土壤，真正做到"永不加负"。

这就需要坚持依法行政，各级政府应自觉接受同级人大工作监督、法律监督和政协民主监督，重大决策出台前向人大报告、在政协民主协商。持续深化"放管服"改革，各级政府从"管理者"向"服务者"转变。对基层的正确指导也是一种服务。为加强对基层的指导，各级政府应加强调研，及时总结推广先进经验，而不是层层派任务、层层抓落实，搞"月汇报、季总结、年考核"。

（2019 年 3 月 13 日）

"五一小长假归来"体现对民意的尊重

任 君

春风十里，花开遍地。如你所愿，五一小长假又归来了。

2019 年 3 月 22 日上午，国务院办公厅发布《关于调整 2019 年劳动节假期安排的通知》，通知明确，2019 年 5 月 1 日至 4 日放假调休，共 4 天。4 月 28 日（星期日）、5 月 5 日（星期日）上班。

消息一出，不管是互联网上，还是现实世界，都是一片欢乐的情绪，春暖花开时节，一个小长假究竟有多重要？"其喜洋洋者矣"！

实际上，从 2008 年取消五一长假到现在，民众已经翘首期盼十多年了。这些年来，也时不时会有人发出声音，希望恢复五一长假，让大家能够看看花海、嗅嗅青草的气息，或者什么也不做，只是在这个一年之中难得的暮春初夏时分，随性歇歇。

就在刚刚闭幕的全国两会上，五一休假的话题也频频上热搜。多名代表委员提出恢复五一小长假，认为这将有利于促进消费，拉动内需。

2019 年 3 月 15 日上午，总理记者会上，更有媒体记者直接提问，"总理，今年'五一'还会放小长假吗？"对此，李克强答道："我们会让有关部门抓紧研究，充分听取大家的意见。"

这样，两会闭幕仅仅一周时间，五一小长假就归来了。这样的

"惜春"速度，令人赞叹，也再一次以个案实例验证了本届政府一直秉持的"民之所望，施政所向"执政思路。

一者，此举是对民众休闲诉求的回应。近年来，随着中国经济社会的发展，一向习惯于加班加点、"两点一线"的国人，越来越意识到休闲旅游的重要性。这一点，从每到假期各地旅游景点爆棚、高速公路拥堵、铁路车票紧张等情形中，可见一斑。我们似乎从来没有如此强烈地希望去看看外边的世界。以春节而言，这个往往被视为阖家团聚的日子，如今已成国人出游的重要节点，"异地过年"已成常态。

与强烈的休闲意愿相比，假期显然越来越不够用了。特别是每年四五月份，缺乏一个假期，实在是一个遗憾。此番国务院通知明确调整五一休假时间，就释放出一个积极的信号，是对民众诉求的主动回应。

再者，即便从拉动内需、释放经济内生动力的层面看，此举也恰逢其时。

国际经济持续下行，中国经济也面临着多重不利因素叠加的风险，这个时候，坚定不移地推动国民休闲计划，大力发展旅游产业，不失为一项积极的举措。以往黄金周的账单已经证明了这一点，而随着国人财富实力的增长，今后的账单自然会更光鲜。

特别是，这些年国内交通设施的提升，特别是高速铁路网的建成、民用航空线路的延伸，以及家用轿车的普及，均极大改善和增加了交通运力。此外，旅游城市、旅游景点等基础设施也获得了长足发展，凡此种种，均为旅游提速提供了坚实基础。

不管是有钱、没时间，还是有时间、没钱，事情总得一个一个解决。

我们还看到，此次调整五一休假时间，也体现了政府决策的合理性与弹性。2018 年年末刚刚公布了 2019 年节假日安排，现在就果断调整了五一的假期安排，这非但不是行政任性，恰恰体现了民主决策的思想。

假期调整是否合理，要看决策是否科学，而科学性则来源于是否做到了从实际出发，尊重客观规律，确保决策符合经济社会发展的客观实际和需要。在五一设置一个小长假，符合各方面利益，也是经济社会发展的必然选项，这样的决策当然是科学的。

而决策的弹性则体现在政府能够顺应民意，适时调整之前的既有安排。不管如何变化，不变的是民意导向。

说到底，一个假期的调整，展现的是政府全方位的应急响应。开门让民众参与决策，倾听民意，汇聚民智，并权衡利弊，兼顾各方，以保证合理的意见和诉求在决策中充分体现，这没什么不好。唯其如此，才能真正保证决策符合最大多数人的利益。

（2019 年 3 月 22 日）

明确权益配套服务才能推进
农村集体产权改革

高 强

近日，有媒体记者在河南、福建、黑龙江等省多个农村集体产权制度改革区采访了解到，多地农村集体产权制度改革试点工作稳步推进，但金融服务不配套、集体经济发展不畅等问题严重制约改革成效。

集体产权改革涉及面广、历史跨度长，各地情况复杂，加之缺少完善的法律政策规范，导致不少地区在改革推进中遭遇困境。特别是农村集体成员身份认定、土地确权中搁置的权属争议成为当前农村集体产权改革矛盾焦点。

2017年年底召开的中央农村工作会议提出，走中国特色社会主义乡村振兴道路，必须巩固和完善农村基本经营制度，走共同富裕之路。要坚持农村土地集体所有，坚持家庭经营基础性地位，坚持稳定土地承包关系，壮大集体经济，建立符合市场经济要求的集体经济运行机制，确保集体资产保值增值，确保农民受益。深化农村集体产权制度改革是推进经营体制机制创新、强化乡村振兴制度性供给的重要基础。

早在2016年12月26日，中共中央、国务院就印发了《关于稳步推进农村集体产权制度改革的意见》。根据文件，到2019年全国范围内集体资产清产核资任务要基本完成，2021年股份合作

制改革要基本完成，这标志着集体产权制度改革已经开始进入攻坚阶段。

目前北京、上海、广东、江苏和浙江等地区，村一级集体经营性资产的清产核资、折股量化改革基本都已完成，改革正向探索活权赋能、完善股权管理以及健全监管体系等方面拓展。但从全国来看，农村集体产权制度改革仍是当前农村改革的重头戏，清产核资更是其中的重中之重。

2018年，农村土地承包经营权确权登记颁证工作将迎来"收官之年"，农村集体产权制度改革将实现无缝接续。改革的物化对象包括资源性资产、经营性资产和公益性资产三类。

对于资源性资产而言，主要是做好土地承包经营权确权登记颁证工作，尤其是未承包到户的集体土地和因权属纠纷而暂时搁置的未确权承包地，都要在此次产权制度改革中一并解决；对于经营性资产，主要是推进经营性资产确权到户和股份合作制改革，这项任务要求以农民自愿为前提，用5年左右时间完成；对于公益性资产改革，主要是探索建立集体统一经营的运行管护机制，提高公共服务水平。

农村集体产权制度改革是一项重大的产权制度创新，需要法律保障、政策支持、金融创新、政府指导等多方面的配套措施。对农村集体经济组织的名称、概念、成员范围、组织形式、组织机构、经营机制、财务管理、责任财产范围和责任形式、权利、义务等内容，以法律条文的形式作出明确规定。

现阶段，集体资产股权设置应以个人股为主，是否设置集体股，要尊重农民群众的选择，由集体经济组织通过公开程序自主决定。但当一些农村完成"村转居"，集体经济组织的社会性负担逐步剥离后，应当逐步取消集体股以达到产权的彻底清晰，不设集体股并不是"分光吃尽"。

农村金融部门也要主动改革、贴位创新、靠前服务，加快金融产品和服务创新，不断增强农村金融供给能力。从政府角度看，一方面，要加快修改《物权法》《担保法》等相关法律法规，为农村土地承包经营权、集体资产股权抵押贷款扫清法律障碍；另一方面，要在加大对农村金融机构财政支持的同时，积极引入竞争性的金融机构，构建激励约束相容的农村金融生态环境。从金融机构自身看，一方面，应探索建立差异化的涉农信贷管理体系，创新大额订单、大棚设施、应收账款等与土地经营权、集体资产股权捆绑抵押贷款业务，探索核心企业担保，同业互保等信贷新模式；另一方面，应积极整合各类信息服务交流平台，促进互联互通、信息共享，着力探索建立风险防范机制。

此外，对新设立的农村集体经济组织，政府应当在一定的期限内给予一定的支持和优惠政策。应将财政项目资金向改制后的股份合作社倾斜，将财政补助形成的资产折股量化到成员，并以税收反补的形式推动农村公共服务供给和农村社会事业发展。

（2018 年 1 月 11 日）

从假药假疫苗到假 GDP，
弄虚作假为何数见不鲜

刘远举

最近，有媒体曝出，中国中铁旗下的中铁建工集团有限公司私刻国家机关印章，伪造、变造公文和证件，提供虚假资料和发布虚假诚信承诺，骗取南京一重大项目投标资格，"带病"中标 7 亿多元的建设项目。

这是一个令人诧异的新闻。中铁建工，是世界 500 强企业——中国中铁股份有限公司的全资子公司。在铁路建设领域、公共建筑领域，都承建了许多大型的、知名的工程。一家有众多资质、获得众多荣誉的特大型国有建筑施工企业，在建设项目招标中出现如此严重、如此低级的造假行为，真可谓匪夷所思。

更令人吃惊的是，在造假过程中，居然搞错了公章。一份落款时间为 2016 年 7 月 12 日的证明，公章为"深圳市南山区建设局"，但早在 2011 年 5 月，"深圳市南山区建设局"就已更名为"深圳市南山区住房和建设局"，从当月 18 日，就开始启用新公章。或许，伪造的行为是惯例、常态，这种行为才会变得漫不经心，才会出错。

这种惯例不仅仅发生在中铁建工。2017 年 7 月，中国铁路总公司发布了一份通报。通报称，通车不到一年的沪昆高铁贵州段，"连续发生多起危及行车安全，干扰运输秩序，影响运输效率和效益的质量问题"，"个别隧道存在偷工减料与施工质量问题"。

这种弄虚作假的行为也不仅仅存在于建设领域。2018 年伊始，多个地方政府忙着对本地的 GDP"挤水分"，有的是公开挤，有的是秘密挤。例如，内蒙古自治区宣布，核减 2016 年工业增加值 2900 亿元，核减幅度占原工业增加值的 40%，占全区 GDP 比重约为 16%。天津市滨海新区宣布，2016 年地区生产总值从 10002 亿元核减为 6654 亿元，核减幅度约为 33%。而一年多前，辽宁省政府公开承认 2011—2014 年 GDP 有水分，其中 2016 年 GDP 虚高约为 23%。

这种弄虚作假的行为，都会有严重后果。中铁建工，承担的都是一些大型项目。大到国计民生、人民群众的生命财产安全，小至财产损失，都与工程质量息息相关。如果不能保证投标文件的真实与严谨，又如何保证工程的质量？除此之外，铁路的偷工减料的血的教训离我们并不遥远。至于 GDP 作假，则更是影响国家经济政策的合理与效率。

中央三令五申禁止，为何各地依然存在弄虚作假、"注水"的冲动？

这种弄虚作假行为的广泛存在，某种程度上，是因为惩处力度太小。伪造单位公章，涉及《刑法》规定的"伪造、变造、买卖国家机关公文、证件、印章罪"，会被处三年以下有期徒刑、拘役、管制或者剥夺政治权利；情节严重的，处三年以上十年以下有期徒刑。

在沪昆铁路偷工减料的丑闻中，通报的处理意见仅仅是，涉事单位资质降级、停止设计资格、停止投标资格、承担经济损失、信用扣分、单位内部处理责任人。高铁是中国的名片，承载着中国

人的安全，但即便如此重要的工程中的偷工减料，最终也是内部处理。

所以，只有以法律为标准，严厉对待此类弄虚作假的行为，才能更大程度地杜绝此类行为，保障国家政策的高效、人民群众的生命财产安全。

（2018 年 1 月 24 日）

流感下的北京中年，焦虑何以如此残忍

于　平

一篇题为《流感下的北京中年》网文刷屏朋友圈，在这篇两万多字的文章里，作者用朴实的文笔详细记录岳父从流感到肺炎、从门诊到 ICU，最终不幸去世的经历，读来令人扼腕。

一篇文章为何能引起广泛的共鸣？首先，这是由于人们对 2017 年冬季爆发的流感疫情依然心有余悸，在那段流感肆虐的日子里，许多人和身边亲友都不幸中招，被一次看似不起眼的感冒所击垮，有的人甚至与死神擦肩而过。短短 29 天，阴阳相隔，看着作者岳父的惨痛经历，联系起过往的种种不堪，不得不让人感慨，生命之脆弱，人生之无常。

当然，这篇网文触动人心之处，不止于此。网文中记录的许多细节，每个人都有可能遭遇，于是大家会有一种带入感，当自己面临这种状况时，能不能比文章的作者做得更好，能有比他更强的抵御风险能力吗？例如，文章开篇，就点出这幕悲剧的源起，作者岳父坚持不穿上衣开窗通风，吹冷风吹了半个小时。此后岳父患上了感冒，但未做任何隔离和防护，依旧像往常一样带孩子。甚至"岳父东北 man 式喷嚏，瀑布式流鼻涕都是逗孩子的新手段，完全不能制止他们亲密无间"。

每个人在小时候都被教育要尊重长辈，但长大后，许多人都发

283

现，自己曾经尊重的长辈，实际上有时"无知"得可怕，他们固守着自己的生活经验，哪怕你说到口干舌燥，也不轻易改变自己的思维和习惯，反而要以长辈的身份教育你，誓死捍卫自己的话语权。

正如近日发布的《朋友圈年度亲情白皮书》显示，52%年轻人的朋友圈屏蔽了父母。年轻人将父母设为朋友圈的圈外人，不但是因为"我的生活，父母不懂"，另一方面的原因是，父母很难理解、接受我们对他们的善意体贴，子女和父母之间存在着知识、文化的严重隔阂，导致沟通的困难重重。这一痛苦的事实，困扰着作者，也困扰着我们每一个人。

作者在文章中，还提到一个无权无势的普通人，遭遇的种种就医困难。因为大医院就医烦琐，以及异地医保报销比例低，作者岳父感冒后首先去了某民营医院看病。等到后来病情恶化去朝阳医院，却发现朝阳医院基本一床难求。后来好不容易托人找到一家大医院收治，进去后才知道这家医院的呼吸科并不强，医生又建议转回朝阳医院。医生开出了处方要买"达菲"，却只能去别的医院买。患者需要用血，却接到大夫通知，需要作者自己去组织亲友们献血。

作者及其家人面对医院时的惶然无助，无不揭露出医疗体制之弊，从医疗保障的不完善，到优质医疗资源的匮乏和分配不公，到医疗药品应急的落后，到患者和医院的信息不对称，到医院人性化管理的缺失，等等。面对这样的医疗体制之弊，每个人都是弱者，条件好一点的还能托人"找找关系"，其他普通人只能听天由命。

就医的困难固然令人生畏惧，可相比于昂贵的，让人窒息的医疗账单，这样的困难其实根本不算什么。网文作者也算是一个中产了，家里有房有车，平时去国外旅游，有几十万的流动资产。但面对昂贵的看病开销，这点殷实的家底只能撑 30—40 天。作者提到，插管后 ICU 的费用直线上升，如果还不行，就要上人工肺了。人工肺开机费 6 万，随后每天 2 万起。面对这样的窘境，作者和家人想到卖老家房子，但卖了房也只能撑十几天，要想在 ICU 待很长很长时间，只能卖北京的房子。

这就是所谓城市中产的真实现状，尤其像网文作者一样的中年人，他们上有老下有小，却常常生活在焦虑中。流感袭来住一个 ICU，家庭财富瞬间被掏空，这样残酷的事实再次提醒他们，他们在城市里辛辛苦苦攒下的财富，可能无法抵挡一场自己或亲人的疾病。原来，幸福的基础如此脆弱，一不小心就会走到灾难的边缘，这令每个人心中充满了深深的无力感。

小小的流感猛然间如此可怕，让一个殷实的中产之家经历了从生到死的折腾，这一切竟然还是在医疗资源最好的北京。整个事件，每个关键词都击中了时代的痛点，触发了公众的普遍焦虑，大家纷纷转发朋友圈也就不难理解了。

当然，我们不能止步于共情和惋惜，这篇网文所揭露出的异地医保、医学伦理、太平间潜规则等种种弊病，值得有关部门进一步深入研究和破解。纾解中年、中产阶级们的焦虑，有赖于执政者们不忘初心，能真正打破利益的藩篱，更加完善每项公共政策，从而让每个民众感受到制度的关怀。

（2018 年 2 月 12 日）

呼唤公平公正，但拒绝"以悲剧替代悲剧"

斯　远

一则关于"大年三十为母报仇杀害仇家三人"的消息迅速引发热议。陕西省汉中市南郑区公安局的微博显示，2018年2月15日12时许，南郑区新集镇王坪村14组发生一起杀人案，致2人当场死亡、1人重伤抢救无效死亡。犯罪嫌疑人张扣扣已于2月17日7时45分投案自首。

除夕本该阖家团圆，尽享天伦，却发生了如此残忍的杀人案，令人震惊。

尽管张扣扣的行为在网上被视为"为母复仇"，且因"伤不及妻孥"而被誉为有古侠义之风，然而杀人就是杀人，没有任何例外。在一个法治彰明的时代，公然提刀连杀父子三人，无论如何都是应该受到谴责的暴行。

这也应该成为一种底线思维，不得逾越，否则，我们为之奋斗了多年的法治就会沦为破窗，凡有力者胜，则这个社会只能走回丛林。

然而，谴责张扣扣杀人行为，并不意味着不去探究杀人背后深刻的社会动因，也不意味着可以无视一个13岁少年在母亲被人打死时积淀下来的愤怒。

据网上流传的一份陕西省南郑县人民法院《刑事附带民事判

决书》（1996）南刑初字第 142 号披露，1996 年 8 月 27 日晚 7 时，张扣扣母亲汪秀萍与邻居王家发生口角，被告人王正军（时年 17 岁）用木棒打伤汪氏头部，后经抢救无效死亡。王正军犯故意伤害（致人死亡）罪，判处有期徒刑七年；王正军的监护人王自新一次性偿付附带民事诉讼原告人张福如经济损失九千六百三十九元三角。

身为独子的张扣扣当时只有 13 岁，其后的生活轨迹，也与一般底层社会的农家之子并无二致，长大、入伍、转业、务工……直至最后杀人后戛然而止。尽管有人说，张扣扣其实可以走出仇恨，有自己新的生活，但无可置疑的是，这个据说亲眼目睹母亲被打死的少年，他的人生，应该还是被深刻地改变并影响了。

这种改变与影响以及由此聚积的能量，不可能自行消失，总是要释放的。或加诸自身，成为多年来折磨自己的梦魇；或突然在某个时间节点得以爆发，演变为血腥的仇杀。从现在的情形看，张扣扣在隐忍 22 年之后突然杀人，应该是同时具有了两种特征。

也因此，若想平复仇恨、消除负能量，一则是以对等的公平正义缓解当事人的焦虑与不安，比如公正的法律判决；再则是在当事人漫长的成长过程中的帮助与救济、教育与引导，使之能够随着时间的推移，逐渐化解仇恨，并开始自己的新生活。

从目前的情形看，7 年有期徒刑与 9000 多元的民事赔偿，公平与否尚难以判断，但似乎并未让张扣扣感受到公平。当然，指认判决种下仇恨的种子固然有些武断，但若说判决并没有调适好双方关系，且加剧了张扣扣的不满，想必是可能的。至于后续的法律抚慰与跟踪服务，目前尚未看到。

这样，尽管未必有心，实则张扣扣仍被置于一种法治缺失的无

助境地。而如果他个人的生活再遭遇一些挫折与波动，诸如务工不顺、讨薪遇阻等，则情绪必然失控，锋芒所向，必然是潜意识也是事实上影响了他人生轨迹的那件案子，于是孤注一掷，于是铤而走险。

往者已矣，当下，为彻底消除公众的疑虑，也为了实现公平正义，当地官方有必要公开披露相关信息，不仅要对张扣扣现在杀人的情形加以披露，也要重新核查 22 年前那一起杀人案，针对网友的疑点与公众关注的焦点，及时解疑释惑，及时披露详情，不要让公众在有限的信息里猜测。

必须明白，一个社会公平正义的实现，需要法律条文与法律实践的一致，需要官方表态与民间意见的互动，需要充分的信息与彻底的公开。唯其如此，法治的土壤才会越来越厚实，公民的行为才会越来越多些牵挂与约束。

当然，无论如何，这都是一个悲剧。王家父子三人的丧生，或许肇因于 22 年前的那起杀人案以及相应的司法裁定，但任何法治之外的私下寻仇，都会严重损害社会的肌体。任何以新的悲剧替代旧的悲剧的做法，都不可取。除了导致这个社会陷入恶性循环之外，并无任何可能抵达我们期待的公平愿景。

(2018 年 2 月 19 日)

疫苗救人变害人，三问长生生物

于 平

2018 年 7 月 15 日晚，一则来自国家药品监督管理局的通告显示，长春长生生物科技有限责任公司因冻干人用狂犬病疫苗生产存在记录造假等违法违规行为，遭相关部门立案调查且被没收药品 GMP 证书。长春长生是上市公司长生生物的全资子公司，狂犬疫苗市场占有率居国内第二位。

狂犬病死亡率几乎是百分之百，疫苗是狂犬病的救命药，一家上市公司竟然在狂犬病疫苗生产上造假，这不是要人命吗？

长生生物无视公众健康安全的行为，不仅严重违法，更挑战社会道德的底线。造假批次产品已被封存和追回，其 GMP 证书被药监部门没收，国家药品监督管理局专项督查组还明确表示，"绝不姑息，坚决依法依规严肃查处，涉嫌构成犯罪的，一律移送公安机关予以严惩"。

对于这起造假事件，需要进一步追问。

追问一：长生生物"疫苗造假"是否只是孤立个案，该公司的其他疫苗产品安全性如何？

长生生物此次的造假疫苗，让公众对该公司其他疫苗产品的安全性也产生了怀疑，许多人都在网络留言中表示，自己家人和孩子之前打过长生生物的疫苗，现在不知该怎么办，这些留言无一不透

露出愤怒和焦虑。

相关信息显示，长春长生是国内数一数二的疫苗巨头，其在售产品除了冻干人用狂犬疫苗之外，还有冻干水痘减毒活疫苗、冻干甲型肝炎减毒活疫苗、流行性感冒裂解疫苗、吸附无细胞百白破联合疫苗等产品。其中不少疫苗，纳入儿童强制接种范围。倘若这些疫苗的安全性也出现问题，那么后果不堪设想。

事实上，就在此次狂犬病疫苗造假事件之前，长生生物就被曝疫苗不合格。2017年10月，长春长生生物科技有限责任公司生产的某批次吸附无细胞百白破联合疫苗，经中国食品药品检定研究院抽检，判定为不合格，药监部门要求长生生物召回这一批次的不合格疫苗。

在疫苗安全上屡屡曝出重大隐患，长生生物的疫苗产品安全，怎可能让人放心？因此，对于长生生物狂犬病疫苗造假，不能就事论事，对于该公司的其他疫苗产品，同样要纳入调查范围，及时公布调查结果，回应公众关切。

追问二："疫苗造假"的后果，作为药企显然心知肚明，但为何长生生物敢铤而走险？

可以想象，如果对于疫苗的生产流通，有着严格的事中监管，对于疫苗安全事件，进行严厉追责，涉事企业必须付出沉重代价，恐怕任何企业都不敢轻易在疫苗安全上打主意。

但现实却是，无论疫苗安全事中监管和事后追责，都不容乐观。

近年来，国内连续曝出数亿元疫苗未冷藏流入18省份，山西近百名儿童注射疫苗后或死或残，广西来宾发生假狂犬疫苗事件等疫苗安全问题，从中都可发现疫苗安全事中监管的漏洞。

至于疫苗安全的事后追责，更为舆论所诟病。

以长生生物去年的疫苗不合格事件为例，相关的善后追责都给人以轻飘飘之感。长生生物的百白破联合疫苗检测发现不合格后，山东食药监局发布的通知上赫然写着"公开属性：不予公开"。相关部门责令长生生物对留样重新检验，认真查找不合格原因，但未见对此事的深入追查和严厉惩处，甚至对于疫苗不合格的原因，公众至今依然蒙在鼓里。

在许多问题疫苗事件发生后，相关部门总是强调问题疫苗"安全性达标"，哪些人注射了问题疫苗，总是一笔糊涂账，受害者对于问题疫苗的索赔，更是难于登天。

疫苗安全出了问题，主管部门低调处理，鲜见严厉处罚和天价赔偿，风波平息之后，问题疫苗企业的产品照样大卖。这样的情景，如何让企业对疫苗安全、对公众生命健康有丝毫的敬畏？毫不夸张地说，正是之前对于长生生物不合格疫苗的容忍，才有如今的狂犬病疫苗造假。长生生物屡屡挑战"红线"，成为威胁疫苗安全的惯犯，恐怕监管难卸其责。

追问三：在行政、司法追责之外，作为上市公司的长生生物，该受到何种惩罚？

近几年来，证监会对于上市公司的造假，采取了零容忍的姿态。最近，上市公司雅百特就因财务造假面临退市。上市公司财务造假，不过是谋财，而长生生物疫苗造假，不仅谋财而且害命，如果这样的造假公司都不退市，何以服众？

上市公司理当是守法的典范，在食药品安全、环境保护等涉及公众利益的重大问题上，上市公司应当遵循最高的标准。

事实上，在公司上市的审核中，对于上市公司的诚信记录，往

往有着严格的审核标准，许多有着不良记录、存在社会争议的公司都因此在上市过程中被否。但一旦拿到上市的门票后，标准似乎降低了，许多公司出现重大违法记录，依然可以保留上市公司的身份。无良公司一边干着伤天害理的事情，一边在股市中圈钱，这是资本市场的毒瘤，必须进行切除。

对于长生生物"疫苗造假"的三个追问，期待监管部门尽快给出答案。疫苗救人变害人，安全问题一而再，再而三地发生，反思不能总是停留于个案，让民众真正用上安全的疫苗，应当大幅度提高违法的成本，从机制、体制上遏制疫苗风险的发生，对此，相关部门需拿出更多积极作为。

美国也曾发生过多起问题疫苗事故。1955 年春，全美有 12 万名儿童接种了卡特实验室的脊髓灰质疫苗。这批疫苗令 4 万接种者染病，连带传染了 1 万人。最终，164 人永久瘫痪，5 人死亡。原来，这批脊髓灰质炎疫苗未被完全灭活。该事故促使美国当局加强了疫苗体系的监管——从研发到接种，每一个环节都有严格管控；1990 年成立"疫苗不良反应报告系统"，包括疫苗生产厂商、医务人员、受种人等均可提交信息；美国还设立"国家疫苗伤害赔偿项目"，完善疫苗异常反应事件的后续赔偿。

他山之石，可以攻玉。美国等国在疫苗方面的相关经验教训，对我国具有借鉴意义。

（2018 年 7 月 16 日）

疫苗之殇，请给民众一个说法

黄羊滩

这两天，疫苗的话题沸腾了。

一大早，一篇《疫苗之王》网文就刷了屏。其中，关于长春长生生物的前世今生，令人惊讶不已："十年后再回首，他们手中已经掌握了中国疫苗的半壁江山——最大的乙肝疫苗企业、最大的流感疫苗企业、第二大水痘疫苗企业、第二大狂犬病疫苗企业……他们生产的疫苗，每天都源源不断，注入你和你孩子的身体中。"

是的，他们是疫苗之王，已经控制了国内疫苗的产销。就像狂犬病疫苗和百白破疫苗等，很多地方只有长生生物这唯一的供给，你或许会犹疑，但绝对别无选择……

你的孩子，可能早就注射过百白破疫苗，这是一种主要面向 3 月龄至 6 周岁儿童、用于预防百日咳、白喉和破伤风的疫苗。或许在你当初犹豫的时候，大夫会告诉你，国产疫苗的发展历程并不容易，监管也非常严格，批签发都有一套正规流程，包括后续对冷链运输、冷链保管的严格监管云云。

然而，类似支持"民族产业"说辞讲多了，舌头也会痉挛，甚至会自己咬自己的舌头。

几天前，吉林长春长生生物科技股份有限公司被曝狂犬病疫苗生产记录造假。就在舆论愤愤不平之际，7 月 18 日，这家企

业收到了《吉林省食品药品监督管理局行政处罚决定书》。决定书指出，长春长生生产的"吸附无细胞百白破联合疫苗"（批号：201605014-01），经中国食品药品检定研究院检验，检验结果为效价测定项不符合规定，对其罚没 344 万元。

新闻一扎堆，公众就彻底懵圈了。事实上，这一系列的新闻事件仍有着一定的连贯性。事有前因，一朝爆发。这也表明，此番长生出事，决非偶发的个例，而是实在遮不住、捂不住之后的自然流露。

当其生产记录被指造假之时，或许有人还存留了一点侥幸、一点微茫的希望：生产记录属于档案材料，尽管因其带有疫苗生产的原始痕迹而格外重要，但毕竟并非疫苗本身。然而，当百白破联合疫苗因质量不合格被处罚时，则那点最后的侥幸早已烟消云散。

企业宣布召回有效期内所有批次的冻干人用狂犬病疫苗，问题是，那些已经注射进人体的疫苗能召回吗？谁能告诉我们，孩子们该怎么办？既然生产记录都能造假，谁能保证召回之后的疫苗不会再度出现在早已被他们掌控的渠道？

时至今日，疫苗问题已经搅得社交媒体沸沸扬扬，然而，为什么企业老板并没有现身向公众道歉？近年来，乙肝疫苗致死风波、山东疫苗案等一再刺痛人们的神经，却又每一次均有惊无险、涉险过关。

一批百白破联合疫苗质量不合格，罚了 344 万，很痛吗？据《每日经济新闻》报道，"7 月 18 日一早，长生生物发布公告称，由于公司对有效期内所有批次的冻干人用狂犬病疫苗全部实施召回，该项召回预计将减少公司 2018 年上半年营业收入约 2 亿元，净利润约 1.4 亿元。"请注意，2 亿元的营收，净利润就达到 1.4

亿元!

看看疫苗的利润就可知道,这样不痛不痒的惩罚,更像是一种默许和纵容。在外界看来,近乎一个笑话。

事实上,这也正是类似造假疫苗能够大行其道的深层根源。逐利是企业的本性,本身并无问题,若想在经济效益与社会责任之间搭建桥梁,实现良性互动,监管责无旁贷。此次生产记录造假归功于药品的飞行检查制度,但仅靠事后的检查很难体现预防作用。如何完善监管体系,从生产、销售等环节开始,实现全链条、全覆盖监管,并不轻松。

疫苗的问题,关乎未来,关乎孩子,关乎公共安全,关乎我们所有人尘世的幸福。这也是每一次公共安全事件都能引发群情激愤的槽点。我们已经发生过三鹿奶粉事件,山东疫苗事件,接下来,还会发生什么?

如果所有的祸殃总是指向这个社会最无助、最弱势的群体,也未免太让人失望了。这个时候,不讨论,或选择性无视的策略,或可暂时熄灭公众的愤怒,但也只会在延宕中加剧问题的严重程度,直至躲无可躲,引爆情绪。

（2018 年 7 月 21 日）

疫苗之殇，监管何以屡屡失守

马　亮

近日，国家药品监督管理局发布公告，指出吉林长春长生生物科技有限公司生产的疫苗存在严重违法违规行为。经查，该公司生产的"狂犬疫苗"存在记录造假等问题。更加令人触目惊心的是，该公司生产的"百白破"疫苗不符合药品标准规定，被认定属于"劣药"。令人担忧的是，其所生产的25万支百白破疫苗已经几乎全部销售，目前库存仅剩186支。

人用疫苗可以说是人命关天，尤其需要加强监管并确保万无一失。特别是婴幼儿使用的疫苗尤其需要加强监管，否则出了问题就会是灾难性的后果，不仅会令涉事个人和家庭蒙受难以估量的损失，而且会导致无法想象的社会恐慌。过去多地都曾发生过问题疫苗事件，我们认为监管部门可以举一反三，理应会处理好疫苗安全问题。但是，为什么长生生物的问题疫苗"生意"可以蒙混过关并长期存在？面对这家公司生产的问题疫苗，各级监管部门为什么会层层"失守"？这些问题是我们在面对此次事件时不得不反思的课题，也是药品监管不容回避的问题。

首先，种种迹象表明该企业可能得到了监管部门的庇护，所以才敢如此有恃无恐和肆无忌惮地屡屡违法。一些观察人士"起底"长生生物的国企改制和上市过程，发现其背后存在明显的权钱交易和利益输送。比如，该企业在转制时以低于市场价的价格出售给了公司高管，存在值得注意的违规操作问题。与此同时，该企业通过多种特殊方式获得了监管部门的审批，得以合法生产多种具有市场垄断性质的疫苗。此外，监管部门"睁一只眼闭一只眼"，同制药企业存在利益输送现象，并导致市场供求关系扭曲，出现匪夷所思的"劣币驱逐良币"。

其次，目前对制药企业违法违规的惩罚力度太小，同其非法所得完全不成比例。比如在此次事件中，监管部门是以药品的违法所得和货值金额的三倍来罚款的，但是总计不超过 245 万元。尽管监管部门对违法企业的罚款已达数百万元，但同其所造成的经济社会损失相比却相去甚远，也无法对违法分子构成强有力的震慑作用。这种力度不够的惩罚使许多企业胆敢铤而走险，不惜通过违法手段牟取暴利。

与此同时，企业的经营者和具体涉事人员受到了应有的惩罚，但是作为企业投资者的大股东和董事却安然无恙。这使这些违法企业可以寻找新的"替罪羊"，并很快暗度陈仓地通过资本运作去恢复生产。因此，目前的监管框架无法撼动潜藏在违法企业背后的真正"黑手"，也使制药企业可以"狡兔三窟"地规避政府监管。

面对制药企业如此猖狂的违法违规行为，监管部门必须一改过去"没有牙齿的老虎"形象，真正建立健全药品安全监管体系，使假药劣药无所遁形，并让患者和民众用得起药、用药放心。为此，需要在以下方面加强药品安全监管。

首先，要对违法违规的涉事企业和个人严惩不贷，使其不敢"越雷池一步"。对于制药企业而言，必须建立严格的市场准入门槛，并对违法违规行为采取"零容忍"态度。要让制药企业及其相

关人员认识到，一旦触碰假药劣药的高压红线，等待他们的就只有倾家荡产、锒铛入狱和身败名裂。与此同时，要建立健全市场信用体系，加强对企业经营者和投资者的约束，将违法违规者列入行业准入的"黑名单"。

其次，要加强对药品安全监管部门的立体监督，避免监守自盗的现象发生。党的十八大以来反腐成效显著，但是最近交通、药品等一些系统"塌方式腐败"的问题仍然不容忽视。为此要进一步增强对药品安全监管部门的全方位监督，避免监管部门被制药企业的"糖衣炮弹"所侵蚀和攻陷。特别是对制药这种专业性较强和利益牵扯面较广的行业进行监管时，尤其要强化监管部门的独立性。

最后，要建立健全药品追溯渠道和召回机制，确保出现问题的疫苗能够第一时间被召回，避免导致不必要的次生影响和连锁反应。要探索利用物联网、大数据等技术，使药品生产、流通和使用的各个环节都是可追溯的。加强药品安全的信息沟通工作，在需要召回和应对时能够及时启动，使问题药品的销售商和使用者能够得到及时有效的信息和指导。与此同时，要建立相应的应急预案，在发生疫苗造假等典型危机事件时能够第一时间作出反应，避免造成社会公众的普遍恐慌。

"亡羊补牢，犹未晚矣。"目前各级监管部门已经联合响应起来，共同应对此次问题疫苗爆发导致的难题。我们希望在有关部门的全力介入下，问题疫苗会得到妥善处理，并确保接种者们的人身安全。

（2018 年 7 月 21 日）

疫苗之殇，人性之恶何以泛滥

于　平

近十几年来，中国的疫苗行业频频爆雷，包括安徽泗县假疫苗事件、广西来宾假狂犬疫苗事件、山西百名儿童注射疫苗后或死或残、山东疫苗事件等，长生生物的狂犬疫苗造假，不过是冰山一角。腐败分子和违规疫苗厂家到底是何等的贪婪，才会让这些无效甚至致命的疫苗注入一个个孩子的身体？

2018 年 7 月 21 日，一篇题为《疫苗之王》网文，揭露了包括长生生物在内的多家疫苗企业的黑幕，他们通过眼花缭乱的资本手法，控制了中国疫苗的半壁江山。而网文中提到的，这些企业的崛起之路都集中在 20 世纪 90 年代后期，说得更为直接一点，就是前任国家药品监督局局长郑筱萸主政时期。

郑筱萸主政时期的主要功绩就是推行 GMP 认证，而其主要的犯罪行为也在 GMP 认证上。中国目前大部分疫苗，第一张 GMP 认证基本是在郑筱萸时期拿到的。那时疫苗审批有多乱，有一个案例可以说明。兰菌净，中国疫苗医疗界曾经的重大"丑闻"，这款意大利生产的进口药物，却被纳入中国疫苗体系长达八年时间，推荐给无数孩子接种。而兰菌净在中国完成三期临床试验并获批，正是前国家药监局局长郑筱萸执政时期，当时是新药批文高峰期，有的药企仅需花费几万元，便可买到新药注册的全部材料，并以假样

品通过药检所的检验。

2007 年，郑筱萸被判处死刑，可悲的是郑筱萸之后，疫苗审批的积弊，并未得到根治。2010 年到 2014 年间，国家食品药品监督管理局药品审议中心副主任尹红章受贿 47 万元，为民海生物的药品申报审批事宜提供帮助，竟然使得这家企业在短短时间内获得三款疫苗产品的生产许可。47 万元，就将人民群众的生命健康权"出卖"了，人命就真的这么不值钱吗？

而至于在违规处罚上，对于这些企业而言，更是不痛不痒，长生生物因一年前百白破疫苗的违规，被吉林省食药监局罚款 344 万，这一处罚受到广泛的质疑，毫无疑问，这笔钱对于长生生物而言，不过是九牛一毛而已。财报显示，2017 年长春长生的营业收入为 15.39 亿元，净利润为 5.87 亿元。

相较于行贿金额的"廉价"，处罚金额的"低廉"，疫苗生产的暴利更为惊人，超过百分之八十左右的毛利，百分之三十的净利，堪称不折不扣的印钞机。马克思说到资本时指出："如果有 50% 的利润，它就铤而走险；为了 100% 的利润，它就敢践踏一切人间法律。"巨额的利润诱人，违法违规的处罚总是隔靴搔痒的处罚也难怪一些疫苗企业胆敢屡查屡犯。

在金钱面前，人性就如此廉价地沦丧，因为他们还有他们的孩子不会接种这些疫苗，所以他们不在乎这些疫苗会注射到哪些孩子身上，他们不在乎这些疫苗是不是无效，他们也不在乎这些疫苗会害死人。

总有一些善良的人，让我们相信人性当中善良的光辉，比如那位将乙肝疫苗技术廉价转让给我国的美国默克公司时任总裁罗伊·瓦杰洛斯。然而总有一些邪恶的人，让我们怀疑人性还能有多坏，比如生产这些违规疫苗的中国厂家。真的只是贪婪吗？那为什么腐败分子只收了 47 万元就愿意放行？难道不是贪婪吗？几个亿的利润与几百万的罚款相比，简直就是在捡钱。

很多事情的悲剧就在于，所有制度都是人建立的，也同样是人在执行，当问题回到人身上的时候，不可避免地需要讨论人性，然而一次次的悲剧让我们难以相信人性。奶粉、疫苗、女童保护、性侵……，如何抑制住人性当中的恶而张扬其中的善？归根结底需要给善以生存的空间，给恶以严厉的处罚。为善者理应获得市场的奖赏，不能让良币被劣币驱逐，这是我们需要为善者付出的成本。为恶者理性获得严厉的惩罚，不能让劣币二次生存的机会，这是为恶者需要付出的代价。

对于疫苗安全，枪毙一两个腐败分子不是目的，甚至连手段都算不上，杀一人固然能平民愤，但仅此并不能挽回民心和信心，制度的重建是更关键问题。唯有扎紧审批制度的篱笆，彻底清算历史遗留问题，才能拆除更多隐藏的炸弹，给民众健康安全以切实保障。

唯有监管动真格，大幅度提高违法的成本，处罚上不封顶，哪怕罚到违法药企倾家荡产也在所不惜，才能以儆效尤，避免问题疫苗的卷土重来。但做到这些之前，监管部门请不要每次问题疫苗出现后，总是有一种维稳心态，高高举起，轻轻放下，公众的追问无人应答，真相总是躲猫猫。

（2018 年 7 月 22 日）

雪乡"明码标价"变"明抢",背后是地方行政垄断之恶

于　平

雪乡最近又"火了"。

经历了 2017 年冬天的宰客风波后,雪乡进行了全面整改,实行"明码标价"。但是,看到雪乡的"明码标价",很多人都表示不敢相信自己的眼睛。

例如住宿,普通炕位 380 元 / 天,标准间 880 元 / 天,豪华双人房 1580 元 / 天,商务套房 2580 元 / 天……这还不是最终的价格,节假日还可以上浮 15% 到 30%。至于雪上娱乐项目,几乎没有低于百元的,有网友称,在东北一些地方滑雪一天才 120 元,而雪乡一小时就要 180 元!

有网友计算,如果将雪乡的 35 个雪上项目都玩一遍,价格在每人 5350 元,再加上吃住行,一家三口要准备 2 万块钱,"去北海道看雪也不要这么贵!"

雪乡的旅游旺季只有几个月,平时的空置成本需要摊在旺季上,因此,雪乡的消费水平高一些,其实可以理解。但是目前的收费标准,高得有些离谱。住宿条件却很一般,普通炕位甚至都没有独立卫生间,价格却堪比五星级酒店。与其说这是"明码标价",还不如说是"明抢"。

为什么绕了一大圈,雪乡还是回到宰客的老路上?对此网络上

众说纷纭。有人又抛出地域歧视的话题，说"东北人太黑"，有人说是因为"一开发旅游，民风就变坏"……笔者觉得，这些观点要不偏颇，要不没说到点子上。

正好，笔者最近看了梨视频对雪乡的实地采访，这个采访视频无意中点出，"明码标价"变"明抢"的症结所在。

在该视频中，雪乡当地商户表示，他们如今已经实行"统一价格"，而这种"统一价格"，是"管委会给我们规定的"。而雪乡管理部门负责人的表态，也印证了商户所言非虚，该负责人称，"当地价格方面是统一的，按照家庭等级评定的标准价格来执行"。据悉，之前身陷宰客风波的赵家大院，如今由林业局接管经营。

按照雪乡当地官方的说法，为了避免宰客现象的再次发生，他们目前实行的是统一管理、官方管理。但当地恰恰忘了，所谓统一管理、官方管理，实质上是一种行政垄断。这种行政垄断，可能比之前少数商家宰客危害更大——行政垄断之前，游客还有得选择，现在一律官方定价，通过"明码标价"宰客，游客连选择的余地都没有了。

不得不说，雪乡所谓的整改，走的是一种歪路。之前雪乡一些无良商家高价宰客，根源是当地旅游市场缺乏充分的竞争，导致一些人可以坐地起价。结果，雪乡当地官方反倒用消灭竞争、用政府定价来解决问题。甚至赵家大院居然被"国营化"，政府部门一手监管市场，一手开办企业，如此，当地的旅游市场岂能不乱，宰客又岂能根治？

雪乡"明码标价"变"明抢"，背后是地方行政垄断之恶。不得不说，东北一些景区的管理思维，依然停留在计划经济时代，该管的不管，不该管的却乱插手。商户应当"明码标价"没有错，

但官方统一的"明码标价"就变了味，这毫无疑问是市场经济的倒退。它非但不能杜绝宰客，反而给宰客一个冠冕堂皇的借口。如此"明码标价"的雪乡，实在让游客高攀不起，只会让更多人望而却步。

(2018 年 11 月 24 日)

烧煤被行拘，曲阳"一刀切"治污就不怕老乡挨冻？

任　君

这是一个最冷的冬天，而一则《我县拘留 2 名燃烧散煤用户》的消息更冷。

消息来自"曲阳环保"微信公众号。据披露，为做好冬季大气污染防治工作，自 2018 年 11 月 26 日开始，县公安局环安大队配合国土局、综合执法局、恒州镇政府、赵城东村委会等部门共计查处违规燃用劣质散煤人员 34 人，其中 32 人为初次违规燃用劣质散煤，对其本人给予治安训诫处罚，家中散煤全部没收；其中赵某某、赵计某 2 人不听劝导，二次违规燃用劣质散煤，给予其治安拘留处罚。

尽管这则消息多处不合文法，表意混乱，比如将"赵城东村委会"也列入"部门"；比如"对其本人给予治安训诫处罚，家中散煤全部没收""给予其治安拘留处罚"等句子主语交代不清等，但基本的意思还是清楚的。而文中挟带的高高在上的震慑意味，以及配发的赵某某、赵计某 2 人被械具控制的照片，尤其令人生出彻骨寒意。

当地如此大张旗鼓地训诫、行拘烧煤的老百姓，肯定是有依据的。他们中间，或是违反了县政府不得烧煤的规定，或是在被制止时不听劝导，乃至出言不逊，冲撞了执法人员，这些都是有可能

的。政府明明在搞劣质散煤管控，你还要烧，被处理似乎也属正常的行政行为。

然而，问题并没有那么简单。或者说，在管控散煤的问题上，直接将矛头指向终端用户，其所产生的负面影响将远远大于正面意义。

散煤污染严重，会加剧空气的恶化，这个道理大家都懂。但具体到治理层面，则应该抓住重点、区分主次、循序渐进。比如，治理烧煤大户，显然要优先于一般民众；治理售卖渠道，显然要优先于使用者；提供替代方案，显然要优先于"一刀切"禁绝散煤。

特别是，在涉及一家一户的老百姓切身利益时，无论是禁止烧煤，还是把散煤全部没收，一定要格外慎重。要考虑到这样做会有什么样的后果。是老百姓欣然接受，绝不再烧散煤，还是干脆就让人挨冻？这些问题，基层执法部门在作出"果断行动"之前，要想清楚，不要搞成"武断"，乃至把老百姓逼上绝路。

取暖方式的转换，不仅仅是一道行政命令辅以凌厉处置就可以轻松实现的。这里边当然有老百姓习惯认识的问题，比如一直习惯了烧散煤，骤然转换，需要一个适应过程。此外，还有一个替代能源是不是能够供得上、用得起的问题，无论是用电，还是用天然气，要先问问，这些清洁能源能够满足老百姓的需求吗？老百姓用得起吗？

既能供得上，价格也不贵，政府需要解决的只是引导百姓转变观念的问题；而如果供不上也用不起，却强迫百姓使用，甚至不惜以截断散煤的方式逼迫百姓，就不仅仅是工作方式简单粗暴的问题了，而是对民施暴。

何况，北方烧煤，一为取暖，兼以烧饭。这是老百姓的循环用热，也是民间的智慧。因此，在控制散煤、转换供热方式的时候，就应该充分考虑到老乡的这种诉求，将供暖问题要与烧饭问题结合起来解决。

查 2018 年 8 月曲阳县印发的《劣质散煤管控实施方案》可知，当地虽然明确要求"加强劣质散煤管控"，比如，"划定民用散煤销售专区，禁售不达标民用散煤""严格运输环节管理，严控不合格散煤输入"等。而在对老百姓的约束上，也只是强调"提升公众杜绝燃用劣质散煤意识"，而并未像现在这样剑拔弩张、穷凶极恶。

而类似以引导为主、逐步提升的思路，也是河北省治理环境的主流工作思路。2018 年 10 月 6 日，河北省委书记王东峰在石家庄市暗访检查时，强调把群众清洁温暖过冬与散煤治理、环境污染治理紧密结合起来，坚持全面排查、全覆盖，确保一户不落、一人不少，把绝不让群众受冻作为一项政治任务，切实落到实处。

曲阳这种不分青红皂白、"一刀切"禁绝散煤的做法，非但没有考虑到老百姓的冷暖，甚至直接将百姓放在了对立面上，无疑是一种极其恶劣的举动。

2017 年也是这个时候，因为"煤改气""煤改电"工作不到位，导致多所乡村小学未能供暖，孩子们在室外学习、跑步取暖，不少孩子被冻伤，曲阳也因此成了舆论关注的焦点。当时，曲阳县曾表示要吸取教训。

一波未平一波又起，烧散煤百姓被行拘的消息，再一次表明，若不从根本上检视政府的政治站位、服务理念、治理方式，类似的问题必然会层出不穷。

他们不可能想不到，若是"全部没收"了老百姓家中的散煤之后，会有人挨冻；他们不可能想不到，那两个"不听劝导"的老乡

并非罪大恶极，不过只是因为感觉到天寒地冻，希望把自家的屋子搞得暖和一些，让老人和孩子不至于在屋里也披着被子；他们也不可能想不到，这样一搞"散煤燃烧彻底清零"，政府马上会陷入舆论的旋涡。

想到了，却依然一意孤行。只能说明，这更像是一次层层传导的压力机制下，基层环保机构在张皇失措之后的悖乱之举。

既然"上边"有要求，或许还有一组组具体的数字等着填报，更不要说还有那些随时环伺在身边的问责，那么，最终被牺牲掉的，只能是最底层的民众。

2017 年曲阳的孩子们挨冻时，媒体这样质问：什么样的理由，都不能成为让孩子挨冻的理由！2018 年，我们同样质问：什么样的理由，都不能成为让老百姓挨冻的理由！

（2018 年 12 月 8 日）

正视"抢娃事件"背后的真问题

马 亮

"认错儿媳抢错娃"还是"光天化日拐孩子"？

2018年10月2日，丰台区大红门某商场孩子被抢一案引发社会高度关注。

据当事人回忆，三名犯罪嫌疑人在光天化日之下强抢儿童，但是儿童的父母却发现这些人只是受到五天行政拘留的处罚，这意味着他们出来以后可以继续为非作歹。

北京市公安局对此案高度重视，组织专班对案件进行了复核。经核查，系老人李某因常年看不到儿媳和孙子，纠集朋友欲抢回孙子，当日依据手机照片和身形将住在同小区的事主张女士错认为老人儿媳，进而变为"抢娃事件"。

警方通报显示：办案民警先后走访了李某的儿子和儿媳，证实婆媳双方及夫妻双方确因感情不和、抚养权等问题有较深矛盾；走访了事发现场的商场员工和目击群众，证实了李某、沙某某等人有针对商场员工阻止"奶奶要回孙子"表示不满，要讨说法的情况；通过照片比对，证实事主张某与李某儿媳均配戴眼镜，身高、体态、脸形存在相似之处，且除李某远距离观察将人认错外，来"帮忙"的沙某某等人都没有见过李某儿媳本人。

因对公安机关工作有异议，2018年10月4日，事主张某的爱

人到丰台分局提请复议，分局已经受理。目前案件正在进一步办理中。

恰巧最近热映电影《找到你》，片中两个背景不同却境遇相似的母亲的遭际，更让人们不得不重视此案的后续进展。

人们之所以对此事感到恐慌，是因为孩子被拐卖对于一个家庭往往是灭顶之灾，被拐儿童的人生命运也会急转直下。运气好的可以落脚一户对他们好的人家，运气不好的则可能遭到摧残而沦为乞丐。被拐儿童被找回的概率几乎是个位数，即便是运气好的失而复得，也往往会留下终生难以弥合的情感鸿沟。

此案一经披露，就引发网络大量转发和热议。究其原因，同人们对拐卖儿童的关注和担忧有很大关系。如果按照当事人的供述，拐卖儿童的犯罪分子可以轻易就逃脱严惩，以至于犯罪成本太低，会让人们感到无助和无奈。

令人庆幸的是，当地公安部门及时通报了案件详情，让许多人悬着的心得以踏实。但是，如何让人们不再谈"拐"色变，却是更加值得关注的问题。

如果人们都要提心吊胆地带着孩子出门，不能充分保障自己的子女安全，以至于在拐卖儿童面前人人自危，那么就会产生深远的负面影响。在当前出生率偏低的背景下，特别需要提振人们对儿童安全的信心，而减少乃至杜绝拐卖儿童案件，则是朝着这个方向迈出的第一步。

这其中，至关重要的是要加大对拐卖儿童案件的惩处力度，使犯罪分子不敢越雷池一步。尽管我们要在案件查明前对犯罪嫌疑人采取无罪推定的原则，但是对于拐卖儿童这样性质恶劣且影响深远的案件，公安部门理应高度重视，绝不姑息。

立法机构也应考虑提高对拐卖儿童案件的量刑标准，使不法分子得到应有的惩罚。比如，即便是对于犯案未遂的犯罪分子，在量刑方面也要考虑其作案的严重后果，对其予以就高不就低的惩罚。

要利用人脸识别、大数据等技术手段，提升拐卖儿童案件的侦破力度，使更多的被拐儿童可以回家。最近发表在《自然·可持续性》的论文，抓取寻子网站"宝贝回家"的两万余条寻子信息，发现重庆、上海、北京等城市是儿童拐卖的关键枢纽，而对这些节点城市集中打拐资源会事半功倍。

在儿童出生时采集 DNA 等关键生物识别信息，并建立全国身份信息共享机制，会提高案件侦破和被拐儿童回家的概率。对沿街乞讨的儿童和残障人士进行及时救助和跟踪调查，则有利于发现案件线索并打击犯罪团伙。在这些方面进行努力并提升打拐精准度，有助于被拐儿童失而复得，让濒临崩溃的家庭破镜重圆。

打击犯罪分子固然需要加强，但对拐卖儿童仍然是治标不治本，因为强大的市场需求才是驱动一些人铤而走险的真正诱因。中国社会自古就有的"男孩偏好""无后不孝"等传统观念，使不少家庭铤而走险，通过买卖儿童的方式满足传宗接代的代际需求。

采取有效方式进行教育和引导，逐步扭转人们的生育观念和亲子文化，可能是更加值得关注的方向。比如，不断缩小城乡收入差距，加大进城务工人员的市民化进程，提高人们的教育水平，都有利于弱化这些不良文化对拐卖儿童的助长作用。

（2018 年 10 月 7 日）

附

本书作者名单

陈　城　　媒体评论员

陈　升　　重庆大学公共管理学院教授

储　殷　　国际关系学院副教授

崔向升　　凤凰网评论员

丁永勋　　媒体评论员

傅蔚冈　　上海金融与法律研究院执行院长、研究员

高　强　　农业部农村经济研究中心副研究员

何　菁　　律师

胡印斌　　媒体评论员

蒋南青　　前联合国环境署驻华代表处官员

柯锦雄　　凤凰网评论员

李　靖　　中国人民大学博士生

梁亚滨　　中央党校国际战略研究院副教授

刘昌松　　资深律师

刘光远　　吉林省省直机关下属事业单位职员

刘晓忠　　经济学者、财经评论员

刘　英　　中国人民大学重阳金融研究院研究员

刘远举　　媒体评论员

罗志华	医生
马　亮	中国人民大学国家发展与战略研究院研究员、 公共管理学院副教授
缪一知	法律学者
聂辉华	中国人民大学国家发展与战略研究院副院长
欧阳晨雨	法律学者
任冠青	凤凰网评论员
谭智心	农业部农村经济研究中心副研究员
王　伟	中央财经大学城市管理系副教授、系主任
王孝松	中国人民大学国家发展与战略研究院研究员
王　旭	厦门大学历史学"闽江学者"特聘教授
西　坡	媒体评论员
夏保成	应急管理专家
相均泳	全球能源互联网发展合作组织经济技术研究院 高级研究员
萧　锐	媒体评论员
熊　志	媒体评论员
杨三喜	媒体评论员
于　平	媒体评论员
张德勇	中国社会科学院财经战略研究院研究员
张　建	上海国际问题研究院港澳研究室主任
张天才	建筑师
张照新	农业农村部农村经济研究中心研究员
赵纪周	中国社科院欧洲研究所助理研究员